Der kleine Adolf

Die Ansichten meines Großvaters
müssen nicht mit meinen übereinstimmen.
Seine Geschichten sind Ausdruck
einer sehr persönlichen Wahrnehmung, entsprechen also
nicht unbedingt der Wahrheit.
Einige Namen wurden geändert, andere nicht.

Der kleine Adolf

Die Geschichte(n) meines Großvaters

Aufgeschrieben und kommentiert
von

Achim Amme

Wehrhahn Verlag

Autor und Verlag danken der RWLE Möller Stiftung, Celle,
für die Unterstützung bei der Drucklegung des Buches.

Bibliografische Information der Deutschen Nationalbibliothek

Die Deutsche Nationalbibliothek verzeichnet diese Publikation in der
Deutschen Nationalbibliografie; detaillierte bibliografische Daten sind im
Internet über <http://dnb.ddb.de> abrufbar.

1. Auflage 2016
Wehrhahn Verlag, Hannover
www.wehrhahn-verlag.de
Gesamtgestaltung: Wehrhahn Verlag
Umschlagfoto: privat

Alle Rechte vorbehalten
Printed in Germany
© by Achim Amme
ISBN 978–3–86525–481–8

Ich verlange in allem – Leben,
Möglichkeit des Daseins, und dann ist's gut;
wir haben dann nicht zu fragen, ob es schön,
ob es hässlich ist.

GEORG BÜCHNER, *Lenz*

Unter jedem Grabstein
liegt eine Weltgeschichte.

HEINRICH HEINE, *Reisebilder*

Das Überhören der Tätergeschichten geschieht beiläufig,
wie automatisch – das Tonband zeichnet diese Geschichten auf,
das Familiengedächtnis nicht.

HARALD WELZER, SABINE MOLLER, KAROLINE TSCHUGGNALL,
Opa war kein Nazi

Und ich glaube, das, was Eltern, Großeltern und Urgroßeltern
in ihren Köpfen abgespeichert haben, lebt in den Köpfen derer weiter,
die heute auf der Welt sind. Da wird es weitergegeben.

NIKOLAUS NÜTZEL, *Mein Opa, sein Holzbein und der Große Krieg*

Was du ererbt von deinen Vätern hast,
erwirb es, um es zu besitzen.

JOHANN WOLFGANG VON GOETHE, *Faust I*

Erzähl mir von deinem Großvater.

PER OLOV ENQUIST, *In der Stunde des Luchses*

Für meine Kinder – auch die ungeborenen.

INHALT

11 Vorwort

KINDHEIT UND JUGEND

15 Glaubensbekenntnis
16 Nachtschatten
20 Zu dämlich
21 Schmerzhafte Erfahrungen
23 Freier Markt
25 Niespulver und andere Dönekens
26 Tanz auf dem Eis
27 Der Krähenmörder
29 Der Halleysche Komet
30 Fische
32 Eilig Abend
34 Feuer
35 Der Schützenkönig
36 Spinnen, Peitsche und Schmachtriemen
38 Wohmanns Mimi
39 Vögel und andere Tiere
43 Adolfs Vater
44 Lehre

DER 1. WELTKRIEG

45 Einberufung und Marschbefehl
49 Porno
53 Befehlsverweigerung

55 20. Geburtstag
59 Weihnachten 1917
61 Streng geheim!
64 Eisernes Kreuz
66 Die Prüfung
69 Das Kamel
70 Rückzug
73 »Nix Cultura«
74 Pickel & Revolution
76 Demobilisierung
77 Unter Männern

AUSBILDUNG, EHE UND ERSTE REISEN

79 Die Wette
81 Die Gefährliche Geschichte und noch 'ne Wette
83 Liebesangelegenheiten
91 Inflation
92 Fußball oder Große Liebe
94 Das heulende Elend
97 Seife
101 Die Verlobung
104 Ehe, wenn sie losgelassen
106 Hochzeit auf dem Lande
111 Leben und sterben lassen
113 An die Kochpötte
115 Konfirmation und Ein kluger Kopf
118 Vier Schweine für ein Motorrad
124 In der Schweiz und anderswo
131 Reisen mit Oma

DUNKLE GESCHÄFTE UND LICHTE MOMENTE

- 134 Licht, Luft und Sonne
- 138 Apfelsaft oder Apfelwein
- 141 Wein und Schnaps
- 144 Eine Torfgeschichte
- 151 IntereSSen
- 168 Olympia

2. WELTKRIEG UND DIE FOLGEN

- 173 »Gutter Mann«
- 178 Polenfeldzug und was danach kam
- 190 Filmtheater, Pralinen und Elektronik
- 197 Nachkriegszeit – Schwarze Geschäfte und saubere Bahn
- 205 Rauschgift
- 206 Ahnungsvermögen
- 210 Cabaret oder Ein halber Judenfreund
- 217 So kam Vati hierher
- 219 Ein wunderbarer Mann
- 222 Die 50er Jahre
- 223 Behörden und Freundschaften (1. Finanzangelegenheit)
- 231 Die Wäscherei
- 237 Hitler war schuld
- 239 Trauriger Anfang und Ende
- 246 Behörden oder Mit einem Lächeln (2. Finanzangelegenheit)

DIE LETZTEN JAHRE

- 250 Behörden und sexueller Notstand (3. Finanzangelegenheit)
- 255 Omas Tod
- 257 Gute Verhältnisse
- 259 Bienen und Honig
- 263 Credo oder Es ist einmal im Leben so
- 264 Herr, hast du mir genommen mein Können... (Erinnerungsprotokoll vom 5.8.88)
- 273 ... nun nimm mir auch mein Wollen! (Erinnerungsprotokoll vom 27.8.88)
- 281 Großvaters Großmutter
- 282 Klavierstunden
- 284 Nachwort

VORWORT

Der Gott meiner Kindheit war mein Großvater. Meine Eltern waren zu sehr damit beschäftigt, ihren Anteil zum Wirtschaftswunder beizutragen. Allerdings geschah dies weitgehend auf Anordnung meines Großvaters. Er gab das Geld – sie hatten zu gehorchen! Der Widerstand meiner Mutter fiel eher kläglich aus, der meines eingeheirateten, einer Flüchtlingsfamilie entstammenden Vaters war nicht vorhanden. (Mit seinem mageren Besitz, der in einen Pappkarton passte, hatte er gefälligst den Mund zu halten.) So wuchs ich in eine Familie hinein, deren Aktivitäten vom Geld meines Großvaters geprägt wurden. Weil ich das damals noch nicht begriff, konnte er in meinem Seelenleben jenen Platz einnehmen, den meine Eltern beinah ebenso unfreiwillig wie gern aufgaben.

In Ermangelung anderer Götter – die Ruinen der Götterdämmerung lagen noch überall herum – liebte ich meinen Großvater abgöttisch. Aber auch er vergötterte mich, bzw. sich selbst in mir. Ich war ihm ein williges Opfer für seine Bemühungen, aus mir den Sohn zu machen, den er gern gehabt hätte. Hätte er seiner Frau, meiner Großmutter, nicht im Laufe ihres Lebens sieben Abtreibungen zugemutet – alle von eigener Hand vorgenommen –, wäre es nicht bei der einen Tochter, also meiner Mutter, geblieben. So konnte er seine gesamte Aufmerksamkeit auf mich konzentrieren, den gehorsamen Diener seiner unausgelebten, pädagogischen Neigungen.

Ja, das Wirtschaftswunder trieb schon wunderliche Blüten. Mehr noch aber war es wohl die verdrängte Vergangenheit, die sich auf diese Weise Bahn verschaffte. Wen wundert's, dass ich zu einer Art Wunderkind erzogen wurde. Allmählich hatte ich nämlich spitz bekommen, dass ich mir die Liebe, die meine Eltern für sich und andere Angelegenheiten dringender benötigten, auf diese etwas schräge Weise selbst erwerben konnte. Für die Anbetung, die mein Großvater von mir erfuhr, erhielt ich eine gewisse Entschädigung. Man mag es Aufmerksamkeit oder Zuwendung nennen, letztlich blieb es immer ein Ersatz für die entgangene Liebe meiner Eltern.

Zumindest muss ich es oft so empfunden haben, denn in mir brodelte ein Hass, der sich in trotzigem Verhalten oder kindlichen Wutanfällen äußerte. Doch Wut, Hass und Zorn wurden mir peu à peu ausgetrieben, sei es mit gelegentlichen Prügeln durch meine Eltern, sei es mit mahnenden Worten – meist unter dem Vorwand, es gut mit mir zu meinen – oder mit anderen Formen von Liebesentzug.

Es war für mich weniger nervenaufreibend sich den Geboten des Großvaters zu fügen, als sich in unsinnigen, nicht zu gewinnenden Scharmützeln mit meinen Erziehungsberechtigten zu verlieren. Zu letzteren zählte mein Großvater indirekt mit, allein schon durch die gleichsam natürliche Autorität seines Besitzes von Haus, Hof und Ländereien. Die schwächere ökonomische Position meiner Eltern trug wesentlich dazu bei, dass ich meinem Großvater mehr hörig war, als ihnen gehörig. Dafür haben Kinder ein untrügliches Gespür. Und ich war – anders, als meine jüngere Schwester – von Natur aus lernwillig, ja, geradezu versessen darauf, Wissen und Bildung zu mehren. Sonst wäre die enge Verbundenheit zwischen mir und meinem Großvater kaum zustande gekommen. Er war mein allwissender Gott, ich sein gehorsamer, wissbegieriger Schüler.

Aber wie es mit falschen Göttern so geht, irgendwann kommt der Zeitpunkt, da ihre Macht in Frage gestellt wird – und sei's, weil sich ihre Allwissenheit als Illusion entpuppt.

Ich kann den Zeitpunkt dafür nicht genau bestimmen, doch er muss unweigerlich eingetreten sein. Irgendwann weiß auch ein kleines Kind, dass Menschen Fehler begehen oder Dinge tun, die sie besser nicht getan hätten. Der Gott wurde zum Menschen – also persönlich angreifbar.

Spätestens als ich von den Nazis und deren Verbrechen hörte, muss ein Wandel in meinem Verhältnis zu ihm eingesetzt haben. Schließlich waren die Nazis nicht irgendwelche Marsbewohner, Sonderlinge von fremden Sternen gewesen, sondern Angehörige meiner eigenen Nationalität, Bürger des Landes, in dem ich aufwuchs. Doch ehe ich entsprechende Fragen stellen konnte, erhielt ich von meinem Großvater – anders, als von meinem auch in dieser Hinsicht weitgehend abwesenden und schweigsamen Vater – Antworten zuhauf, alle in interessante Anekdoten und Geschichten verpackt. Und wieder hing ich an seinem Munde und lauschte – und verstummte zusehends.

Wenn mein Großvater erst einmal ins Erzählen geriet, hörte er nicht so schnell auf. Doch diesmal sollte alles anders sein. Diesmal ersuchte ich ihn geradezu, mir Geschichten aus seinem Leben zu erzählen – möglichst chronologisch. Mein Großvater war inzwischen 88 Jahre alt geworden. Das wäre vielleicht eine der letzten Möglichkeiten, ihn und seine Geschichten für die Nachwelt festzuhalten, dachte ich. Ein Freund half mir mit seiner geliehenen Videokamera bei den Aufnahmen. Zusätzlich ließ ich ein Tonbandgerät laufen (um ja kein Wort zu verpassen).

Es war alles sorgfältig vorbereitet. In zwei jeweils vierstündigen Sitzungen sollte er berichten – von seiner frühesten Kindheit bis zur Gegenwart. Mein Großvater, nunmehr seit zehn Jahren Witwer und allein lebend, hatte sogar dafür gesorgt, dass wir bei ihm etwas zu essen bekamen – Fertiggerichte in Alufolie, die er uns stolz in der Mittagspause präsentierte.

Für die Aufnahmen hatte er sich ordentlich in Schale geworfen. Mit Anzug und Krawatte saß er uns auf seiner beigefarbenen Couch im sparsam eingerichteten Wohnzimmer gegenüber. Es machte ihm keine große Mühe, sich an die chronologische Vorgabe zu halten – bis auf die letzten, aufregenden Jahre, geprägt vom väterlichen Schuldenberg. Mein Großvater genoss die Aufmerksamkeit, die wir ihm entgegenbrachten. Was für eine Gelegenheit, einmal vor laufender Kamera in seinen Erinnerungen zu schwelgen!

Die ideologischen Stellvertreterkämpfe, die wir uns im Laufe der Jahre lieferten – mein asthmatischer Vater hatte längst das Zeitliche gesegnet –, lagen weit hinter uns. Es machte wieder Spaß, meinem Großvater dabei zuzuschauen, wie er gestenreich und mit wechselvoller Mimik die Vergangenheit zum Leben erweckte. Je länger das Interview dauerte, umso unbefangener wirkte er. Lediglich einmal, während er die Geschichte von der Seife erzählte, bemerkte er, dass sein Hosenstall offen stand. Doch ohne mit der Wimper zu zucken, fuhr er mit seinem Bericht fort, seine Hose dabei etwas umständlich zuknöpfend.

Ich habe mich bemüht, seine Anekdoten so genau wie möglich wiederzugeben. Nichts Wesentliches ist hinzugedichtet oder weggelassen worden. Wenn er mich Jürgen nennt, so ist das mein bürgerlicher Name, mit dem ich aufgewachsen bin.

Das zweite Interview führten wir ein Jahr später unter ähnlichen Umständen. (Zusätzliche Kassetten-Aufnahmen ergänzen die eine oder andere Lücke in seiner Lebensgeschichte.) Es ging um ihn, nicht um mich. Die meiste Zeit war ich gar nicht im Bild zu sehen. Schräg gegenüber von ihm sitzend, spielte ich meine Rolle als stummer Zuhörer und gelegentlicher Stichwortgeber.

Es war also doch wieder alles wie früher: Er, mein Großvater, erzählte und ich, sein »Großsohn« – wie er mich anderen gegenüber gern nannte – hing an seinen Lippen, als wäre ich es selbst, der sprach.

Hamburg, 14. November 2015
(25. Todestag meines Großvaters)

KINDHEIT UND JUGEND

GLAUBENSBEKENNTNIS

Also ich selber bin kein gläubiger Christ. Damit du Bescheid weißt. Im Gegensatz zu meinen Eltern. Mein Vater sagte immer: »Adolf, du hast doch keinen Schaden davon, wenn du daran glaubst.«

Also wenn ich glaube, das muss aus dem Innern kommen. Und wenn ich nach dieser Richtung hin tendiere, so wie es mein Vater mir gesagt hat, dann muss ich sagen, es ist Heuchelei.

Mimi Wohmann, die wohnte hier gegenüber. Das war eine gläubige Christin – wollte sie sein. Die ist nicht einmal, sondern fünf oder zehnmal so weggegangen: »Dies is'n ganzen scheußlichen Bengel.«

Weil ich immer das Gegenteil – obwohl ich's selber nicht glaubte – weil ich Widerspruch zeigen wollte.

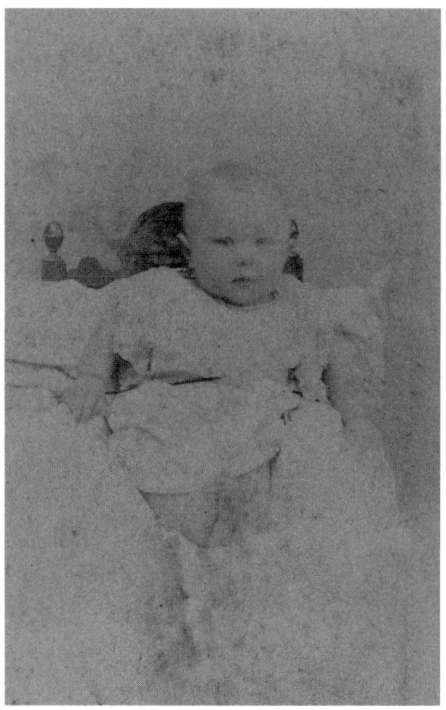

Adolf Amme, frühestes Foto

NACHTSCHATTEN

Wie du weißt, bin ich am 22. Oktober 1897 geboren. Ich war das erste Kind meiner Eltern. Meine Mutter war Köchin gewesen und mein Vater, der war Malermeister und Glasermeister. Er hatte seinen Meistertitel, was damals schon nicht alltäglich war. Durch eine Operation war er linksseitig gelähmt. Er hatte einen Tumor im Kopf gehabt, keinen bösartigen, sondern einen gutartigen. Und den haben sie weggenommen.

Ich habe dann fünf oder sechs Jahre später noch einen Bruder bekommen. Der ist 1919 gestorben. Kann man von Schuld sprechen oder nicht? Ich weiß es nicht...

Als Zehnjähriger musste ich immer zum Bickbeerenpflücken. So ein Schein kostete zehn Pfennige für die Saison. Ich hatte für meinen Bruder Bickbeerensträuße mitgebracht, an dem noch die Beeren dran waren. Dem schmeckte das. Der war nun drei Jahre alt. Dann ist er bei Lehmbergs gewesen, hier in der Osterstraße, und hat die Nachtschatten gesehen. Die sehen ja auch schwarz aus im Herbst, wie Bickbeeren, genau so sehen sie aus. Und er hat fleißig davon gegessen.

Da kommt Frau Lehmberg auf ihn zu: »Junge, das dröfste doch nich (Junge, das darfst du doch nicht). De sind doch giftig.«

Sie hat dann meinen Bruder Fritz zu unserer Mutter gebracht und hat zu ihr gesagt: »Du, hör mal zu, der Junge hat da von den Tollkirschen gegessen. Ich weiß nun nicht, wie viele. Ich habe ihm sofort gesagt: ›Nun komm mal mit her‹.«

Meine Mutter schickt meinen Vater zum Apotheker. Es bestand wohl eine gewisse, na wie soll ich sagen – Freundschaft ist zu viel gesagt –, eine sehr gute Bekanntschaft. So will ich es mal nennen.

Also mein Vater ging zur Apotheke, und dann hat der Apotheker gesagt: »Schicken sie ihre Frau sofort zum Arzt mit dem Jungen. Der muss sofort dahin.«

In der Zwischenzeit hat der Apotheker den Arzt angerufen. Somit wussten die Krankenschwestern schon Bescheid und konnten Vorkehrungen treffen. Sie haben meinem Bruder den Magen ausgepumpt, und dann war die Sache gut. Es war alles wieder in Ordnung.

Ich bin der Meinung, Arzneimittel dürfen nicht gut schmecken, vor allen Dingen, wenn sie von Kindern erreichbar sind. Man muss sie mit Widerwillen nehmen.

Meinem Bruder hat das sehr gut geschmeckt, ähnlich wie Hustensaft. Meine Eltern waren im Laden beschäftigt, der damals sehr gut ging. Mein Bruder hat sich einen Stuhl genommen und ist auf den Schrank geklettert. Hoch oben hat das Gegengift von der Apotheke gestanden – Atropin, glaube ich, ist da drin gewesen. Und dann hat er die ganze Flasche Gegengift auf einmal ausgetrunken.

Adolf mit Bruder Fritz auf dem Stuhl

Meine Mutter kommt drauf zu – da ist er schon wieder unten gewesen –, sieht die Flasche, guckt und ruft: »Um Gottes Willen, was ist denn nun!?«

Schickt meinen Vater zum zweiten Mal zum Apotheker. Der ist ganz aufgeregt gewesen und hat gesagt: »Sofort zum Arzt! Gehen Sie sofort hin! Sofort zum Arzt!«

Bodenstab hieß der Arzt. Und das war, ehe mein Vater zurück war, weil der ja nicht so laufen konnte. Und Fahrräder gab es damals noch nicht, jedenfalls nicht hier im Dorfe. Woanders weiß ich es nicht.

Da ist mein Bruder schon blau angelaufen. Ich hatte mit ihm gespielt. Ballspiele, hatte meine Mutter gesagt. Und beim Spielen kippte er um. Und da hatte er zum ersten Mal das, was man unter Veitstanz versteht. Da hat meine Mutter ihn genommen und ist zum Arzt gelaufen. Und der ist ihr bei der alten Schule hier schon entgegen gekommen und hat ihr den Jungen aus dem Arm gerissen. Rein – die Schwester hat da gestanden. Das hat nur ein paar Minuten gedauert, da ist schon wieder... ist alles rausgekommen. Und vier Wochen oder fünf Wochen später hat er wieder Krämpfe bekommen. Und die hat er behalten. Meine Eltern sind zu Ärzten noch und nöcher gegangen und haben viel Geld dafür ausgegeben. Schließlich hat ein Arzt in Essen – der Bruder von meinem Onkel Ernst – zu meinem Vater gesagt: »Herr Amme, sparen Sie Ihr Geld! Es ist unmöglich! Das Nervensystem ist zerstört bei Ihrem Sohn. Das ist nicht reparabel.«

Seit der Zeit ist es immer schlimmer geworden, immer schlimmer. Er konnte nicht mehr in der Schule sein, weil er da störte. Die Lehrer haben ihn weggeschickt. Und meine Eltern haben ihn zu Haus gehabt.

Meine Mutter war im Laden, das war ein Gemischtwarengeschäft, und mein Vater hatte ja den Malereibetrieb. Sie konnten sich also nicht so kümmern. Da hat meine Mutter gesagt, wenn ich aus der Schule kam, dass ich auf den Jungen aufpassen sollte, nicht wahr. Und wenn er nicht so wollte, entsinne ich mich, habe ich den Rohrstock genommen und ihn verprügelt. Wenn er dann heulte, hätte ich von meiner Mutter Schläge bekommen. Und da habe ich ihn getröstet und ihm 'n Bonbon gegeben. Damit er still war. Das weiß ich noch. Das war meine erste schlechte Tat, soweit ich mich erinnern kann, die ich in meinem Leben gemacht habe.

Dann ist der Zeitpunkt gekommen – er war dreizehn oder vierzehn Jahre alt –, da ist er durch diese Vergiftung geistig so durcheinander gewesen, dass er wohl gekotet hatte oder was... Ich bin da nicht genau hinter gekommen, aber ich habe das so rausgefühlt. Dann ist er nach Rotenburg gekommen, in so eine Anstalt.

Na ja, 1919 ist er gestorben. Wie ich hin kam und holte die Leiche von meinem Bruder ab, da wurden mir diese Menschen, diese..., ja, in Menschengestalt vorgeführt. Die hatten nichts Menschliches an sich – einer wie der andere. Männlein und Weiblein – fünf Jahre, acht Jahre, zehn Jahre, zwölf Jahre, vierzehn Jahre – alle durchgedreht. Also wie ich das gesehen habe... Die haben nur gellt. Mund aufgesperrt: Lalalala. Die wussten nicht, ob es Tag oder Nacht war. Sie ließen ihre Exkremente unter sich fallen, sie mussten gefüttert werden, alles das. Sie wussten nicht, ob Sonntag, Alltag oder was überhaupt war. Vollständig, ich will mal sagen, ohne Gehirn.

Da sage ich zu der Schwester, die mich so rumführte, um mir das zu zeigen: »Sagen Sie mal, Schwester, wäre es nicht besser, wenn diese Arbeit, die hier obliegt – und dies sind doch, geistig gesehen, keine Menschen, sie stehen ja weit unter den Tieren –, wenn man die... hülfe, ins Jenseits zu kommen?«
So in der Art, genau weiß ich es nicht.

Die hat mich angeprustet: Es wären alles Gottes Kinder, einer wie der andere, und das Recht hätten wir nicht. Aber in einer solchen Tonart, dass ich still war, alles über mich ergehen ließ und froh war, dass ich weg kam.

ZU DÄMLICH

Adolf Amme mit Leo

Ich bin drei Jahre alt gewesen. Pfingsten war mein Onkel aus Essen mit seiner Familie zu Besuch. Dazumal war hier noch keine Straße, war alles noch Feldweg. Den Tag vorher hatte es geregnet. Große Wasserlachen sind da gewesen. Dies weiß ich aber nur aus Erzählungen meiner Eltern.

Dann wollten die Pfingsten spazieren gehen, und meine Mutter hat mich fein angezogen. So 'n Matrosenanzug habe ich angehabt und schöne Schuhe. Sie wollten doch renommieren mit mir. Nun zogen sich alle an. Und ich bin inzwischen draußen in die Wasserlachen getreten, hab da feste rumgepatscht.

Da hat mein Onkel gesagt: »Christine, kumm mal her, kieck dich dienen Jungen mal an (Christine, komm mal her, guck dir deinen Jungen mal an).«

Und da hat meine Mutter geweint. Da hat sie mich von Kopf bis Fuß umziehen müssen. Ich war ja damals noch zu dämlich.

SCHMERZHAFTE ERFAHRUNGEN

Ostern 1905 bin ich in die Schule gekommen. Nachdem ich vier oder fünf Wochen da gewesen bin, sagt meine Mutter: »Adolf, hebbt jü denn gor nix uppe to lernen (Adolf, habt ihr denn gar nichts zu lernen auf)?« – »Ne, wi het nix uppe (Nein, wir haben nichts auf).« Die Jungens waren draußen, wollten mit mir spielen. Und so ist das an die acht Wochen lang gegangen, Tag für Tag.

Meine Mutter ist ganz erstaunt und sagt zu meinem Vater: »Dat verstah ik gor nich, dat de Kinder gar nix uppe hebbt. Bi üsch früher, wi mössten denn doch schon immer mal schrieben oder lesen. Adolf, de bruket nich to lesen und nich to schrieben. De wütt bloß speelen. (Das versteh ich gar nicht, dass die Kinder nichts auf haben. Wir mussten früher schon immer mal schreiben oder lesen. Adolf braucht nicht zu lesen und zu schreiben. Der will nur spielen).«

Ein Vierteljahr später ist mein Vater bei Müllers. Ella Müller, die mit mir zur Schule ging, ist am Schreiben und Lesen.

Mein Vater guckt interessiert: »Kucke mal, du schreibst ja schon richtig. Du kannst ja lesen. Wat hebbt jü denn uppe?«

Ja, dat und dat (das und das).

»Use Adolf hett seggt...(Unser Adolf hat gesagt...)«

»Ach, jur Adolf, de is ja ook dumm«, seggt se. »De is ja ook dumm. De kann nix.« (Ach, euer Adolf ist ja auch dumm. Der kann nichts.)

Na, nun kannste dir denken... Den Abend kommt mein Vater von der Arbeit. Den Rohrstock hatte er schon in der Hand. Versteckt. Den habe ich nicht gesehen.

Da sagt er zu mir: »Adolf, nun segg mal, hest du 'n diene Schaularbeiten gemaket (Adolf, nun sag mal, hast du denn deine Schulaufgaben gemacht)?«

»Nee«.

»Warumme nich?«.

»Hett nix uppe.«

»Hett nix uppe?«

Und da kam der Stock. Und da hatte ich schon sechs oder sieben übern Buckel gekriegt. Wo er hinschlug, das war ihm ganz egal.

»Hett jü wat uppe (Hab ihr was auf)?«
»Jau (Ja).«
»Wat hett jü uppe (Was habt ihr auf)?«
Da habe ich dann gezeigt, was wir auf hatten.
»Und wat kannst du?«
»Ja, nix.«
Da fing für mich die Hölle an.
Wenn die Jungs nun kamen: »Wütt jü woll maken, dat jü weg komet (Wollt ihr wohl machen, dass ihr wegkommt)!«

Nach dem ABC waren wir gesetzt worden. Ich war der Oberste nach dem ABC. Da kam ich auf die unterste Bank. Ich war nicht der Einzige, aber so gehörte ich zu den Schlechtesten. Ostern war das anders. Ostern kam ich wieder oben hin. Da hatte ich das nachgeholt, was ich den Sommer über, na sagen wir mal, vertrödelt hatte.

FREIER MARKT

Da war der Bau dieser neuen Schule. Das nennt man ja heute »alte Schule«. 1906 – aber wann genau, das weiß ich nicht –, sind wir da hingezogen. Da kamen wir unten in die Klassen. Und dann bin ich sämtliche Klassen durchgegangen. 1910 waren wir bei Lehrer Krüger. Da war hier Markt. Am letzten Donnerstag im Oktober war immer Uetzer Markt. Da war aber was los, das sag ich dir! Fünf bis sechs große Reihen mit Ständen, so von beiden Seiten. Stell dir das mal vor! Kennst ja hinten Am Hoopte, am Gymnasium da. Der Platz stand von vorne bis hinten proppevoll – fünf, sechs Reihen. Karussells natürlich und Schaukeln, aber hauptsächlich war das der Haupteinkauf für die Leute.

Gab's da auch schon Kaspertheater?

Ja. Ja.

Was hamse denn da so gespielt?

Na ja, Jürgen, das weiß ich nicht mehr so. Ich weiß nur, dass sie die Puppen hatten, und dass sie mit dem Hammer schlugen. Und dann erzählte der immer... Ich habe mich da nie groß für begeistern können.

Wofür hast du dich begeistert?

Würstchen. Ich kriegte 50 oder 60 Pfennig. So 'n Würstchen, so lang, kostete 5 Pfennig. Ich habe mein ganzes Geld in Würstchen angelegt.
  Jemand vom Karussell fragte... Aber das war 'n Karussell, da musste jemand innen drin laufen. Wer das machte, kriegte für die Stunde 50 Pfennig. Da hab ich mich gemeldet. Wenn du das 'ne Stunde gemacht hast, dann wusstest du aber, was du getan hattest.
  Der hatte so 'ne Glocke. Dann bimmelte er immer, wenn ich aufhören sollte. Dann stand ich. Wenn es wieder bimmelte, na ja,

war's das Zeichen dafür, dass ich wieder anfangen sollte. Ich hab's 'ne Stunde gemacht. Dann hab ich 50 Pfennig gekriegt.

Und wie viel Würstchen hast du davon gegessen?

Zehn. Und ein Fischbrötchen hab ich gekriegt.

Und die hast du dann alle aufgegessen?

Ja. Bin auch nicht ins Karussell. Ja, mal bin ich auch ins Karussell reingegangen. Aber das war selten.

Ich ging in die zweite Klasse. In die erste Klasse gingen wir ja zwei Jahre. Das war drei Jahre vor meiner Konfirmation. Und da hatten wir nachmittags zwei Stunden Unterricht, von Zwei bis um Vier, jeden Tag. Oh, da war's so bitter kalt. Und da lag ungefähr sechs bis acht Zentimeter Schnee. Es war Oktober und erbärmlich kalt. Lag Eis und Schnee. Fror. War'n, ich weiß nicht, 5, 6° Kälte. Im Oktober!

Kurz und gut: da hat mein Vater für mich frei geholt. Da brauchte ich den Nachmittag nicht zur Schule. Und dann sind meine Eltern mit mir hingegangen und haben für das Jahr eingekauft. Wollsachen und alles das. Da gab's die Geschäfte ja nicht in dem Maße wie heute.

Um halb Fünf kamen meine Schulkameraden. Die hatten ja Schule gehabt. Dann fing es im Oktober – schlechtes Wetter und so weiter – schon an, dunkel zu werden. Wie *die* kamen, gingen wir nach Hause. Hatten alles erledigt. Das weiß ich noch haargenau.

NIESPULVER UND ANDERE DÖNEKENS

Weil ich so erkältet war, hatte ich Niespulver bekommen. »Schneeberger« hieß das. Ja, so Namen aus der Jugend, die behältste. Wenn jetzt einer zu mir sagt, er heißt Schneeberger, dann ist das 'ne Stunde her:»Mensch, wie hieß der noch? Ja, warte mal, das war doch so was Komisches.«
So runde, so ovale Schachteln waren das. Davon haben wir alle genommen. Dann kam der Lehrer rein, und dann ging's los...
Die haben alle Schläge gekriegt. Ich bin der einzige gewesen, der keine gekriegt hat. Ich hatte das von meinem Vater bekommen. Ich war erkältet.
Damals regierte ja noch der Rohrstock – und das nicht zu knapp. Das Katheder, wo der Lehrer saß, war ja höher. Das war auf so 'm Podest, dass er alles übersehen konnte. Die Mädchen mussten entweder ihre Hand hinhalten – dann kriegten sie welche in die Hand mit dem Rohrstock – oder übers Knie. Die Jungs auf den Hosenboden.

Das gab's bei uns auch noch, jedenfalls für die Jungs.

Die Jüngeren saßen unten, und die älteren saßen oben. Ich saß immer oben. Bin immer zweiter gewesen.
Ernst Grundstedt, der lebt heute noch, sollte 'n Gedicht aufsagen: »Das Lied von der Glocke«. Bei Rektor Krüger.
»Und er zählt die Häupter seiner Lieben... seiner Lieben...«
Da sag ich so flüsternd: »Und sieh, es warn statt sechse, sieben.«
»...und sieh, es waren statt sechse, sieben.«
Das ist aber wahr.
Der Rektor guckt so: »Ja, denn komm man mal her. Denn sollen's statt sechse sieben sein.«
Da hat der sieben Schlag gekriegt. Eigentlich hätte ich sie ja kriegen müssen. In Wirklichkeit.
Der hatte da gar nicht drüber nachgedacht. Das reimte sich so gut. Oh je, oh je! Ja, Dönekens haben wir auch gemacht.

TANZ AUF DEM EIS

Den Winter über – November, Dezember, Januar, Februar – also vier Monate, konnten wir Schlittschuh laufen.
Da war die Fuhse ja noch nicht begradigt. Da war alles nass. Darum nennen sie das ja »Im See«. Damals war's 'n See. Damals gab es auch Fische. Heute ist es kein See mehr. Kommt ja gar kein Wasser mehr hin.
Also wenn ich im Winter von der Schule kam, dann wurde gegessen, und dann wurden die Schlittschuhe untergeschnallt. Denn konnteste hier vom Schünebusch bis Eltze laufen, bis zum nächsten Ort. Das war wunderschön! Bis abends, bis es dunkel wurde. Was waren wir stolz, wenn wir ein bisschen rückwärts laufen konnten. Und dann hatten wir uns Stöcke gelegt, wo wir rüber sprangen. Schnell Anlauf genommen, Schwung, hochspringen und rüber. Wenn wir 50 cm weit kamen, waren wir stolz, als hätten wir wer-weiß-was gewonnen. Das haben wir nicht nur einmal, das haben wir mehrere Male gemacht.
Und einmal, das muss so um 1908/09 gewesen sein, da war ein strenger Winter. Da gab es Musik. Und da war so 'ne Schutzvorrichtung. Da konntest du Würstchen essen und Brötchen, du konntest Glühwein kriegen und Cognac – was das Herz begehrte.
Und manche haben sogar auf dem Eis getanzt. Das ging bis zum Baskamp. Im Baskamp war dies ganz große Holz. Das gehörte dem Meyer, Benrode. Zwei Vollhöfner waren das. Aber darüber will ich nichts sagen. Das sind Familiengeschichten.
Ach, ja, Jürgen. Es geht alles vorüber. Alles vorüber und alles vorbei. Wenn ich daran so denke...

DER KRÄHENMÖRDER

Ach ja, um Ostern rum, im April, gab's enorm viele Krähen. Da kletterten wir hoch in die Bäume. Und dann wurden die Nester ausgekriegt.

Es hat eine Zeit gegeben, so um 1908/10, in den Jahren, da gab es für'n paar Krähenbeine, wenn man die jung auskriegte, 20 oder 30 Pfennige.

Ich entsinne mich, da waren Adolf Schindar, Wilhelm Ernst und ich in der Bröckeler Gegend gewesen und hatten Krähennester ausgekriegt. Und ich habe eine junge Krähe lebend mit nach Haus genommen. Und Adolf Schindar wollte das auch. Bei der Brücke über die Erse, wenn man nach Bröckel fährt, hat er keine Lust mehr gehabt, hat ein Messer genommen, abgeschnitten, lebend, das Tier, und da reinfallen...

Er war stärker wie ich. Wilhelm Ernst und ich, wir beide haben uns ganz gewaltig mit ihm erzürnt. Ich kann mich erinnern, wie wir älter waren, dass er mir so widerwärtig war. Und der soff dann so gewaltig.

Da kam ich mit Oma mal mit meinem Wagen von Hannover, nachts um Zwölfe. Acht oder zehn Tage vorher hatte ich meine Bremsen nachstellen, den Wagen durchsehen lassen. Checken lassen, wie man heute sagt. TÜV hatten wir ja noch nicht. Wenn das nicht gewesen wäre, hätte ich ihn totgefahren.

Er lag mitten auf der Straße. Nachts um Zwölf denkste doch nicht, dass da ein Mann auf der Straße liegt. Ungefähr 20, 25 cm vor ihm ist mein Wagen stehen geblieben. Die Reifen haben gequietscht! Oma ist bald vorn durch die Scheibe geflogen. Wären meine Bremsen nicht in Ordnung gewesen, hätte ich ihn totgefahren.

Zuerst denk ich, was ist denn das? Und wie ich merke, dass er besoffen war, wo er da lag, weiß ich noch, kam die Wut von damals wieder hoch, von dieser Krähe. Ich sehe noch, wie die dahin schwamm, nicht wahr, das Tier, beide Beine abgeschnitten... und dahin.

Da hab ich ihm ein paar Fußtritte gegeben, sag ich dir, wo ich mich heute noch drüber freue. So hab ich ihn in den Hintern getreten. Und dann haben Oma und ich ihn genommen und zur Seite an den Zaun rangelegt.

Der wird acht Tage später noch die blauen Flecken gehabt und gejammert haben über sein Kreuz.

DER HALLEYSCHE KOMET

Du hast doch auch den Kometen damals gesehn, oder?

Ja, das war 1912 {20. Mai 1910}. Das war wunderschön. Der Schweif – wir konnten ihn sehen (große Geste) so dahin, in halber Höhe. Das kannst du dir gar nicht vorstellen. Wenn er da war (Geste), dann sahst du dahinten noch den Schweif.

Jetzt der heutige, der diesjährige... {8. März 1986}

Jetzt soll doch gar nichts gewesen sein. Interessierte mich auch nicht. Aber so groß, breit, der Schweif, nicht wahr. Christine rief an. Ich hatte grad aufgehört mit Fernsehen. Da war's halb Zwölf. Ging ich zu Bett, nicht wahr. Geht's Telefon. Ich denke, ich fall auf den Rücken.
»Was ist denn?«
Na ja.

FISCHE

Früher, wie ich so'n Junge war, da hatten wir 'n richtigen Winter. Aber wir hatten auch 'n richtigen Sommer. In der Sommerzeit damals war die Fuhse brechend voll. Fische und Krebse, das kannst du dir... Heute ist wieder was drin. Das kann sich einer gar nicht vorstellen, wie fischreich die Fuhse gewesen ist, wie ich so zehn, zwölf, vierzehn Jahr war – und früher. In jüngeren Jahren.

Dann sagte meine Mutter im Sommer, wenn's warm war, und wir baden konnten: »Tja, Adolf, Minsche, ik her mal Appetiet op Fische. Schaste mal sein, dat de 'n beten Fische fangen däest (Tja, Adolf, Mensch, ich hab mal Appetit auf Fische. Sieh mal zu, dass du ein paar Fische fängst).«

Dann gingen wir in den Mühlenkolk, was damals tief war, also bestimmt zweieinhalb Meter tief. Da waren unten die Eichenständer reingebaut. Und unten, fast am Grund, saßen sie immer. Da konnten wir tauchen und sie von vorne und hinten so wunderbar fassen. Und nach einer Viertelstunde hatte ich so viel gefangen, dass wir gut zu essen hatten.

Das waren Weißfische, ab und zu mal 'n Karpfen, das waren auch Quappen. Ich weiß nicht, wie die auf Hochdeutsch heißen. Die haben viel Ähnlichkeit mit dem Aal, sind auch so schleimig – und schwarz. Quappen sagten sie dazu. Die waren aber immer nur so klein. Die sah meine Mutter auch nicht so gerne. Aber na ja, wir nahmen, was wir kriegen konnten. In der Hauptsache Weißfische, Plötzen, Rotaugen und Brassen, nicht wahr. Na ja, dann hatten wir die Fische. Das passierte im Sommer so drei, vier Mal. Und ab und zu fing ich Krebse. Viele Krebse.

Die haben ja so Röhren in die Wand, in die Fuhsewand... so Röhren, wie 'n großes Mauseloch, 'n *großes* Mauseloch, bisschen größer, möchte ich sagen. Und wenn die da drin saßen, gingen die nicht raus. Dann gingen wir mit dem Finger rein, und denn packten die zu. Finger – schwups! – zogen schnell raus, dann hatten wir sie.

Joachim Amme brachte immer zu Borchert hin – zur Jägerklause – und verkaufte die. Der hat sich da Geld mit verdient. Von der

Mühle, der Joachim. Der ist nachher ja als Offizier, als Flieger gefallen, das weiß ich heute noch, im Krieg, im 2. Weltkrieg.
Na ja, das geht zu weit. Ja, das ist die Jugendzeit.

EILIG ABEND

1912 wurde ich konfirmiert. Und vorher hatte Albert Bauermeisters Vater – der wohnte da an dem alten Kirchhof – einen Sperber, der nach Spatzen aus war, gefasst und totgemacht. Mit seinem Sohn Wilhelm war ich befreundet. Ist aber auch schon tot, schon länger. Und die zeigten mir den toten Vogel.

Ik segge (Ich sage): »Tcha, wat wütt ju damit moken (Was wollt ihr damit machen)?«
»Tcha, wat wütt wi moken? Ik will... schall een inkuhlen (Ich will... soll ihn eingraben).«
»Ik segge: Nee!«

Ich bin nach Bröckel gefahren – da gab es einen Präparator – und hab den Vogel ausstopfen lassen. Und am Christabend, nach'm Mittagessen, bin ich zu Wilhelm Ernst gegangen. Der Vogel war fertig.

Wilhelm Ernst war unser Nachbar gegenüber, der spätere Wiesenbaumeister in Neustadt am Rübenberge. Sein Onkel war ein höheres Tier. Hatte in der Heide, ich glaube in Suderburg, gelernt. Also kurz und gut, ich sage: »Hin!«

Wilhelm war der einzige Sohn. Die Mutter war so um die 40 gewesen, da hatte sie den Jungen noch bekommen – in zweiter Ehe. Da hab ich fast ebensoviel Zeit verbracht wie zu Hause. Wir waren dicke Freunde. Und dann sind wir zu Fuß nach Bröckel gegangen. Durch den Schnee.

Jetzt die vielen Vögel besehen. Nun kannste dir ja denken, das interessierte uns. Wir haben an Zeit und Heilig Abend nicht gedacht.

Auf einmal sagt der Präparator: »Jungens, ik denk, ju wütt noch nache Kerke hin (Jungs, ich denke, ihr wollt noch zur Kirche).«
»Ja, wie spät is denn?«

Um fünf Uhr begann die Kirche. Das muss wohl nach vier Uhr gewesen sein. War ja schon dämmerig, das Licht war schon...

Nun macht die Straße gewissermaßen so 'n Rechteck. Da sag ich zu Wilhelm: »Du, Wilhelm! Die Ecke können wir abschneiden.«

Das waren 600, 700 Meter. Nun lag hoch Schnee.

»Wir gehen übers Feld, gerade hin. Da haben wir die Richtung.«

Und das haben wir gemacht. Aber ich hatte nicht damit gerechnet, dass Weiden da waren, in denen Kühe im Sommer gewesen waren – und Drähte. Nun mussten wir da immer durchklettern, nicht wahr? Das nahm ja viel mehr Zeit in Anspruch, als gedacht. Und Wilhelm konnte schon nicht mehr. Der war dick und fett, und ich war mager. Und Wilhelm kommt nicht mit.
»Adolf, nich so hille! Nich so hille (Nicht so schnell)!«
Ich sage: »Mensch, wi mütt nache Kerke (Mensch, wir müssen zur Kirche).«
Wie wir bei der Ersebrücke waren, hab ich ihn verlassen. Da bin ich im Laufschritt weiter. Wie ich zu Hause ankam, war das erste Kirchenläuten. Nun kannste dir denken, wie ich aussah.

Meine Mutter hatte mich gar nicht gesehen. Zu viel zu tun. Ich hab mich schnell 'n bisschen gewaschen, 'n bisschen sauber gemacht, nicht wahr, ran, Mantel angezogen, Gesangbuch gefasst, und denn hin zur Kirche.

Ich war schon kurz vor der Kirche, da hörte die Glocke zum zweiten Mal auf zu läuten. Da ich nun oben saß, der Zweite war, mussten die auf der Bank ja immer rücken. Der am Ende saß, kam da oben wieder hin. Und so ging das ja fortlaufend. Uhh, die waren wütend. Aber ich hab es geschafft.

FEUER

In der Seestraße war eine Gastwirtschaft. Mitternacht tutet's. Es gab noch keine Sirenen. Da tutetense das Feuerhorn. Wir sahen schon das Feuer. Und dann habe ich am Fenster gestanden und das gesehen. Aber ich durfte nicht raus. Verboten meine Eltern. Und dann hatten die eine Orgel, die hatte so runde Scheiben. Die gingen von selbst, spielten immer dasselbe Lied. Runde Blechscheiben waren das. Durch die Hitze hatte die Orgel selbst angefangen, so lange, bis sie brennend zusammenbrach. Das erinnere ich.

Dann Krüger. August. Die haben Heu oder Stroh abgeladen. Da hatten sie diese Sturmleuchten mit Petroleum. Damals gab es ja kein elektrisches Licht. Mit der Gabel dagegen gekommen, nicht wahr, die ist runter gefallen, Petroleum läuft aus. Abgebrannt, die ganze Geschichte.

Das erinnert mich an seine Geschichte vom Hellseher. Der Mann fragte ihn auf plattdeutsch, ob er eine Feuerversicherung habe. Mein Großvater wollte wissen, warum?

Er habe die Feuerwehr vorm Haus meines Großvaters gesehen, aber sich gewundert, dass es nicht brannte.

Kurz darauf machte die Feuerwehr eine Übung an seinem Haus.

Derselbe Mann hat auch die Eisenbahn vorausgesehen: »Ich weiß nicht, da fahren Wagen, aber ich sehe keine Pferde.« Dabei zeigte er in die Richtung, in der später der Bahnhof stand.

DER SCHÜTZENKÖNIG

Vor dem Krieg bin ich einmal Schützenkönig gewesen. Und Erna Mußmann war meine Schützenkönigin. Da war ich elf Jahre alt. Zum Schützenfest gab es belegte Brötchen und einen dünnen Wein, so einen Grog, sagen wir mal. Also wenig Wein und viel Wasser, so ungefähr – aber süß!

SPINNEN, PEITSCHE UND SCHMACHTRIEMEN

Reinhard Auerswald war mein Vetter, mütterlicherseits. Der kam hier oft her. Kurz und gut, jetzt machten die... Spinnen nannten die das damals. Da gab es Kaffee und Kuchen, und dann wurde erzählt. So in Wintermonaten. Also er kommt her.
»Was machen wir?«
Wir wieder rüber zu Ernst. Schön. Wir sind da hin, und es wurde uns langweilig.
»Du, nach Müllers gahn wi hin (gehen wir hin), nach Müllers, da sind vier, fünf Mädel sind da.«
Die waren alle in unserem Alter. Ella war die Älteste, die war so alt wie wir. Und die andern waren 'n Jahr oder so darunter. Also wir da hin. Finger genommen, hinters Fenster, und denn, wenn du so reibst, dann quietscht das so.
»Wütt jü woll mal maken, dat jü da wegkomet (Wollt ihr wohl machen, dass ihr da wegkommt)!«, sagte der alte Müller. »Ik kome mit de Pietsche (Ich komme mit der Peitsche).«
Jaa. Wir konnten ja laufen. Wieder gequietscht.
Auf einmal: »Mensch du, da ging eben de Dör (die Tür)«.
Ich sage: »Ik glöve, hei kummt (Ich glaube, er kommt).«
Geguckt... und in dem Moment kam er mit der Peitsche um die Ecke. Wilhelm und ich weg. Und Reinhard Auerswald, der wusste das nicht...
Früher hatten die ja noch keinen Abfluss. Die hatten etwas, das nannten sie »Goetenlock«. Da wurde so 'ne Tonne eingegraben, ungefähr einen Meter hoch, und da lief das Küchenwasser rein.
Nun kannst du dir denken, wie das stank.
Und Reinhold fällt in diese Tonne rein, sitzt bis zur Brustwarze in der Tonne: »Odolf, helpt mik rut, helpt mik rut (Adolf, helft mir raus)!«
Und Herr Müller stand ja schon dabei. Da sagt der Müller zu ihm: »Na, Junge, du bist nun bestraft genauch (genug). Du schast ook keine Schläge hebben (Du sollst auch keine Schläge haben).«
»Nu komet, nun trekket 'n manne rut (Nun kommt, nun zieht

ihn mal raus). Ik gahe (Ich gehe) jetzt weg und denn verschwindet ihr!« Das sagte der alte Müller.

Als wir merkten, er geht weg, haben wir Reinhold angefasst. Mit spitzen Fingern.

Es war kalt. Muss November oder Dezember gewesen sein, das weiß ich jetzt nicht mehr. Also, kurz und gut, wir gingen zu Ernst' Mutter.

Ernst' Mutter war eine Frau von Seele, sag ich dir. Mit der konntest du machen, was du wolltest. Also eine gütige Frau. Und nun kamen wir an.

Splitternackend musste er sich ausziehen. Damals hatte man ja noch die Ofenheizung. Da stand immer Wasser drauf, auch um die nötige Feuchtigkeit im Zimmer zu haben. Kurz und gut, sie hat ihn von Kopf bis Fuß gewaschen. Auch das Zeug. Er musste so lange nackend am Ofen sitzen, bis alles getrocknet war. Das hat eine Stunde gedauert.

Kurz und gut, Reinhard war trocken, da war es halb elf. Nun sollten wir um zehn Uhr bei ihm zu Hause sein – und zwar strikt. Der alte Auerswald, der hatte 'nen... »Schmachtriemen« sagte man dazu, nicht wahr. Und der fackelte nicht lange – nicht bei mir, aber bei seinem Sohn.

Und wie wir dann zu ihm nach Haus kamen: »Ja, och Ernst' Mutter, ja, die Uhr...«

Da haben wir geschwindelt. Die Uhr würde nicht richtig gehen. Die wäre jetzt zehn Uhr bei ihr. Haben wir behauptet, nicht wahr.

»So wat givt et nich (So was gibt es nicht)!«, seggt Auerswald.

»Ja, kumm, denn lat us rovergahn (Ja, komm, dann lass uns rübergehen).«

Wir wussten aber, wenn wir hinkämen und sagten: »De Uhr is Klocke Tahne wcen (Auf der Uhr ist es zehn Uhr gewesen), nich wahr?« Denn hätte Ernst' Mutter gesagt: »Ja.«

Das wussten wir hundertprozentig.

Nun waren wir fünf oder zehn Minuten da, da sagt... wer das war, weiß ich auch nicht: »Wie rükt (riecht) denn dat hier? Wat is denn hier bloß los?«

Da hat es gestunken, obwohl alles gewaschen war.

WOHMANNS MIMI

Ich ging noch zur Schule. Und Wohmanns Mimi war angeblich eine gläubige Christin. Aber ich möchte sagen, streng, hart war sie. Wenn was war, dann hatte sie so leuchtende Augen, so strenge. Und dann kam sie immer mit der Religion an. Das hatte mich oft geärgert, wenn sie hier war. Und ich habe Behauptungen aufgestellt, die ich selber nicht glaubte, nur um sie zu reizen.

Das ist nicht einmal, das ist zehn oder fünfzehn Mal passiert. Ich hab es nicht gezählt, aber so ungefähr, dass sie sagte: »Dat is uk 'n ganzen scheußlichen Bengel (Das ist auch ein ganz scheußlicher Junge)!«

Danach ging sie weg. Am nächsten Tag kam sie wieder und beschwerte sich bei meiner Mutter: »Nee, de Junge, dat is uk 'n ganzen furchtbaren Jungen. Immer mut de mi ärgern (Immer muss der mich ärgern). Ik hebbe die ganze Nacht nich geslapen (Ich habe die ganze Nacht nicht geschlafen).«

VÖGEL UND ANDERE TIERE

Damals hatte ich so einen Fimmel, so will ich es mal sagen. Hobby, kann man es nicht nennen, denn ich bin ja nicht dazu gekommen. Vögel mochte ich immer sehr gerne. Habe ich sogar Geld mit verdient, in den späteren Jahren. In meinem kindlichen Kopf hatte ich mir das so vorgestellt: Da kommen Birkenwälder hin, für die verschiedenen Vogelarten, nicht wahr. Das zu machen und zu bauen, Grundstücke zu kaufen, um dieses zu verwirklichen, wäre ja unmöglich gewesen. Damals habe ich schon Zeichnungen gemacht. Was man heute Naturschutzgebiete nennt, das entstand in meinem Kopf im Kleinen. Ich glaubte, wenn ich ein Gehölz hätte, wie ein Haus groß, und ein anderes Gehölz daneben und so weiter, das wäre das A und O. Aber wie gesagt, da war ich so zehn, elf Jahre alt.

Da hatte ich auch all die Bücher – habe ich noch. Kurt Floericke und verschiedene Sachen. Und dann kam die Neigung stärker zu den Raubvögeln hin.

»Mit dem krummen Schnabel«, sagten sie immer.

In jungen Jahren, auch wie ich schon verheiratet war, hab ich Elstern gehabt, Krähen gehabt, die zahm waren, die hier ein und aus flogen. Ich habe einen Turmfalken gehabt, der kam rein. Das eine Mal hatte meine Mutter das Fenster zugemacht. Da flog er mit dem Kopf dagegen. Und dann klickte das so gegen die Scheibe, weil er in die Küche rein wollte.

Die Elstern flogen hier in der ganzen Gegend rum. Die hab ich dann abschaffen müssen. Man spricht von der diebischen Elster. Also diebisch sind die. Wenn sie was Glänzendes sehen, dann fassen die das und nehmen es mit.

Da wohnte ein Maler Schwenke. Der wohnte hier, wo Kregels gewohnt haben, na ja, hier im Seeweg. Und die Frau hatte gesehen, wie die Elster gekommen war. Die hatte wohl in ihrer Kammer Ringe liegen gehabt. Sie kam in die Kammer und sieht, wie der Vogel reinkommt und mit dem Ring wegfliegt. Bei Schapers auf dem Dach hat er gesessen. Da hat er sich niedergelassen und damit

gespielt oder was. Das weiß ich nicht, das weiß ich nur aus Erzählungen.
Und dann kam sie hier her: »Adolf!«
Da hatten ihr die Leute erzählt, dass ich diesen Vogel hätte. Da bin ich hingegangen und habe ihn gerufen. Er sollte runterkommen. Das tat er nicht. Und schließlich wurde ihm das langweilig. Da ließ er den Ring fallen. Der rollte das Dach runter. So hat sie ihren Ring wiedergekriegt.

Später hab ich mir Geld verdient, wie ich schon verheiratet war.
Und zwar hab ich bei Habichten die Nester ausgenommen. Das begann im April, Anfang Mai, wenn die soeben aus den Eiern raus waren. Wie kleine Wollknäuel.
Aber ich habe niemals das gesamte Nest ausgeräumt. Ich habe immer ein Junges liegen lassen. Darüber freue ich mich heute noch.

Und wer hat so was gekauft?

Das waren alles begüterte Leute: Tierärzte, Freiherren und so weiter.

Um die dann groß zu ziehen, oder weshalb?

Nein, die hab *ich* groß gezogen. Die hab ich großgezogen und dann gezähmt – zur Beizjagd. Ich weiß noch, einmal hatte ich ein ganz großes Weibchen. Das hatte so 'ne Flügelspanne: 1 Meter 20. Weißt du was das heißt, 1 Meter 20? Wenn der zahm war, kam der mir auf die Schulter. Und auf die Hand.
Wenn die groß waren, bin ich sonntags mit Oma in die Feldmark raus gegangen. Ich hatte so 'n Hasenfell mit Heu ausgestopft und 50 Meter oder 60 Meter Bindfaden dran. Und unter der Jacke versteckt – damit die Leute das nicht sahen –, hatte ich die Habichte. Und dann, wenn wir draußen waren und die Luft rein: »So, nun lauf!«
Dann musste Oma laufen. Sie lief mit dem Hasenfell. Und ich schmiss den Habicht in ihre Richtung. Jups! Außerdem musst du ja immer Lockmittel dabei haben, also Fressen. Kriegte er jedes Mal ein kleines Stückchen Fleisch. Hinten, im Nacken, hatte ich auch ein Stück Fleisch. Wenn der das hatte, gab er es freiwillig nicht wieder her. Wenn er drauf saß – mit den Krallen hatte er sich reingekrallt –,

hielt ich ihm diesen anderen Brocken hin. Dann lockerte er die Krallen und griff danach. Von der Faust – da hatte ich zwei Handschuhe drauf, dicke Handschuhe – nahm er das sich so weg. Und dann hatte ich ihn wieder auf der Faust.

Für so'n Tier bekam ich zwischen 50 und 60 Mark. Da kriegte ich immer 'n guten Anzug für, der heute mindestens zwischen 200 und 300 Mark wert ist.

Einmal, sonntags war das gewesen, und es fing an, dunkel zu werden. Und er hatte sich erschreckt, nicht wahr, der Vogel. Er saß oben auf dem Dach. Ich rief ihn. Dann guckte er runter.

»Gjak, gjak«, machte er so.

Und ich sagte: »Nun komm doch.«

Ich habe ihn gelockt.

Schließlich sagte Oma: »Mensch, das wird mir zu langweilig, ich geh nach Hause.«

»Mensch«, denke ich, »was machst du bloß?«

Und auf einmal... Ich hatte ja immer Lockmittel in der Hand, immer ein bisschen Fleisch.

Und Spatzen. Damals gab es hier keine Spatzen, sag ich dir. Wenn die mich aus der Tür kommen sahen, denn schrie ihre ganze Meute: »Der Amme kommt!«

Denn ich konnte gut schießen, nicht wahr.

In der Küche stand 'n großer Schrank, und dahinter hatte ich Turmfalken. Da hatte ich 'ne Stange hingehängt. Da saßen die. Und da flogen die. Das war ja 'n einfaches Fenster, kein dreiteiliges. Das hab ich ja alles umgebaut. Mein Weg ging niemals aus der Tür raus, immer durchs Fenster, so dass meine Mutter 'n paar Mal gesagt hat: »Segg, mal, wotau sin eigentlich de Dören da, Adolf (Sag mal, wozu sind eigentlich die Türen da, Adolf)?«

Du hattest aber noch andere Tiere?

Ja. Annemie, die jetzt in Schweden war, die wusste noch, dass ich die vielen Tauben hatte. Tümmler, Kröpfer, Elstern, Elster-Tauben, Brieftauben.

Dann habe ich Marder gehabt.

Wegen der Pelze.

Mmh. Ich wollte sehen, dass ich irgendwie nebenbei noch 'n bisschen Geld verdiene.

Womit hast du denn damals hauptsächlich dein Geld verdient?

In den Jahren hatte ich ja auch noch die Bienen. Oma machte dann den Laden mit, hauptsächlich.

Hattet ihr eigentlich auch Gehilfen im Laden?

Nein. Meine Schwiegermutter hatte noch Landwirtschaft. Da musste ich helfen. Omas Vater war ja gleich '14 gefallen, in Belgien.

ADOLFS VATER

Mein Vater hat einen Tumor im Kopf gehabt. Er hat eine Silberplatte bekommen. Das ist in Halle operiert worden. Und ich weiß nur noch, dass mein Vater sich immer gefreut hat. Er ist der erste gewesen, der mit dem Leben davon gekommen ist. Aber die Ärzte haben die Nerven zerschnitten. Dadurch waren Arm und Bein natürlich etwas... also gehandikapt, nicht wahr. Er hielt seinen linken Arm mit dem rechten fest. Er konnte die Arme bewegen, aber nicht so natürlich. Genauso mit dem Gehen.

Er war Tischlermeister. Karl Auerswald hat dann das Geschäft meines Vaters übernommen. Weil der ja nicht mehr so konnte, wie früher.

Aber meinem Vater ging das immer genau so wie mir: Wenn ich sonst gezweifelt hätte, ich weiß genau, ich habe denselben Gedanken oder dasselbe Gehabe wie er. Wenn wir betrunken sind, kannste dich mit mir nämlich nicht erzürnen. Dann lachen wir bloß.

LEHRE

1914, im Frühjahr nach Ostern, bin ich nach Hameln gekommen, in die Firma Wöldecke. Da bin ich als Lehrling gewesen, kaufmännischer Lehrling, Klein- und Großhandel. Und habe da 'n bisschen das Fotografieren gelernt, was später noch wichtig für mich war. Von einem Commis hab ich das gelernt – so nannte man das damals. Ach, da habe ich mal so ein lüttjes (kleines) Mädel gehabt. Aber ist nichts mit geschehen. Dazu war ich viel zu dämlich, damals. Und ich habe die denn verlassen, gewissermaßen so, nicht wahr, weil ich Angst hatte. Ich weiß auch nicht.

DER 1. WELTKRIEG

EINBERUFUNG UND MARSCHBEFEHL

1916, am 15. März, bin ich zum Militär einberufen worden. Kam dann in den Krieg, nach Saint-Avold in Lothringen, zum 173. Infanterie-Regiment.

Hintere Reihe, dritter von links

Da oben auf dem Foto, das bin ich. Und hier, guck mal an, das ist ein Jude. Siehste den da, diesen Kopf? Ich möchte mal sagen, man kann's bald sehen, dass das ein Jude ist. Guck da mal schärfer hin, guck ihn dir mal an.

Welcher ist es?

Der hier ist es. Aber mit dem konnte ich sehr gut. Und der hat sein Leben gelassen für Deutschland 1916, 1917. Darum bin ich dagegen gewesen, dass Hitler die Juden verfolgte, schon damals, weil das ein ordentlicher, anständiger Kerl war. Und das war ein Jude, hat sein Leben gelassen. Und wenn er für Deutschland kämpft, dann haben die Deutschen nicht das Recht, ihn und andere...

Und hier sind wir schon wieder. Da waren wir rausgesucht. Dies war eine Korporalschaft, musste bedenken. Da bin ich nur, weil ich sehr gut schießen konnte. Ich war bekannt in der ganzen Kompanie. Wie wir das erste Mal geschossen haben, hatte ich eine Zwölf, dann eine Elf.

Da sagte der Korporal: »Nicht schlechter werden!«
Heute sagt man ja Unteroffizier – damals Korporal.
»Nicht schlechter werden!«
Dann war es wieder eine Zwölf. Da war ich glücklich. Ich habe immer Spiegel geschossen. Spiegel nannten wir Zehn, Elf, Zwölf. Das heißt Spiegel. Und dadurch war ich bekannt geworden, war ich der Beste. Ich konnte machen, was ich wollte.

Diesen hier zum Beispiel, den haben wir verprügelt. Ich habe ihn mit festgehalten, weil er immer auffiel. Und wir hatten dann den Schaden, mussten nachexerzieren und so was. Deswegen hat er immer Schläge bekommen.

Und eines guten Tages kommt der hier ran, der Unteroffizier, und sagt: »Mensch, geh mal runter zur Schreibstube.«
Ich sag: »Was soll ich denn da?«
Der duzte mich. Als wenn ich zumindest sein Bruder wäre, so hat er mich immer behandelt. Immer.

Ich war in der dreizehnten Korporalschaft, nicht wahr. Wir waren oben unterm Dach. Ich war damit der letzte. Die anderen standen schon da, vorn in der Schreibstube – von jeder Korporalschaft einer. Wie ich reinkomme, kommt der Spieß gerade an, der Feldwebel.

Und dann höre ich: »Welche Schule?«
»Volksschule.«
»Wegtreten.«
»Volksschule.«
»Wegtreten.«
»Volksschule.«
»Wegtreten.«
»Gymnasium.«
»Welche Klasse?«
Nun weiß ich nicht mehr, was er sagte.
»Stehenbleiben.«
»Volksschule.«

»Wegtreten.«

Oh, denke ich. Mensch, hier geht's um Schulbildung. Da habe ich geschwindelt. Ich komme als letzter dran.

»Was für eine Schulbildung?«

Ich sage: »Seminar.«

»Seminar? Oha!«

Guckt mich an: »Sagen Sie mal, sind Sie nicht unser guter Schütze?«

Ich sage: »Jawoll, Herr Oberfeldwebel!«

»Ja, alles kann wegtreten! Sie bleiben hier.«

Das ist so wahr, wie ich hier sitze.

Nun war da noch ein anderer. Die duzten sich. Der war aus demselben Ort. Und der brauchte gar keinen Dienst mitzumachen, der war immer abkommandiert beim Feldwebel. Das war 1916, im Krieg.

Dann hörte ich, wie sie sagten: »Ich weiß auch nicht, das ist ganz was Neues. Auf jeden Fall brauchst du keinen Sturmangriff mehr mitzumachen.«

Das höre ich alles. Nun hatte der Schreibstubenhengst da, der Gefreite, der hatte alles aufgeschrieben, meinen Namen und so weiter.

Jetzt bin ich nach draußen gegangen. Und da habe ich den guten Mann...

Mein Vater hatte mir gesagt: »Du, hör mal zu. Wenn du Urlaub kriegen kannst – die ganze Verwandtschaft hatte er schon mit Goldstücken versorgt –, dann kriegst du für ein Zehnmark-Goldstück eine Woche und für ein Zwanzig-Markstück zwei Wochen Urlaub.«

Aber das gute Schießen, wenn ich da noch mal drauf zurückkomme: Wie ich so zwölf Jahre alt war, da habe ich schon 'n Tesching bekommen.

Mein Vater hatte mir gesagt: »Du musst mal Soldat werden. Wenn du Soldat wirst, und du kannst gut schießen, dann bist du oben auf. Kannst du schlecht schießen, bist du unten durch.«

Das war sehr weise von meinem Vater gewesen. Dadurch ist das wohl mit gekommen. Na, Sehen konnte ich sowieso gut.

Hinterher kam der raus, der gute Mann von der Schreibstube, und ich hab dem das Goldstück geboten. Ein Stück. Dann zwei Stücke. Sechzig Mark, drei Goldstücke, habe ich ihm geboten.

»Mensch, du kannst doch mit dem Feldwebel. Sag dem doch, du würdest zurücktreten. Dann bin ich doch dran.«
»Nee, wenn das da so schön ist. Das will ich nicht«, sagt er.
Da hatte ich das aufgegeben.
Wir machen »Geländeturnen« – so durch die Schützengräben und durch den Stacheldraht kriechen, wie es in der Wirklichkeit so ungefähr ist. Da kommt unser Gefreiter an.
»Amme, Sie wollen uns verlassen?«
Ich sage: »Nö, das geht nich an.«
»Doch, ich komm von der Schreibstube. Die haben gesagt, Sie würden uns verlassen.«
Da schlug mein Herz höher.
Jetzt kommt der Abend.
Um sechs Uhr oder halb sieben hieß es: »Die ganze Kompanie antreten!«
Nun gut.
Später: »Haben wir alles durch?«
»Jawohl.«
»Also ist nichts mehr?«
»Ja, doch: die Wachen einteilen«, sagt der Schreiberling zu dem Feldwebel.
»Ach ja, also alte Leute vortreten.«
War vier oder fünf Monate Soldat, da gehörte ich schon zu den Alten – nicht nur ich, sondern die ganze Kolonne.
»Vortreten!«
Na, ich trat ja mit vor. Jetzt kam *die* Wache, *die* Wache, *die* Wache...
Guckt er, kommt an: »Sie sind doch…«
»Jawoll, Herr Oberfeldwebel!«
»Sofort packen Sie Ihre Sachen! Sie werden morgen früh versetzt – zur Artillerie.«

Wie viele haben denn von denen überlebt?

Das waren zwei. Die sind fast zu 80%... sind alle tot. Liegen alle im Argonner Wald. Und da hätte ich auch gelegen.

PORNO

Nun war ich beim Schallmesstrupp. Und hier ist die Aufnahme in Dresden. 30.07.1916, auf der Fahrt nach Mazedonien. Da bin ich. Siehst du? Da war ich noch Nummero Null.

Vordere Reihe, zweiter von rechts

Hier, das war so unser Dickster. Und das hier war Prof. Feickert. Wenn der sein Hemd auszog und legte das neben sein Bett, war am anderen Morgen das Hemd von den Läusen weggetragen. Zur Tür, weil die raus wollten. Das ist aber nicht übertrieben: 1000 Stück! Der war der furchtbarste, der Professor Feickert. Das waren alles Trigonometer, also alle mit höherer Schulbildung, einer wie der andere.

Und hier bin ich jetzt feldmarschmäßig auf der Fahrt zum Balkan. Siehste, so war ich ausgestattet: Leihstiefel mit dem Karabiner, Sechzehner.

Und hier bin ich schon was. Da steh ich schön höher zur Prominenz, nicht wahr. Müller da… Und das hier, der Maret. Der fotografierte. Ich war ja erst noch Nummero Null. Der wurde mein Freund.

30. 7. 1916 Dresden

Zentrale Schallmesstrupp 65, vom 30.7.16 – 23.5.17
von da ab versetzt 24.5.17 – November '18 S.M. Fr. 125
Von links nach rechts: Christian, Leutnant Müller, Vize-Feldwebel Winkelhoff,
Offizierstellvertreter Maret, Amme, Gefreiter Unger, Obergefreiter Bockelmann

Eines guten Tages kommt er an und sagt: »Sagen Sie mal, ist hier jemand dabei, der was von Fotografieren versteht?«
Ich hebe den Finger hoch.
»Vortreten.«
Ich trete vor.
»Noch jemand?«
Nein, keiner.
»Was gebraucht man dazu?«
Damals das Rodinal, Entwickler, nicht wahr, das Fixiersalz, die Platten, das rote Licht und so weiter.
»Ja, schreiben Sie das mal auf.«
Der nächste musste das von Deutschland mitbringen.
Du siehst schon, dass das ein hübscher Kerl war. Der machte das, was wir heute Porno nennen, mit den bulgarischen und den mazedo-

nischen Frauen – hübschen Frauen. Mit denen lag er nackend im Bett und so weiter. Ich habe nachher haufenweise Bilder von denen, die da nackend ihren Spaß hatten, heimlich abgezweigt und mit nach Haus gebracht. Und hab das meinen Freunden hier immer gezeigt. Du musst mal bedenken, das war Anfang der 20er Jahre. Was es heute gibt, gab's ja nicht. Und da ist Oma dahinter gekommen. Eines guten Tages will ich sie wieder... und finde sie nicht. Ich finde die vom Balkan, von der Cerna. Das ist ein Fluss, wo wir gewesen waren. Ja, die waren alle da. Aber diese nackenden Bilder waren nicht da.

Ich gehe zu Oma und sage: »Du, hast du die Bilder?«

»Nee.«

Wie die das »Nee« sagte, wusste ich schon, dass sie gelogen hat.

Schließlich: »Nee«, sagt sie, »ich will das nicht mehr, dass du die immer allen zeigst.«

Ich sage: »Bild her, Mädchen, oder ich vertrümmere dich.«

»Kann ich nicht, hab ich verbrannt.«

Mazedonien Lazarett, Herbst 1917

BEFEHLSVERWEIGERUNG

Also ich hatte Fieber, ich hatte Malaria. Bin im Lazarett. Eine ganze Zeit lang. Und dann gab es jeden Tag eine Spritze.

Jetzt hatte ich kein Fieber mehr, und ich wollte entlassen werden – zu meiner Einheit. Und da kam der Arzt an – das war ein Unterarzt –, der sagte dann: »Hier, kommen Sie. Spritze her!«

Ich sage: »Nein, ich habe kein Fieber mehr, ich möchte keine Spritze mehr haben.«

»Ob Sie mögen oder nicht, Sie bekommen die Spritze«, sagt der.

»Nein«, sag ich.

So wahr, wie ich hier sitze, habe ich mich gesträubt.

»Ich mache Sie darauf aufmerksam«, sagt er, »Befehlsverweigerung vor versammelter Mannschaft. Kriegsgericht!«

Ich sage: »Wenn's die letzte ist, ja. Sonst nicht.«

»Darüber diskutiere ich nicht.«

Schluss. Er haute ab.

Nun ging es rum in diesem Feldlazarett, rum wie ein Lauffeuer. Es war noch keine Viertelstunde vergangen, da kamen Soldaten an.

Du musst bedenken: Vors Kriegsgericht, das heißt erst mal von der

Front weg. Weiter zurück. Und dann wussten sie ja: Das Kriegsgericht war in Üsküp, also im ehemaligen Serbien, heute ja noch Jugoslawien. Und die gaben nun an: *Der* Oberarzt mit der und der Schwester, *der* Oberarzt mit der und der, *der* Unterarzt mit der, und so weiter.

Diese Liebespoussalien, die sie gesehen hatten, und wo sie auch gewillt waren, als Zeugen aufzutreten – zu meinem Vorteil. Sie haben es wohl auch aus Kollegialität getan. Und ich war nun fleißig am Schreiben, alle Namen drauf und alles was gewesen war.

Und wir sind noch gar nicht fertig. Es waren noch vier oder fünf. Auf einmal heißt es «Achtung!»

Da kam die ganze Ärzteschaft mit dem Chefarzt rein, nicht wahr. Und da höre ich nur noch: »Wo ist der Kerl?«

Da war ich ein Kerl.

Und da kamen sie auf die Soldaten zu, die natürlich standen. Ich nehme nun diesen Zettel und schiebe den so unter mein Kopfkissen. Das hatte der Arzt aber gesehen. Da kam er her zu mir, guckt mich an, sieht mir in die Augen, fasst unters Kissen, kriegt meinen Zettel hervor und liest, was ich geschrieben hatte.

Er hat nicht ein einziges Wort mehr gesagt, hat sich umgedreht und ist rausgegangen. Die anderen Ärzte, die dabei waren, guckten ganz erstaunt – und weg waren sie.

Am anderen Morgen kam dieser Arzt wieder und machte seine Visite. Er kam zu dem vor mir. Dann war ich dran. Mich übersah er. Ich existierte für ihn nicht. Weiter zum nächsten...

Der ist noch keine Stunde weg, kam der Maret an. Da war das schon zu meinem Trupp hingedrungen, nicht wahr, zum Schallmesstrupp.

Da sagt er – wir duzten uns schon: »Mensch, bist du verrückt geworden? Vors Kriegsgericht!?«

Ich sage: Ja, so und so.

Und da war mir, muss ich ehrlich sagen, doch so ein bisschen mulmig...

Habe nie wieder was von gehört.

Da hat der Maret mit den Ärzten gesprochen. Was er gesagt hat, weiß ich nicht. Er war dazumal noch Offizierstellvertreter, und ich war gewöhnlicher Kanonier. So hieß ich. Jedenfalls den anderen Tag wurde ich entlassen. Zu meiner Truppe. Und da war alles gut.

20. GEBURTSTAG

Höhe 1050 m. Na, wir waren ungefähr 4 km davon entfernt. Luftlinie. Ritsch, Bumm, ging das. Eines guten Tages, wiederum eine Zeitlang her, also es muss im Oktober gewesen sein... Und ich habe schon oft drüber nachgedacht. '16 ist es nicht gewesen, also es muss 1917 gewesen sein. Da war ich ja genau 20 Jahre. Da ist jemand bei uns gefallen, vorn an der Front, durch 'ne verirrte Kugel. Nicht durch direkten Beschuss, sondern durch 'ne verirrte Kugel. Nun waren ein paar aus demselben Dorf oder aus der Gegend da. Und wie der beerdigt wurde, wollten die gerne dabei sein.

Da sagt der Maret: »Was machen wir bloß? Wir müssen die Beobachtungen stellen.«

Ich saß immer mit in der Schreibstube. Zentrale nannten wir das.

»Was machen wir denn da?«

Ja, den?

»Der ist dann nicht da.«

»Wir müssen besetzen.«

Ich war ja überhaupt noch nicht vorne gewesen. Ich hatte mal eine Kugel pfeifen gehört, Granaten auch, aber weiter noch nichts.

Ich sage zu ihm: »Da könnte ich ja mitgehen.«

Da guckt er mich an.

»Amme, da vorne wird geschossen.«

Ich sage: »Ja, ich bin jetzt schon bald zwei Jahre im Krieg und weiß noch nicht, wie die Kugeln gehen. Ich möchte doch mal...«

»Gut, wenn du willst. Jawohl, also gehste mit.«

Schön und gut.

Da war ein Gefreiter, der wollte Offizier werden. Offiziersaspiranten, glaube ich, nannten sie die damals. Also mit dem musste ich nun los.

Wir gehen los.

Wie wir um die Ecke sind, sagt der zu mir: »Du...«

Ich war ja erst Gefreiter.

Da sagt er: »Du bleibst hier hinter diesem Stein sitzen.«

Große Felsen waren da, Felsgebirge.

»Ich laufe zum nächsten Felsen. Und wenn ich da bin, dann kommst du.«

»Jawoll.«

Der lief wie ein Verrückter. Ich bin ganz gemütlich gegangen. Er stand immer, machte immer: So.

Das heißt: »Schneller, schneller!«

Das war das Zeichen beim Militär damals. Ich weiß nicht, wie es heute ist. Also, kurz und gut, auf einmal: Pischggggittttttt, pischggggggggit.

Ich bleibe stehen. Mensch, was ist denn das?

Ich komme zu ihm. Erst mal hat er mich madig gemacht. Nun, der hätte kein Brot von mir angenommen. Ob ich wahnsinnig wäre und so was.

Wie er mich fertig machte, dachte ich, er muss ja mal wieder damit aufhören. Schließlich sag ich zu ihm: »Was ist denn das?«

Da hat er die Hände über dem Kopf geschüttelt.

»Du lieber Himmel! Vergib ihnen, sie wissen nicht, was sie tun...«, sagt er da. »Das sind die Infanteriekugeln. Weißt du nun, warum ich gelaufen bin wie'n Irrer?«

Wir waren ja dicht hinter den Schützengräben. Und das waren die Kugeln, die vorbei gingen. Schgittttt. Das gab so ein komisches Geräusch, wenn die dichter vorbeiflogen. Und davon war der ja auch gefallen, der beerdigt werden sollte.

Na ja, da brauchte er mir nichts zu sagen, da konnte ich laufen. Jetzt sind wir oben an der Beobachtungsstelle. Und er hielt Ausschau. Ich war ja nebensächlich, ich hatte gar keine Ahnung. Ich war nur zur Bewachung da. Wir lagen oben auf so 'ner Höhe. Unsere Granaten und auch die gegnerischen Granaten, gingen immer so – also nach meiner Schätzung – fünf Meter über den Graben. Aber er sagte, das wäre höher, das wären 50 oder 100 m gewesen. Ich weiß es nicht. Also kurz und gut, die gingen rüber. Und dahinten waren Bulgaren.

Ja, das wurde zwölf Uhr. Dann erlahmte allmählich das Feuer, das Granatfeuer. Und wir hatten einen Platz, eingesprengt in den Felsen. Bombensicher. Nur ein Volltreffer hätte uns töten können. Sonst nichts. Da lagen wir.

Da sagt er: »So, hör nun mal zu. Ich will jetzt ein bisschen schlafen. Du passt mal auf. Wenn irgendwie was Besonderes kommt, dann weckst du mich. Hast du das verstanden?«

Ich sage: »Jawoll!«

Schön und gut. Schgggggggitttttt, ging das. Schggggggggggggittt. Habe dann eine Zeitlang noch Holme angesehen. Da ging's gegen Morgen. Es fing an, hell zu werden. Da wurde das immer stärker – von beiden Seiten –, und ich denke: Na ja, das ist ja nichts Besonderes. Ob da nun ein paar Granaten mehr rüberkommen. Auf einmal sprengt in der Nähe so eine Granate. Davon ist er wohl wach geworden, und da hat er mich wieder madig gemacht. Ob ich nicht alle hätte. Er hätte doch gesagt, ich sollte...

Ich sage: »Tja, ich denke, dies bisschen macht doch nichts aus.« Wir haben einen Augenblick geguckt, und dann sahen wir im bulgarischen Graben: Bajonett hoch und weiße Fahnen dran!

Nun kannste dir lebhaft denken... Er hat das Telefon. Musste man ja noch drehen. Und er meldet das hin, nicht wahr. Und da kamen die durch die Cerna, wo wir ein halbes Jahr vorher noch gebadet hatten. Das war schon der allmähliche Rückzug. Da wo wir gebadet hatten in der Cerna, da gingen die durch. Jenseits der Schützengraben – und diesseits die Bulgaren! Nur Artillerie war deutsch und so einzelne Regimenter. Das weiß ich aber nicht so genau. Dann telefonierte er und meldete das unserer Einheit.

Da hieß es: »Sofort räumen! Sofort zurück!«

Und dann sind wir zurückgelaufen. Das sag ich dir, da habe ich laufen können.

Nun schossen sie mit Schrapnell. Die einzelne Granate explodiert so ungefähr 20, 30 m über dem Erdboden. Dann springen lauter Kugeln nach allen Seiten hin. Also, das ist noch miserabler, als wenn du eine normale Granate hast. Da kannste eventuell dich notfalls noch schützen, so ein kleines bisschen. Aber dabei nicht. Ich weiß nur, ich habe alles stehen und liegen lassen, Wolldecke genommen, übern Kopf, und dann das Telefon genommen... Leitungen und das blieb alles da. Und dann sind wir gelaufen. Ich hatte immer Angst, dass ich eine Kugel an den Kopf krieg. Rübergelaufen. Und da war eine deutsche Batterie. Da kommt ein Offizier, und der hat den zusammengestaucht – nicht mich, ich war ja Untergebener: Ob er wahnsinnig geworden sei? Was da los wär?

Und dann meldete er das. Wir waren die Ersten. Von den anderen Truppen ist keiner mehr durchgekommen. Waren zu überrascht, nehme ich an. Auffanglinie gebildet – die haben keinen mehr durchgelassen.

Also unsere Truppe hat Glück gehabt. Das war am 22. Oktober 1917. Wie wir hinkamen, war unser Schallmesstrupp schon weg. Und an der Erde hatten wir Reis mit Rosinen. Das gab es dazumal alle viertel Jahr, so ungefähr. Süßen Reis mit Rosinen. An der Erde lag so ein Haufen. Hatten sie so hingekippt. Da sind wir beide an die Erde gegangen und haben den ganzen Reis weggeputzt. Wir waren hungrig.

Am anderen Tag haben wir unsere Einheit gefunden. Ich hatte ja nichts zu sagen und nichts zu tun. Ich lief bloß mit. Führer war *er* ja als Gefreiter. Ja, das habe ich noch so leuchtend in Erinnerung. Da habe ich gedacht: Adolf, das ist nun dein 20. Geburtstag.

WEIHNACHTEN 1917

Weihnachten 1917. Da habe ich hier diese Aufnahme. Da kannste mich erkennen. Ich hab die Augen zu. Siehste, das ist in der Zentrale. Und da steht noch einer. Wer das ist, weiß ich nicht. Das hatte auch der Maret fotografiert, und ich hab's entwickelt. Er hat mir auch das Schachspielen beigebracht.

Ich war ja nur in der Zentrale. Da war der Feldwebel. Das war ganz gleich, ich gehörte zur Zentrale, d.h. mit zur Schreibstube. Ich brauchte kein Männicken zu machen, ich brauchte nichts. Es war, als wenn wir Gleiche wären.

Nun konnte ich ja nicht nur für ihn die Bilder entwickeln. Wir hatten einen Klappenschrank mit ungefähr 50 Anschlüssen. Und da

Höhe 1050

wir Hannoveraner ja ein einigermaßen dialektfreies Deutsch sprechen, – wie ich gehört habe, wohl das beste, einwandfreie Deutsch –, kam ich natürlich gleich mit an den Klappenschrank heran. Und zweitens war ich Post- und Befehlsempfänger und hatte einen Maulesel.

Und wie ich einmal unterwegs war, kam da Kütz' Karl. Der war bei den Jägern. Da kam so ein ganzes Bataillon an. Die Kolonne kommt vorbei. Ich sitze auf meinem Maulesel.

»Tschucke, Tschucke«, sagten wir immer.

Wir hatten einen lüttjen Stock, und wenn er mal schneller gehen sollte, stießen wir ihn ein bisschen damit – hatten ja keine Sporen – in den Hintern. Dann machte er ein bisschen schneller.

»Adolf!«, rief da einer.

Ich gucke: Adolf?

Gucke hin...

»He, hier!«

»Karl! Wohin?«

»Höhe 1050!«

Ich hielt mein Tier still. Karl konnte ja nicht stehenbleiben in der marschierenden Truppe. Er winkte denn. So sind wir aneinander vorbei.

STRENG GEHEIM!

Ein anderes Mal hatte ich wieder Befehl empfangen und saß auf meinem Maulesel, der die Post tragen musste. Kurz und gut, da ist ein Schreiben dabei: »Nur zu Händen des Truppführers.«
»Streng geheim!«
Dick unterstrichen.
Nun wusste ich, von mir zur Front waren es noch ungefähr 6 bis 7 km. Wir lagen ja ungefähr 1,5 km von der Front weg, der ganze Trupp.
Ich sitze nun auf meinem Maulesel und habe nichts zu tun. Ich halte dies Schreiben in der Hand. Ich musste unterschreiben, dass ich das empfangen hatte. Mensch, und es juckte in den Fingern. Was steht da drin?
Ich, vorsichtig den Bleistift genommen...
Ach so, nun muss ich davor sagen: an beiden Seiten, rechts und links, war es nicht ordnungsgemäß zugeklebt. Nur an der Spitze. Das läuft ja so spitz zu. Ich ran... und auf einmal reißt's an der Seite ein. Ich denke: Nun ist's ja ganz egal. Da habe ich's aufgemacht, also ganz aufgerissen. Und dann lese ich – das kann ich nicht wörtlich sagen, aber sinngemäß auf alle Fälle:

Festungskommandantur Metz.
Betreff: Die Beförderung des Offizierstellvertreters Maret

... kann nicht befördert werden, da die Familie stark franzosenfreundlich ist, außerdem zwei Brüder von ihm im französischen Heere als Offiziere dienen. Darum kann einer Beförderung zum Offizier nicht stattgegeben werden.

Er war vorgeschlagen, denn er war der Intelligenteste von unserem ganzen Club. Das sage ich nicht nur, weil ich ihm viel Gutes verdanke, sondern das war tatsächlich so. Denn die anderen, na ja...
Ich komme zur Schreibstube zurück. Da konnte ich tun und lassen, was ich wollte. Wir hatten Gummi Arabicum. Das waren

Zentrale Schallmesstrupp 125, 24.5.17 – Nov. '18
großer Pfeil: Amme, kleiner Pfeil: Maret

so lüttje Flaschen. Das war so ein gelblich brauner, so ein flüssiger Klebstoff, nicht wahr. Na ja, ich bin dagewesen, alle Post abgegeben. Und dies Schreiben musste ich erst zukleben. Was meinste, was der Feldwebel gemacht hätte, wenn der das offen gesehen hätte, nicht wahr.

Ich meine, da war vieles, was ich mir erlauben konnte, was andere nicht konnten. Zwei Uetzer sind mal da gewesen. Als die mich abends besuchten und das sahen, hat der eine gesagt: »Odolf, bi diene Truppe möcht ik ok ween (Adolf, bei deiner Truppe möchte ich auch sein).

Und der andere: »Mensch, Adolf, die machen ja alles nach deiner Mütze«.

Tja, ich stand da, Hände in der Hosentasche. Gingen unsere Offiziere vorbei, meinste, dass ich ein einziges Mal salutieren musste? Das brauchte ich einfach nicht.

Zwei jüngere Leutnants hatten wir noch. Die waren ein paar Jahre älter als ich. Nicht, dass sie was sagten. Das wagten sie nicht. Aber am liebsten hätten sie mich auf den Mond geschossen. Glaube ich.

Kurz und gut, diese Reißstelle hatte ich schön ineinander geschoben. Ich setzte mich nun auf den Umschlag. Und dann war das schön trocken. Also wenn du ganz gute Augen hattest und ganz scharf hingucktest, dann konntest du das sehen. Sonst aber nicht. So gut klebte das.

Aber als das nun ordnungsgemäß verschlossen war, konnte ich doch das dem anderen Feldwebel nicht so einfach hinbringen. Ich hatte doch alles abgegeben. Und musste ja alles abgeben.

Da sage ich zu dem Feldwebel: »Herr Feldwebel, ich habe hier noch ein streng geheimes Schreiben. Das soll ich nur dem Führer der Truppe übergeben.«

Da sagt er: »Mensch, ich glaube, du bist verrückt geworden. Gib das Schreiben her!«

Insgeheim freute ich mich ja, dass ich es nun los war. Da legte er das zu der anderen Post.

Nachher kommt der Maret an. Ich bin gerade dabei und entwickele seine Bilder. Vorher hatte ich ihn schon mal gemahnt. Da kam er rein und meinte, er könnte mal Licht machen. Also gar keine Ahnung davon. Ich musste die Negative doch im Dunkeln...

Diesmal kam er an: »Vorsicht, ich komme.«

»Ja, Fotos abgedeckt. Fertig.«

Dann war er in der Dunkelkammer. Schließlich denke ich, was machst du? Sagst du ihm das oder nicht. Mensch, das ist eine riskante Sache, nicht wahr. Aber ich wusste ja, ich hatte einen Stein bei ihm im Brett.

Ich sage: »Da ist von der Festungskommandantur Metz ein geheimes Schreiben gekommen.«

Er guckt mich an: »Ja? Und was stand drin?«

Was sagste nun?

Ich sage, so in Stichworten: »Beförderung nicht möglich – Familie franzosenfreundlich – zwei Brüder Offiziere im französischen Heer – darum abgeschlagen.«

Machte er so: (Hand an die Schläfe.) Dann machte er so: (Finger auf den Mund.)

Kein Wort gesagt. Und von der Zeit an hätte ich ihn, glaube ich, in den Hintern treten können, dann hätte er noch gesagt: »Was fällt dir denn ein, biste verrückt geworden?«

So ungefähr war das Verhältnis zwischen uns.

EISERNES KREUZ

Eines guten Tages kommt der Maret an und sagt zu mir: »Mensch, du willst doch das EK haben?«

»Ja«, sag ich.

Ich war begeistert. Wollte jeder gerne haben, also ich auch.

»Also pass mal auf, die Leitung zur Amanda...«

Amanda, Bertha, Cecilie, Dorothea – das waren unsere Namen und die so genannte Vorwarnung. Das waren unsere Beobachtungsposten. Und dann wurde mit Messuhren gemessen, die auf eine hundertstel Sekunde genau gingen.

Kurz und gut, jetzt war die Leitung zerstört. Die konnten schießen, und wir konnten gar nichts aufnehmen.

Da sagt er: »Wenn du jetzt die Leitung flickst, dann sorg ich dafür, dass du das EK kriegst.«

Es war nämlich ein Gefreiter mit einem Mann losgeschickt worden, die zu flicken. Die sind wieder gekommen. Sie wären nicht zu flicken. Es war stockfinstere Nacht, ich sage dir, als wenn du dir einen Sack über den Kopf ziehst. Die konnten nichts erreichen. Dann war ein Unteroffizier losgeschickt worden mit einem Mann, und die kamen auch ergebnislos wieder. Jetzt kam Maret zu mir und sagte das.

Da denk ich: Ja, Mensch. Das musst du.

Taschenlampe hatten wir ja. Dann hatten wir unser Kurbelgerät, was wir umhängten. Draht hatten wir. Und so bin ich losmarschiert.

Nun kam ich an eine Stelle, wo immer hingeschossen wurde, wo wir gestört wurden, wenn es Verpflegung, Munition und so weiter gab. Also ich hatte diesen Draht an der Erde. Auf einmal merke ich, dass das leichter wird. Jetzt kommt bald das Ende, denke ich. Nun hatte ich einen Stock mit. Dann fand ich das Ende. Draht rumgewickelt. Taschentuch – wenn's auch nicht weiß war, aber es hatte mal weiß ausgesehen – rumgewickelt, damit es auffällig war. Rumgesucht. Zweimal hielt ich auch zerstörte Leitungen in der Hand, die nicht zu uns gehörten.

Auf einmal: »Ja, Zentrale 125.«

Ich sage: »Ja, hier Leitstelle.«
»Ja, was ist denn?«
Ich sage: »Ja, die Stelle habe ich.«
Nur die Schussstelle. Also wo die Granate das zerrissen hat.
»Ich flicke jetzt. In fünf Minuten ist die Verbindung da.«
Ich habe gesucht, und dann finde ich auch den Draht.

Mir fehlten – ich habe das heute noch in Erinnerung – ein Meter, ein Meter fünfundzwanzig Draht von meinem Ersatz, den ich mitgenommen hatte.

Ich denke: Was machste nun? Da haste den Draht zur Zentrale – da haste den Draht zu den Beobachtungsstellen. Was machste nun?

Es gab ja auch Fernsprechleitungen, die oben auf Masten hingen. Da bin ich beigegangen, habe zwei oder drei Meter abgeknipst. Angeschlossen.

»Hier Zentrale.«
»Hier Beobachtung: Amanda, Bertha, Cecilie.«
»Ja, sie können zurückkommen. Befehl ausgeführt.«

Ich bin noch gar nicht zu Haus gewesen, da war sie schon wieder kaputt geschossen. Aber ich habe das EK bekommen. Ich hab's noch. Surén hieß der, von dem ich's hab.

DIE PRÜFUNG

Wenn ich Surén sage, komm ich schon fast zum Ende des Krieges. Da gab's den sogenannten Heldenklau. Es wurden aus allen Einheiten Leute rausgesucht. An der Front in Frankreich brauchten sie Leute, hier an der Front brauchten sie Leute. Leute, Leute, Leute. Überall. Pferdepfleger und was weiß ich alles, die wurden eingezogen, gingen alle zur Infanterie.

Jetzt kommt der für uns maßgebliche Offizier an – nicht der Maret – und sagt: »Hört mal zu. Wir werden überprüft vom kommandieren General Surén. Wenn wir nicht gut abschneiden, kommen wir alle zur Infanterie. Und ich glaube«, er guckte sich um, »hier ist keiner, der da Sehnsucht nach hat. Also nehmt euch in Acht. Was in euch steckt, es liegt an euch. An uns.«

Die haben auch Schmu gemacht. Die Offiziere von der Fernsprechkompanie, die da war, die tranken zusammen. Da sind eine Menge Leute von der Fernsprechgeschichte zu uns gekommen. Die guten, die besten Leute wurden zusammengezogen, und die kamen alle zu den Beobachtungsstellen. Und das Kroppzeug, das wurde zur Seite gestellt, nicht wahr. Wir hatten da auch welche, die nicht so waren. Dazu hatten wir ja auch noch diese Fernsprechabteilung.

Kurz und gut, ich saß in der Zentrale am Klappenschrank. Jetzt kommt der General rein. Ich weiß noch, mit seinen roten Biesen. Ich seh ihn noch so in der Tür... so reinkommen. Die Offiziere stehen da, nicht wahr. Und die Offiziere traten vor und machten alle Männicken. Und bei mir bammelte der Hosenboden.

Der kommandierende General kommt jetzt zu mir. Nun war ich noch ein junger Dachs.

»Wie heißt du, mein Sohn?«, sagte er wörtlich. »Mein Sohn.«

»Amme, Herr General.«

»Wie bitte? Buchstabiere!«

»A wie Anna, M wie Martha, M wie Martha, E wie Emil.«

»Also meine Herren, was wollen Sie, wenn Sie eine Amme bei sich haben«, sagte er.

Und seit der Zeit waren alle, die was gegen mich hatten, sagen wir mal, so ein bisschen Neider waren... Also habe ich nie wieder was gemerkt. Seit dieser Stunde.

Dass dieses, der Name, ich will mal so sagen, erheiternd und florierend wirkte. Und nun hab ich wieder was getan, was ich nicht durfte, wo ich Festung für gekriegt hätte – wenn's rausgekommen wäre.

Irgendwo stand eine Kanone, irgendwo im Feld, im Planquadrat. Schön. Jetzt war eine Leitung gelegt worden. Jetzt wurde gemeldet. Die Leitung wurde bei mir im Klappenschrank angeschlossen. Schön. Die Beobachtungsstelle meldete: In Ordnung. Die Beobachtungsstellen waren mit unseren Leuten belegt worden, größtenteils von den Fernsprechern. Ich meldete, dass die Verbindung hergestellt wäre.

Da kam der General ran, nahm den Hörer und sagte: »Ja, Leutnant, geben Sie den ersten Schuss.«

Und wie ich das hörte – ich musste ja fortlaufend auch Stöpseln, weil die ja von den Divisionen noch die Verbindungen hatten –, nehme ich meinen einen Stöpsel noch dazu und schalte beide mit rein, so dass alle unsere Beobachtungsstellen genau hörten, was der General gesagt hatte.

Ich wusste, die Intelligentesten, die wir hatten, waren alle da vorne. Und meine Gedanken waren: Die wollen nicht, und ich wollte auch nicht zur Infanterie.

Da brauchte ja nur einer dazwischen zu husten, dann wär's das ja schon gewesen. »Wieso kommt das?«

Die waren vorgewarnt. Jetzt kommt der Schuss. Da höre ich schon die Vorwarnung: »Achtung auf...!«

Aus der und der Richtung ein Schuss. Und dann kamen die Ergebnisse durch. Ich weiß nicht, vier oder fünf Schüsse hat der abgegeben. Dann meldeten sie das.

»Ja, ist genug.«

Ein Hyperbelnetz hatten wir. Heute habe ich das wieder vergessen. Damals konnte ich damit umgehen.

Und Maret saß neben mir, weil er ja kein Offizier war. Offizierstellvertreter war er. Der saß bei mir. Und wie er das sah und merkte, dass ich aufgeregt war, guckt er mich an – er war die Ruhe selber – und sagt, aber leise: »Mensch, das sind doch alles Kohlköppe. Nur wir beide sind die Einzigen.«

Und seit der Zeit weiß ich, dass der Führer einer militärischen Einheit, der im Einsatz ist, nicht wahr, was der wert ist für eine Einheit. Ob kopflos oder ob ruhig und nachdenkend, also das Gehirn gebrauchend. Mensch, wie der mich anguckte – »nur Kohlköppe« –, da war ich auch ruhig.

Jetzt kamen die Ergebnisse. Die Daten schrieb ich dabei mit auf, wenn ich nicht abheben musste. Die Offiziere meldeten sich jetzt noch nicht. Die hatten das noch nicht raus. Und dann steht Maret auf und macht Männeken. Er hatte einmal, zweimal gefragt: »Stimmt das?«

Ich sagte: »Ja, ich habe es zweimal überprüft. Es stimmt.«

Und dann meldete er das Geschütz Planquadrat so und so.

»Bravo!«, sagte der General. »Bravo!«

Dann kamen unsere Offiziere damit an. Dann waren die auch soweit.

Danach kam die zweite Aufgabe: Da war hoch oben am Berge eine Schutzhütte gebaut worden. Die musste zerstört werden. Die Schüsse wurden gezählt, d. h. wir mussten angeben, wie die Schüsse lagen, und wo die Granaten einschlugen. Und das hat geklappt.

Das Ergebnis war – so stand es im Heeresbericht unter anderem: »Schallmesstrupp 125. Der Offizierstellvertreter Maret wird zum Feldwebelleutnant befördert. Der Kanonier Amme wird zum Gefreiten befördert.«

Wir beide waren die einzigen – also der und ich –, die da Plus von hatten, d. h. wir blieben zusammen. Wir blieben erhalten als Schallmesstrupp. Und das war wichtiger, wie alles andere.

DAS KAMEL

Einmal, das ist in der ersten Kriegszeit gewesen, hatte ich auch eine Leitung geflickt und komme nun zurück. Wir lagen auf einer Höhe. Da ist ein großes Tal, also meiner Schätzung nach, Luftlinie acht Kilometer weg. Auf der anderen Seite die Franzosen – Neger und so 'n Zeugs, nicht wahr – und dazwischen friedliche Stille. Himmel. Herrliches Wetter. Fast gar kein Kanonenschuss, kein Gewehrschuss. Als wenn alles am Schlafen war.

Ich gehe ganz quietschvergnügt über so eine Anhöhe weg und gucke mir die ganze Gegend an. Herrliche Gegend! Und da ist nun der Feind – und hier sind nun wir...

Auf einmal: Bumm, bumm. Ggggiiit. Ungefähr 400 m hinter mir schlägt eine Granate ein. Ich denke: Die sind ja verrückt! Was wollen die denn da hinten? Da ist ja nichts, so denke ich. Wupp, wupp, geht es das zweite Mal. Das kam schon näher. Da fiel bei mir erst der Groschen. Mensch, Adolf, du bist das wohl. Die sehen dich.

Da schossen die auf einen einzelnen Mann. Und insofern habe ich bombastisches Glück gehabt. Gar nicht auszudenken...

Da konnte ich wieder laufen. Und ich hätte es nicht geschafft... Ich höre den Abschuss und komme an eine Stelle, die vorher gesprengt war, so eine Art Schützengraben, aber nur so eine Ecke. Also ein Schützenloch, möchte ich mal sagen, von zwei Meter ungefähr. Da bin ich im Fallen noch rein. Wäre das nicht dagewesen, dann wäre ich tot gewesen. Durch meine Blödigkeit.

Ich hab da erstmal eine Zeitlang gesessen. Als alles ruhig war, komm ich denn hin. Da hatten die das gesehen – von einer anderen Einheit, nicht wahr. War auch eine andere Richtung gewesen. Dann komm ich daher.

Ich weiß nicht, ob das ein Leutnant oder was das war, sagt er: »Sagen Sie mal, haben Sie vorhin das Kamel gesehen, das da übern Berg gegangen ist?«

Der glaubte nicht, dass ich das gewesen war.

Ich sage: »Nein.«

Und im Inneren wusste ich, dass ich das Kamel war.

RÜCKZUG

Im Juli, August sagten die Bulgaren schon: Polovina Septembra – Polovina heißt Mitte – Germanski Berlin. Das haben wir nicht für ernst genommen. Und mit dem 15. oder 16. September begann der Rückzug. Die Bulgaren hatten das schon vorhergesagt.

Nun sind wir durch die Berge gekommen und dann seitwärts. Auf der Hauptstraße konnten wir nicht gehen. Deren Truppen kamen ja schneller voran. Französische waren da, hauptsächlich Schwarze. Dann waren es Serben und Franzosen. Und Maret war ja franzosenfreundlich. Der sprach ebenso perfekt französisch, wie deutsch. Einwandfrei. Da habe ich gedacht: Mensch, bei dem bleibst du. Wenn du jetzt in französische Gefangenschaft... Wenn die kommen, kann der mit denen sprechen, nicht wahr – und weil ich sowieso mit ihm so gut konnte –, dann bist du wenigstens gesichert. Dann wirst du nicht übern Kopf gehauen. Dann sagt er: »Halt. Stopp!«

Also sind wir losmarschiert. Wir kommen an eine Stelle, da steht von Surén der ganze Trosswagen: Seidene Hemden, seidene Hosen, alles dies Zeugs. So was hatte ich in meinem Leben noch nicht gesehen. Da sind wir stehengeblieben. Die Feinde hätten es genommen. Folglich ging Maret bei und suchte sich was aus. Ich habe mich vollständig in Seide eingekleidet und das alte Zeug, das sowieso dreckig war, weggeschmissen.

Schön. Wir sind vielleicht noch zwei Kilometer weiter, auf einmal: Stopp! Steht dieser Surén da wieder. Und der nicht allein, sondern ein ganzer Haufen – auch Feldpolizei – steht da. Und die alten Leute, die ganz Alten, die durften durchgehen, und die Jungen mussten bleiben. Und dazu gehörte ich ja nun auch. Da hab ich gedacht: Du lieber Himmel, jetzt ist der Krieg bald aus, Adolf, und nun sollste hier in dieser schisseligen Gegend dein Leben lassen. So ungefähr waren meine Gedanken.

Ich konnte ja nichts machen. Ja, wir kriegten noch Munition zugeteilt – die war noch da –, und dann haben wir an so einer Eisenbahnlinie gelegen. Das war so ein bisschen wellig. Da die Gleise ja gleich sind, lagen sie an manchen Stellen so gerade eben auf dem Boden, und an manchen Stellen waren so Senken. In so eine Senke haben wir uns reingelegt. Und nun kamen die Schwarzen an.

Ich war nicht der Einzige. Hunderte und Aberhunderte – ich kann die gar nicht zählen, wie viele das jetzt waren. Alle diese Jungen. Die ganz Alten, die durften durchmarschieren, und wir mussten bleiben. Das habe ich da gesehen. Und da habe ich festgestellt, dass ich kein mutiger Mann war.

Das hat so ein paar Stunden gedauert, da kommen noch zwei bayrische Unteroffiziere an. Die waren ohne Befehl von sich aus vorgegangen und hatten einen Marokkaner gefangen genommen. Den Schwarzen brachten sie als Gefangenen an. Hätte ich nie im Leben fertig gekriegt. Gebe ich offen und ehrlich zu. Da habe ich Achtung vor den Leuten gehabt. Die lieferten den beim General ab. Lebendig. Die hatten dem nichts getan, nicht wahr. Die Gefangenen wurden ausgefragt, und da wusste man, wer das war.

Nun konnten wir die Angreifer schon sehen. Aber 500, 800 m waren die von uns weg. Und dann ging das Geknalle schon los. Ich hab ein paar Schuss abgegeben. Ich denke: Adolf, vorsichtig! Der Kopf guckt raus. Duck dich!

Da war einer dabei, der hatte auch erst so gelegen wie ich. Der sagt noch so: »Ach, Mensch, da kann man ja nicht schießen.«

Da legte er sich so vorne an die Gleise und legte seine Hand auf das Gleis. Der musste wohl auch gut schießen können. Ich habe gesehen, dass er mehrere umgelegt hat, so abknallte.

Und dann sage ich zu ihm: »Mensch, komm doch runter. Du wirst doch getroffen.«

Reagiert nicht. Ich fasse ihn an. Kopfschuss. Mitten in die Stirn. Mausetot. Und zwei Minuten vorher hat er noch mit mir gesprochen. Fertig.

Da denke ich: Adolf, was machste jetzt? Musst du mal austreten? Ich weiß nicht, ob ich es musste, oder ob es Angst war. Kurz und gut, da war so ein Signalhaus, so ein ganz schmales, von der Eisenbahn. Da bin ich hintergegangen und habe ich mich da hingesetzt. Und wie ich dann hinter dieser schmalen Bahnhütte stand, habe ich mir gedacht: Adolf, lieber fünf Minuten feige, als ein langes Leben tot.

Ich gucke und denke: Mensch, die Luft ist rein. Da ist dein Trupp hingefahren. Bleib bei deinem Trupp, hat mir mal jemand gesagt.

Bleib dabei! Und da bin ich einfach losmarschiert. Bin abgehauen und zu meiner Truppe geeilt.

Ich denke: Wenn jemand kommt: »Wo wollen Sie hin?«

»Ja, ich wollte auch einen Schwarzen suchen, wie die.«

Das hatte ich mir zurechtgelegt. Mich hat keiner mehr gefragt. Man kann sagen: »Adolf, du bist feige gewesen.«

Ja, das kann man sagen.

Dann sag ich: »Jawohl, bin ich.«

Da bin ich ungefähr zwei, drei Kilometer gegangen, dann kam eine Bahnstation. Und da stand unserer Trupp. Stand da noch so. Ich komme an, und keine fünf Minuten später fuhr der Zug mit unserer Einheit ab. Und ich hätte zwischen wildfremden Menschen... also Kameraden, so muss ich sagen, wär ich gewesen. Aber von meiner Einheit hätte ich nichts mehr gesehen.

»NIX CULTURA«

Wir haben auf dem Feld übernachtet, und dann sind wir wieder marschiert und marschiert und marschiert. Und schließlich wurde Widerstand geleistet. Der Vormarsch von den Franzosen und den Serben ließ etwas nach. Danach ging es über Nisch Richtung Belgrad. Und da habe ich folgendes Erlebnis gehabt: Da machten wir Halt, abends. Es war spät. Da waren zwei Dirnen in so einem Haus drin. Und da standen die Soldaten Schlange. Aber das waren alles Ältere, das waren keine Jungen, so wie ich. Die haben da in der Reihe angestanden.

»Der nächste Herr!«

Der nächste Herr für dieselbe Dame, so ungefähr ging das. Sie waren da... ich mag das gar nicht sagen. Also kurz und gut, da kam ein alter Serbe ran. Ich stand dabei. Der schüttelte mit dem Kopf. Und ich machte so eine wegwerfende Bewegung mit der Hand, nicht wahr.

Dann sagte er: »Manski nix cultura.«

Wortwörtlich. Also mich hat es selber angeekelt. Sechs, sieben Mann stehen da und warten auf zwei Dirnen.

PICKEL & REVOLUTION

Ich bin dann noch ins Lazarett gekommen. Und ich hatte schon als junger Bengel immer viele Pickel. Mitunter kam da so ein bisschen Eiter.

Wie ich im Lazarett war, wollte ich nach Hause, zur Heimat. Köln-Wahn war die Station, wo wir hin mussten. Ich denke: Wunderbar. Da kannste erstmal nach Hause gehen.

Jetzt kommt der Arzt und fragt: »Wie fühlen Sie sich?«

Ich sage: »Sehr gut. Geht das, dass ich entlassen werde?«

»Ja«, sagt er. »Sonst noch Beschwerden?«

»Ja, Herr Oberstabsarzt...«

Und dieses ist auch so wahr, wie ich hier sitze. Da sage ich zu ihm: »Was kann ich hier tun? Ich habe immer schon, seit meiner Jugend, diese vielen Pickel?«

Zwei Krankenschwestern waren bei ihm. Er guckt mich an.

Da sagt er zu mir – wortwörtlich, so, wie ich es jetzt hier sage: »Sie kommen jetzt nach Haus. Da gehen Sie fleißig bei und ficken Sie. Dann gehen die alleine weg.«

Die Krankenschwestern standen dabei. Die haben keine Miene verzogen. Ich bin nach Hause gekommen und habe festgestellt: Hat tatsächlich geholfen.

Dann bin ich hier.

Ich sage zu meiner Mutter: »Du, ach, einen Tag hänge ich noch an.«

Das war der achte November.

Ich sage: »Am neunten fahre ich, dass ich nicht wegen Fahnenflucht rangekriegt werde.«

Da kommt morgens am Neunten meine Mutter rein und weckt mich: »Odolf, es is Revolution.«

Ich sage: »Wat?«

«Revolution is. De scheit (schießen). In Hannover scheit se.«

Ich sage: »Wat? Dat is aber schöne. Denn bruk (brauch) ich ja nich mehr weg.«

Halt! Stopp! Da bin ich nach Dedenhausen gefahren. Da war der Bahnhofsvorsteher, der hieß Schrader. Durch Onkel Wilhelm, den Bruder meines Vaters, kannte der mich sehr gut.

Da bin ich hingegangen und sage: »Herr Schrader, sagen Sie mal, nach Hannover...«

»Nee Adolf, da kannste nicht fahren. Was da ist, das weiß ich nicht. Du kannst nicht fahren.«

Ich sage: »Herr Schrader, tun Sie mir 'n Gefallen? Ich bin hier durchgekommen und bin am Bein verletzt, nicht wahr. Und nun will ich weiterfahren, und ich kann nicht weiterfahren. Bescheinigen Sie mir das?«

»Ja«, sagt er. »Das mach ich.«

Da hat er mir eine Bescheinigung geschrieben, dass ich hätte nach Hannover fahren wollen und nicht konnte, weil dieser Zugverkehr gestört wäre. Ja, und so bin ich hier geblieben.

{Er erzählte auch gern, was die Bauern im Dorf von politischen Großereignissen wie Revolutionen hielten: »Wind vor de Hoffdör (Wind vor der Hoftür)!«}

DEMOBILISIERUNG

Ich habe vier Wochen gewartet und dann hieß es... Nicht Mobilmachung sondern das Entgegengesetzte. Und dann hörte ich von irgendeiner Stelle: Wir werden entlassen. Die nach Köln entlassen werden, bekommen einen neuen Zivilanzug, und die anderen behalten ihr Militärzeug. Das ist dann ihr Eigentum.

Meine Uniform war alles andere wie schön, war abgetragen noch und nöcher. Jetzt bin ich nach Senefeld gegangen. Da war das Auffanglager von der 73. Infanterie. Gehörte ich ja gar nicht zu. Bin ich aber hin. Entlassungspapiere wollte ich. Dann kriegste noch Geld, dann kriegst du Verpflegungsmarken und so weiter. Da bin ich hingefahren. Da nahm der das auf.

»Ja, und wohin entlassen?«

Ich sage: »Köln-Wahn.«

Wenn der dahinterhergekommen wäre, hätte ich gesagt: »Ich bin der Meinung gewesen, da gehörte ich hin.«

Nicht Uetze wäre mein Zuhause, sondern Köln-Wahn wäre meine Heimat. Vom Militär aus, war es das ja auch.

Dann kriegte ich eine funkelnagelneue Uniform, allerdings in feldgrau. Neuen, schönen Zivilanzug kriegte ich, einen Mantel kriegte ich, wunderschöne Schuhe dazu.

Die nach Köln kamen, wurden besser eingekleidet. Da war ja damals der Franzose in Köln, nicht wahr, die Besatzungsmacht, wie die das nannten. So bin ich nach Hause gekommen. Und hier bin ich heute noch.

UNTER MÄNNERN

Ja, da fällt mir noch so eine Episode ein, wo ich heute drüber lächle, die aber eigentlich nur unter Männern erzählt werden kann. Da sagte ein Freund, der Adolf Schmidt, zu mir: »Du, komm, willste mit?«

Ich sage: »Wo willste denn hin?«

»Mensch, ich muss mal ficken«, sagt der.

Und ich kriegte ein bisschen einen roten Kopf, denn solche Ausdrücke war man im Großen und Ganzen tatsächlich nicht gewohnt. Ich war aber auch neugierig, das muss ich zugeben, und habe bejaht. Jeder hat ein halbes Brot unterm Arm gehabt, und dann sind wir losgegangen. Er konnte schon bulgarisch sprechen, serbisch/bulgarisch, und sich mit denen vollständig verständigen. Und da waren so fünf oder sechs Mädel, etwa zwanzigjährige, achtzehnjährige...

Kurz und gut, ich hatte die Hosen voll, war beschämt, wie die da rummachten. Die taten so, wie... Also ungewöhnlich für mich. Er hatte seine sofort. Ich merkte auch, dass er mit der schon zusammen gewesen war. Ich sollte nun sagen, mit welcher ich losgehen wollte. Das mochte ich nicht und hatte einen roten Kopf.

Da fragt er mich: »Du, welche gefällt dir denn von denen? Welche magst du am liebsten?«

»Ja«, sagte ich, »ich glaube, die zweite da. Die ist ganz schön.«

Da sprach er mit der. Dann hakte die mich unter und nahm mich mit auf ihr Zimmer. Wie wir auf ihr Zimmer hochkommen, denke ich: Mensch, was machste jetzt? Was ist bloß los? Und dann sah ich Bilder, die heute unter dem Namen Porno gehen.

Die hingen an den Wänden. Ich habe die erst mal angeguckt. Währenddessen hatte sie sich schon entkleidet. So stand sie nackend da. Und ich stand noch in voller Uniform vor diesen Bildern. Na, dann fing sie an zu fummeln, und da regte sich was bei mir. Ja, das hatte wohl Erfolg.

Also sie setzt sich auf so eine Art Chaise und breitet die Beine so weit auseinander, wie es geht. Und ich sollte davor, nachdem sie meine Hose losgeknöpft hatte. Die Hose hing runter. Wie ich so eine Frau zum ersten Mal in meinem Leben nackend vor Augen und das gesamte Geschlecht sah, da wurde mein Großer so klein, wie es nur möglich war. Und ich habe einen roten Kopf gekriegt.

»Nee«, hab ich gesagt, »komm runter, ich will weg.«

Die konnte mich aber nicht verstehen, obwohl die vieles noch erzählte, was ich gar nicht verstand. Also kurz und gut, wie wir runter kamen, war Adolf Schmidt mit der anderen schon fertig. Der stand schon unten zum Abmarsch bereit. Und dann erzählte die, und die andern haben gelacht. Also ich habe bestimmt so 'ne Birne bekommen. Kann ich gar nicht sagen, wie anders mir da war. Aber in derselben Minute, wie das passiert war, stand meine Mutter vor mir und – aus der Traum. So war das.

Später, wie ich dann wieder zu Hause war, war das anders. Da hatte ich bei der heutigen Volksbank eine kennengelernt – damals Spar- und Darlehnskasse. Die war aus Hannover. Wir haben uns Briefe geschrieben. Meine Eltern hatten die, glaube ich, so halb und halb schon als Schwiegertochter anerkannt. Das war ein nettes, wirklich hübsches Mädel. Wir waren gleichaltrig. Mit ihr hatte ich meine ersten Liebeserlebnisse. Oben in der ehemaligen Spar- und Darlehnskasse war so ein Erkerzimmer mit zwei Fenstern. Da haben wir Hochzeitsnacht gefeiert, das weiß ich noch.

Der Rohde war Kassenchef da, nicht wahr. Nun musste ich abends immer die Treppe rauf und an seiner Tür vorbei. Der durfte das nicht wissen. Ja, da war das die Erste. Anders gesagt, da habe ich meine Jungfernschaft – wenn man den Ausdruck bei Männern gebrauchen kann – verloren.

Aber das hat ein Dreivierteljahr gedauert, und dann hatte ich sie satt. Ich weiß es auch nicht mehr, warum.

AUSBILDUNG, HOCHZEIT UND REISEN

DIE WETTE

1919 bin ich zur Lebensmittelgroßhandlung Gunkel Nachf. in Stellung gekommen, in Nienburg an der Weser. Da war man ja dann ein voller Mann. So will ich es mal sagen.

Tja, in Nienburg bin ich im Büro gewesen, wurde da ausgebildet. Weiß noch, nicht wahr, wie ich den Herren da vorgestellt wurde. Wie viele waren wir denn? Sechs Mann, glaube ich, die im Büro waren. Noch mit den hohen Schreibtischen und den hohen Sesseln.

Na, eines guten Tages komme ich aus dem Büro. Musste beim Lagerverwalter irgendwas nachfragen. Was, weiß ich nicht mehr. Und die hatten gerade eine Ladung Zucker bekommen. Das waren immer so 400 Zentner, die mit der Bahn kamen. Die wurden immer per Wagen gefahren. Autos gab es ja noch nicht in dem Maße. Ja, und dann waren die Arbeiter am Abladen – Zwei-Zentnersäcke. Wir hatten zwei Arbeiter, die diese groben und schweren Arbeiten machten. Die mussten eine Treppe hochsteigen – drei Stufen waren es, glaube ich, oder vier – mussten da hoch und diese Zwei-Zentner Säcke tragen. Immer rund.

Und ich – damals 'n großes Mundwerk – komme hin, wie die da am Stöhnen sind. Die hatten doch immer…, na Wut, ist zu viel gesagt, waren so ein bisschen pikiert drüber, als wenn wir was Besseres wären, nicht. Wir hatten ja Schlips und Kragen, und die waren in Arbeitszeug.

Da sagt einer von denen: »Ja, die große Klappe könnten wir haben, aber so was anfassen, das könnten wir nicht.«

Wir vom Büro waren ja mehrere. Ich war nicht allein da.

Da sage ich: »Na, so eine Sache.«

Dies ist nicht wortwörtlich, aber hundertprozentig der Sinn.

Ich sage: »So 'ne Sachen, die haben wir früher an einer Uhrkette getragen.«

Und da gingen sie gegen mich an. Vom Großmaul oder so ähnlich war die Rede. Dann wurde ich aufgefordert, den Beweis meines großen Mundwerks anzutreten. Es ging um eine Wette. Der Lagerverwalter, dann war ich, drei, vier und einer war noch dabei – also um fünf Flaschen Bier ging es, wenn ich einen Sack da hintrüge.

Um mein Gesicht nicht zu verlieren, musste ich es ja dann machen, wie die merkten, dass es ernst wäre, und ich wirklich darauf einging. Der Verlierer musste das Bier bezahlen. Kriegte ich das fertig, musste der Arbeiter, der das gesagt hatte, die fünf Flaschen bezahlen.

Also die behaupteten, ich könnte es nicht. Und mit großer Mühe ist es mir gelungen, zwei Zentner Zucker auf dem Buckel – vier Stufen waren es, glaube ich, oder drei – da hoch zu bringen.

Ich habe es fertig gekriegt. Da haste einen Zwei-Zentner Sack. Zuerst – das war ja insofern schön – war der auf einem Wagen. Also brauchste nicht hochzuheben. Aber nun musst du diese Treppenstufen hochgehen, weil Zucker hygroskopisch ist und höher gelagert wird, damit die Bodenfeuchtigkeit nicht eindringt. Diese Treppe hoch – das war die Schwierigkeit. Und das zweite war, den Sack ordnungsmäßig zu stapeln.

Und da habe ich gewonnen. Das Bier habe ich aber nicht getrunken, sondern ich habe meinen Gewinn den Arbeitern zur Verfügung gestellt, weil die am Schwitzen waren. Ich habe nichts getrunken und hatte dadurch – nach meiner Überzeugung – eine kleine, noble Geste gezeigt. So will ich es mal sagen.

War das eigentlich schwierig damals, eine Stelle zu kriegen bei so einer Firma?

Ja, ja, das war gar nicht einfach. Damals war es unmöglich eine Stellung zu bekommen oder ganz, ganz schwer. Es war nur möglich über den Eigentümer der heutigen Schaper Gruppe. Das war Karl Nottbohm. Der kam als Reisender zu meinen Eltern und verkaufte hier. Hat mit denen immer Kaffee getrunken. Er brachte Kuchen mit, und dann kochte er Kaffee. Dadurch waren wir bekannt. Der war gerade hier, und ich war bei meinen Eltern. Ich hatte schon zweimal geschrieben und zwei Ablehnungen erhalten. Sie brauchten niemand, sondern sie wollten noch Abbauen.

Und da sagt er: »Ja, das lässt sich machen. Nach Nienburg, da wäre es möglich.«

Ich wurde vorgestellt, und so bin ich da nach Nienburg gekommen. Ich war einer der wenigen von hier, die überhaupt Arbeit bekamen. Wie viel Prozent das waren, weiß ich aber nicht mehr.

DIE GEFÄHRLICHE GESCHICHTE UND NOCH 'NE WETTE

Die gefährliche Geschichte war folgende. Es war Sommer. Das muss – ich bin zwei Jahre da gewesen – 1919 oder '20 gewesen sein. Im Hochsommer gab's ein schweres Gewitter. Wir fuhren vom Büro aus mit dem Fahrrad zum Baden. Und da war einer dabei – Mensch, der konnte halb schwimmen, halb nicht – der hatte sonst immer die größte Klappe. Und ich konnte ja schwimmen, ich möchte sagen, wie ein Fisch.

Das kommt später. Aber da waren wir in Kellenhusen, an der Ostsee. Das muss in den 60er Jahren gewesen sein. Ich weiß nicht, ob ich das initiierte. War ja noch Eckholdt, der Freund deines Vaters, dabei und noch welche. Da war so ein schlimmes Wetter. Es gab, na, so drei, vier Meter hohe Wellen. Und das Wasser war hinten abgeteilt, dass man da nicht rüber konnte. Da war so ein Seil und ein paar Tonnen. Und da hinschwimmen und dann bei dem Wetter?

Ich hörte noch, wie Eckholdt sagte: »Ja, ich würde sagen, wir schwimmen da mal hin. Aber wir haben halt einen alten Herrn hier bei uns.«

Das war ich nun.

»Da können wir das nicht machen.«

Und da habe ich zu ihm gesagt: »Herr Eckholdt, das eine will ich Ihnen sagen, wo Sie hin schwimmen, schwimme ich auch hin. Immer noch. Wenn ich auch der alte Herr bin.«

War ich ja auch. Ich war 25 Jahre älter.

Und dann hieß es: »Was? So?«

Ich sage: »Bitteschön.«

Und dann sind Eckholdt und ich, wir beide, hingeschwommen. Die anderen sind auf einmal weg, auch dein Vater. Der ist auf halbem Wege umgedreht. Wir beide sind da hin und haben uns an der Tonne festgehalten. Aber wie ich da war, ich will dir offen und ehrlich sagen, da ist mir auch angstvoll zumute gewesen. Aber ich schweife ab, das kommt später.

Hier an der Weser waren wir und sind geschwommen. Wo der Fluss einen Bogen macht, waren so Steinbuhnen reingebaut, damit das Ufer nicht weggeschwemmt wird. Und innerhalb dieser Steinmauern – die waren etwas breiter wie diese Stube, mit dem Flur zusammen – hatteste überhaupt keine Strömung. Aber außerhalb der Mauern...

Da kam der eine, der sonst immer die große Klappe hatte. Er war nicht dumm, aber er hatte eine große Klappe. Und ich hatte immer so einen kleinen Pik auf den.

Ich sage: »Menschenskind noch mal, sonst sind Sie immer der große Mann und hier, da sind Sie der kleine Mann.«

So in diesem Sinne. Er konnte nicht richtig schwimmen, er paddelte nur so ein bisschen.

Ich war in Versuchung und sage: »Na, nun kommen Sie mal!«

Und da kam er raus und in die Strömung. Und um Haaresbreite wäre er ersoffen.

Da habe ich so viel Wasser geschluckt, wie in meinem ganzen Leben nicht. Ich war ja die Ursache. Er wurde von dem Strom erfasst. Da ging er unter und wollte schreien: »Hilfe!«

Und da musste er husten, und da war er weg. Dann habe ich zweimal so getaucht, dass ich ihn gefasst hab. Dabei ging ich ja stark unter. Und dann schmiss ihn so nach der stillen Seite hin. Da hatte er Gelegenheit, erst mal sein Wasser auszuspucken.

Und denn kam es. Ach nee, das ist das zweite Mal gewesen. Da bin ich durch die Weser geschwommen, und es ging um eine Wette. Das ist das letzte Mal gewesen. Später habe ich nie wieder eine Wette gemacht. Da bin ich auch durch die Weser geschwommen, bis ans andere Ufer. Aber ich wurde abgetrieben – von hier bis Werners Haus, ungefähr fünfzig Meter. Ein oder zweimal kam ich in so einen Strudel rein. Da ging ich richtig im Kreis rum. Da kam auf einmal die Angst bei mir, das Angstgefühl. Mensch, ich wusste: Halt! So ein Strudel zieht dich immer tiefer. Da wirste reingezogen, und dann biste verloren. Da habe ich aber gekämpft. Und auf der anderen Seite angekommen, musste ich wieder zurück. Da habe ich gesagt: Adolf, nie wieder! Und seit der Zeit konnten sie sagen, was sie wollten. Wetten? Ich sage: Ich wette nie! Das hatte ich mir hoch und heilig geschworen.

LIEBESANGELEGENHEITEN

Und dann begannen ja, was ich schon erwähnt hatte – diese Liebesangelegenheiten, will ich mal sagen.

Lernte ich eine in der Badeanstalt kennen. Der Vater war Badewärter von der Stadt Nienburg. Das harmonierte. Ich sagte immer Entchen. Triebe hieß sie.

Ich sage: »Entchen, hör mal, wie alt bist du denn?«

Sie war jung, das wusste ich. Und wir hatten schon mal drüber geredet. Und da hatte ich zu verstehen gegeben: »Unter sechzehn Jahre, das ist bei mir nicht drin. Ich möchte nicht mit dem Staatsanwalt in Berührung kommen.«

Da sage ich: »Wie alt biste?«

»Ja, im Januar habe ich Geburtstag. Dann werde ich sechzehn.«

Dies war im Oktober. Ich ging ja jede Woche zum Baden.

»So, im Januar wirst du sechzehn.«

Ich weiß nicht, 24. oder 26. Januar. Da habe ich gedacht: Ach, dann kannst du noch so lange warten. Tatsächlich. Tja, und dann hatte sie Geburtstag. Da war sie sechzehn Jahre. Wie ich fest glaubte. Sie hatte sich nämlich ein Jahr älter gemacht. Da wurde sie fuffzehn.

Stell dir vor, vierzehn war sie, als ich sie kennen lernte. Also früher sind sie auch schon so fix gewesen, wie sie heute sind. Was man so hört. Tja, Gott noch mal, und dann war es ein Wintertag. Auf einer Bank auf dem Wall habe ich sie mir vorgenommen. Wenn ich das heute bedenke, schüttel ich mit dem Kopf. Na ja, das ging so ein Dreivierteljahr gut, und dann sagt sie: »Du, Mensch, ich habe meine Tage nicht.«

Ich sage: »Denn kommen die noch.«

»Ja? Ja, ist gut.«

Nun muss ich erwähnen, ich hatte nicht weit von meiner Firma ein Zimmer. Da wohnte ich. Bei einem Schneidermeister. Das war so ein kleines, zierliches Männchen. Seine Frau war eine Fleischermeistertochter, ein großes, stabiles Weib. Die war wenigstens fünf Jahre älter als ich.

»Ich bin da«, so ging das immer.

Ich war Herr Amme, und sie war Frau Lieber. Und eines guten Abends, da kommt sie rein. Ihr Mann ging jede Woche einmal zum Kegelspielen und einmal zum Skatspielen. Er war nicht dumm, aber 'n schmächtiges Schneidermeisterlein. Da kommt sie rein und hat eine Flasche Wein.

Oh, Gott noch mal. Ich denke: Was ist los?

»Ach, Herr Amme, mein Mann ist gerade weg. Ich habe gedacht, ich habe mal Appetit auf ein Glas Wein.«

Da haben wir getrunken, jawohl. Und da hat die mich verführt – nicht ich sie. Sie kam erst langsam näher, nicht wahr, dann Hand aufs Knie. Also ran, immer näher, und dann kam das Küssen und so weiter, und dann haben wir da ein Nümmerchen gemacht. Und das ging nun immer so fort. Ja, das konnte man damals verkraften – so zwei. Heute nicht mehr. Wir sagten nun »du« zueinander, wenn wir beide allein waren. Marga hieß sie.

Und eines guten Tages – ihr Mann war wieder zum Kegeln oder zum Skat – sagt sie zu mir: »Du, sag mal, die Anna ist doch schwanger?«

Sie wusste, dass ich mit der poussierte.

Ich sage: »Nee.«

»Na,« sagt sie, »Mensch, ich habe die so von hinten gesehen. Die ist schwanger.«

Schließlich habe ich es zugegeben.

»Tja, und was willste machen?«

Ich sage: »Habe Albert Auerswald in Hannover angeschrieben. Gerade gestern kam von dem die Nachricht: »Adolf, ja, das lässt sich machen.«

Aber das kostet – von wegen Moneten. Ich war sowieso immer knapp bei Kasse. Tja, da musste ich in den sauren Apfel reinbeißen.

Da sagt sie zu mir: »Das hast du gar nicht nötig. Pass mal auf...« Und da hat sie mich aufgeklärt.

»Ich mache das so: Mutterspiegel hast du. Dann hast du 'n Pessar, nicht wahr, da ist ein Stift drin. Du führst den Mutterspiegel ein...«

Und dann hat sie mir genau erklärt, wie eine Frau von innen aussieht.

»Es wird alles abgekocht. Alles ist hundertprozentig steril. Dann drückst du nur einen halben, bis einen Zentimeter.«

Soweit ich das heute vor Augen habe – so einen Silberstift. Den konntest du von hinten da durchdrücken. Da war eine Schlaufe drum, so dass du nicht tiefer drücken konntest.

»Und da sie noch nicht geboren hat, ist ihr Muttermund rund wie eine Kugel. Eine Frau, die geboren hat, die hat eine Spalte.«

Das ist der Unterschied. Das habe ich da zum ersten Mal gehört.

»Ich habe die Taschenlampe da liegen. Es ist alles steril. Übermorgen Abend ist mein Mann wieder weg. Denn kommste mit rauf, und dann macht ihr das.«

Und so haben wir es gemacht. Die Frau hat hinter der Tür gestanden. Das bin ich aber erst hinterher gewahr geworden. Die hat alles mitgekriegt. Sie hat nicht aufgepasst, sie war neugierig, was da geschah. Sehen konnte sie nichts hinter der Tür, aber sie konnte ja hören, was wir sprechen.

Nun hatte sie mir gesagt: »Hör mal zu, du musst nur suchen und dran denken, in der vorderen Gegend ist der Blasenausgang, nicht wahr, zum Urin lassen. Da darfst du nicht rein. Der Stift ist sowieso draußen, also dieser lange Silberdraht. Und am Ende war diese runde Kugel. Wie zum Wasserablassen der Männer. So ein Dings ist das. Dann habe ich so... Und siehe da, kam mir der Urin entgegen.

Ach so, denk ich, da biste verkehrt. Dann habe ich darunter gesucht. Falten über Falten. Also ich habe die Überzeugung, wenn ein Mann zu seiner Frau gehen will und da reingucken muss, denn sagt der: »Ach, nee, lass mal, heute Abend nicht.«

Da geht der wieder weg. Da geht der nicht ran. Die Überzeugung habe ich da gewonnen. Ich weiß nicht, wie es bei einer aussieht, die nicht schwanger ist. Jedenfalls, wenn sie schwanger sind – das sieht nicht appetitlich aus.

Kurz und gut, auf einmal: Jupp, da kam das so vor. Da sah ich dies Runde. Da habe ich vorsichtig eingeführt.

»Nichts mit Gewalt«, hatte die Frau mir nicht einmal, fünfmal gesagt, dass ich einmal sogar sagte: »Ja, ich hab's kapiert.«

»Sobald du da drin bist, wenn du ganz vorsichtig bist – ganz vorsichtig, mit leisen Fingern musst du das machen –, spürst du einen Widerstand. Und wenn der Widerstand da ist, dann drückst du den Draht rein und ziehst zurück. Dann ist alles erledigt.«

Und das habe ich gemacht.

Anna hieß sie, Anna Triebe. Und ich sagte immer Entchen.

Schließlich, als ich das gemacht habe, sage ich: »Hast du was gespürt?«

»Nee«, sagt sie. »Ist denn was?«

Die wusste gar nichts. Sie war als Dienstmädel – sagte man damals, heute Hausgehilfin – bei einem Senator. Da war sie in Stellung. Ein älteres Ehepaar. Ich schätze, so bei den 70er Jahren waren die.

Der Senator war nicht mehr im Dienst. Er wohnte rechts. Das war ein richtiges T, so muss man sich das vorstellen. Ich wohnte hier, ging da zu meiner Firma und gegenüber, fast zwei Häuser weiter, war sie bei dem Senator. Ein pompöses Haus!

Ich sage zu ihr: »Du, pass mal auf, wenn nichts ist, bleibt das Rollo hoch. Wenn das Rollo runter gezogen ist, dann ist der Abort da.«

Den andern Morgen komme ich – dies war ja abends gewesen. Das Rollo ist hoch. Also nichts. Zur Firma hin. Ich komme mittags zurück. Wieder: Rollo ist hoch. Abends trafen wir uns. Ich sage: »Ist was?«

»Nö«, sagt sie. »Ich merke gar nichts.«

Wir mussten warten. Das hat zwei Tage gedauert. Da bin ich wieder bei Marga. Ihr Mann war da. Sie machte so Zeichen mit der Hand. Sprechen konnten wir ja nicht. Das hätte der eventuell gehört. Also Geduld, Geduld. Nach dem Motto: Das kommt noch. Beruhigend.

Und den dritten Morgen, wie ich wegging, war das Rollo runter. Jetzt ist es passiert, denke ich. Mittags ging ja nicht. Abends trafen wir uns wieder – verabredet. Ich komme hin. Meldet sich nicht.

Wir hatten damals so ein Knallen. Ich kann das heute nicht mehr. Die Zunge von den Zähnen ganz schnell weg – dann knallte das so. Das konnte sie, und das konnte ich. Das habe ich nie bei anderen gehört. Da konnten Hunderte sein, wenn wir das machten, dann wussten wir immer, wo der eine oder andere war.

Sie kommt nicht. Menschenskind!

Nun war ich doch unruhig. Was ist da los? Ich hatte das Mädel lieb. Gebe ich ohne weiteres zu. Das wäre auch meine Frau geworden.

Nichts tut sich, nichts rührt sich. Ich habe geknallt, wiederum gewartet. Ich denke: Vielleicht ist sie irgendwo anders. Und schließlich: Mensch, jetzt ist's ganz egal. Ich bin an die Tür gegangen und habe geklingelt. Da kommt so eine weiße Dame im schwarzen Kleid.

Eine vornehme Dame kommt da raus – ihre Chefin. Ich kannte die ja vorher nicht.

»Bitteschön?«

Ich sage: »Entschuldigen Sie, könnte ich wohl mal Anna Triebe sprechen?«

Sie guckt mich an, besieht mich von oben bis unten.

»Sind Sie Adolf Amme?«

Ich sage: »Ja.«

»Ja, denn wissen Sie ja, was mit Anna los ist. Die ist nicht hier, sondern ich hab sie nach Hause geschickt.«

Nun kannste dir denken, was ich für einen Kopf gekriegt habe. So 'ne vornehme Dame – eine würdige Dame, ohne weiteres – die sagt dir das.

Betroffen bin ich weggegangen. Dann bin ich los und habe geknallt. Nichts rührt sich. Ich denke: Menschenskind! Oh, ich habe fast die ganze Nacht nicht geschlafen. Zum Haus konnte ich ja nicht. Den anderen Abend bin ich hingegangen, habe wieder ein paar Mal geknallt.

Kann ich heute nicht mehr, weil ich eine Prothese habe. Auch sonst könnte ich es nicht mehr. Das kann man nur, wenn man jung ist, also mehr Macht in der Zunge hat, oder was weiß ich. Das muss die Zunge so schnell machen, dass ein luftleerer Raum entsteht. Dieser luftleere Raum, der gibt den Knall her.

Und den zweiten Abend, wie ich kam, tut sich auf einmal eine Tür auf. Kam ein Mädchen raus, Wangen eingefallen. Ich hab gedacht, so ein zwölfjähriges Mädel kommt da an. Im Nachthemd kommt die runter, drückt mir ein Papier in die Hand. Und da ist das drin.

Da sagt sie – soeben, dass sie sprechen konnte, sie taumelte halb: »Komm morgen Abend wieder, dann erzähl ich dir alles.«

Da bin ich wieder umgedreht. Und da ist ja das, was du hast – der Embryo. Du hast ja so einen Embryo von mir. Der ist das gewesen. Ein Junge war es – Zähne, alles da.

Heute würde ich das nicht mehr machen, weil ich das auf meine alten Tage – wenn man das so sagen kann – nicht nur heute, sondern schon vor zehn, fünfzehn Jahren als Mord ansehe.

Viereinhalb Monate ist der alt, der Embryo. Viereinhalb Monate. Also kurz und gut, am anderen Abend komme ich wieder hin. Da ist sie vielleicht fünf Minuten bei mir gewesen und hat mir folgendes erzählt: Die Senatorin hat wohl gesehen, dass sie schwanger war und hat sie nach Haus geschickt.

Nun ist sie nach Haus gekommen. Sie fühlte sich nicht gut. Die Mutter ist besorgt.

»Ja, was ist denn?«

Und sie hat wohl nicht gut ausgesehen.

»Ja, denn geh man zu Bett.«

Sie hatte 'ne Schwester, die war ein Jahr älter. Der hatte sie es gesagt. Die wusste, was los war.

Und dann hat die Mutter oder der Vater gesagt: »Ja, ist es nicht besser, wenn wir einen Arzt rufen? Das geht doch nicht.«

Da hat die Schwester gesagt: »Ach, nein.«

Die hat ihre Partei eingenommen und hat abgewunken: »Nein, so schlimm ist das nicht.«

Folglich haben die keinen Arzt gerufen. Und in der Nacht ist es losgegangen, so zwischen zwölf und zwei Uhr. Da ist sie die Treppe rauf und runter gegangen. Und wo sie gegangen ist, ist überall Blut gewesen.

Und um zwei oder halb Drei ist der Abort gekommen. Dann hat die Schwester alles pikobello sauber gemacht, sie ins Bett gelegt, hat den Embryo in Zeitungspapier gewickelt, wie »Entchen« es mir brachte.

Wie die Mutter sie am nächsten Morgen gesehen hat, hat sie so blass ausgesehen, dass die Mutter gesagt hat: »Nein, das geht ja nicht, wir müssen den Doktor rufen.«

Anna hat gar nicht viel sagen können.

Da hat ihre Schwester gesagt: »Nein, sie ist schon auf dem Wege der Besserung. Das siehst du doch. Sie hat doch schon wieder Farbe. Nein, das ist vorbei.«

War es ja auch. Die hatte ja noch nicht mal gelogen. Und den anderen Tag ist Anna wieder zu ihrer Arbeit gegangen. Na ja, dann haben wir uns wieder getroffen. So war dies Erlebnis, wovon du den Jungen hast.

Du sagst, du würdest es heute als Mord ansehen. Weil das schon so spät war, oder...?

Ja, ja, weil das so spät war. Also offen gesagt, neige ich heute mehr, nicht ganz, aber mehr nach der katholischen Seite hin. So sehe ich das als alter Mann. Als junger Mann bin ich froh gewesen, dass ich befreit war. Dann soll man eben, wenn man so was macht, entsprechende Vorsorge treffen, und nicht mehr, wenn es ein werdendes Leben ist. Wie ich dies sah, da hatte ich schon kleine Gewissensbisse. Ganz bestimmt. Nicht nur, dass ich das heute erzähle, sondern damals ist mir schon nicht wohl gewesen.

Ich habe mir hinterher oft gedacht, der wäre gerade das reife Futter für Hitler gewesen. In Russland oder sonst wo hätte der sein Leben gelassen. Irgendwo, oder was weiß ich, wenn das nicht geschehen wäre.

Man könnte mir heute Millionen bieten, ich sollte es tun, ich würde es nicht machen – auf keinen Fall. Ich habe es hinterher für verschiedene Freunde und Bekannte gemacht, aber ich habe nie auch nur einen Pfennig dafür genommen oder irgendwas. Ich habe das nur aus reinem Mitleidsgefühl den Männern gegenüber gemacht.

Ja, haben die Frauen nicht vielleicht auch einen Vorteil davon, als wenn sie ein Kind bekommen, womit sie in dem Alter noch gar nicht fertig werden?

Sie war da fünfzehn Jahre, noch keine sechzehn. Ich wusste das nicht. Da bin ich erst später hintergekommen. Sie hat mir das nicht gesagt, sondern eine Freundin von ihr, die mit mir etwas anfangen wollte. Ich hätte das sonst auch gemacht, aber ich habe das damals als Fauxpas angesehen – so würde ich es heute bezeichnen. Also wenn man eine Kameradin hat, von der spricht man nichts Schlechtes. Und wenn was Schlechtes ist, dann schweigt man. Aber man gibt das nicht anderen kund. Und das hatte sie getan. Das ist heute meine Einstellung zu der ganzen Angelegenheit. Weil sie ihre Freundin ausstechen wollte, hatte die bei mir innerlich verloren.

Wir haben noch lange zusammen harmoniert, »Entchen« und ich. Wir haben uns oft in Hannover getroffen. Ich bin nach Nienburg gefahren. Wir sind noch sehr lange zusammen gewesen. Einmal waren wir in einem Bahnhofshotel, um nur ein Beispiel zu sagen. Da hat sie gestöhnt, muss wohl auch ein bisschen wild gewesen sein. Kurz und gut, da war einer, der nebenan geschlafen hatte.

Am anderen Morgen kam der Ober zu mir, wie wir da im Bett lagen, und dann sagte der zu mir hinter vorgehaltener Hand: »Bring keine Kinder mehr mit hierher.«

Hat der mir wortwörtlich gesagt. Er hatte die als Kind angesehen. Aber da war sie wohl sechzehn. Ich weiß es nicht. Da sind wir noch zusammen gewesen. Und dann war sie das gewohnt, also jeden Tag oder zweiten Tag.

Ich war dann weg. Ich war hier in Uetze, denn meine Eltern wollten mich haben. Da war die Inflation so groß, und da stiegen meine Eltern nicht mehr durch. Das ging in die Hunderttausende. Und dann in die Millionen. Dann in die Milliarden. Wir hatten genug Vorräte. Da ich in der Großhandlung war, im Büro, sorgte ich natürlich auch für meine Eltern mit.

Also die Geschichte mit diesem Mädchen ist dann zu Ende gegangen, weil sie auch mit anderen Männern...

Weil sie mit einem anderen Mann ausgegangen war. Und diese Freundin hat mir immer darüber berichtet.

Da habe ich Anna zur Rede gestellt. Zuerst hat sie es abgestritten und dann doch eingestanden. Ja, sie hätte so Sehnsucht nach *mir* gehabt. Das erkannte ich nicht an. Ich habe niemals in meinem Leben zu gleicher Zeit mehrere gehabt, das kann ich dir auf Ehre und Gewissen sagen.

Wenn ich dabei war, dann war ich voll engagiert, aber nicht, wie es viele machen, die stippern hier, die stippern da. Das habe ich nie in meinem Leben gemacht. Wenn ich was mit einer hatte, dann war das so. Ich könnte 'ne ganze Menge aufzählen. Aber so etwas gab es bei mir nicht. Dann war ich ganz dabei.

INFLATION

Ich war ja bei Gunkel, wie ich erwähnt habe, und die Inflation begann. Die nahm immer größere Ausmaße an. Dann kriegte ich telefonische Nachricht – und nachher auch schriftlich – von meinem Vater, ich möchte nach Haus kommen. Sie hätten keine Lust, respektive sie stiegen da nicht mehr durch.

Im Frühjahr 1921 ist das gewesen, Frühjahr oder Sommer. Da musste ich nach Uetze kommen, hierher. Und dann merkte ich, dass das wirklich so war. Meine Eltern verkauften nämlich immer noch die Ware zu den Preisen, die mal vor einem Vierteljahr gegolten hatten. In der Zwischenzeit war das ein Hungerlohn dagegen. Weil die das nicht begriffen, dass die Mark nichts mehr wert war. Dann kam es anders. Ich entsinne mich einmal, da waren sieben, acht Leute im Laden. Und ich hatte kurz vorher noch einen Sack Kaffee gekauft, Rohkaffee. Die waren scharf auf Rohkaffee.

Nun lief ich jeden Tag zur Bank hin, um den Dollarkurs zu erforschen. Und wie ich zu Hause ankam, war der Laden voll, und die wollten Kaffee kaufen.

Da sagte ich: Der Dollar ist um so und so viel gestiegen. Der Kaffee steigt um denselben Prozentsatz.

Und da sind drei oder vier gleich wieder gegangen. Die kannte ich gar nicht, die gehörten gar nicht zu unserer Kundschaft. Die wollten sich bereichern, gewissermaßen. Und meine Eltern hätten denen gegeben, und puff, wäre es weg gewesen. Und letzten Endes – ich war ja der Erbe – ging es auch mich was an. So habe ich's dann eingesehen, bin nicht mehr nach Nienburg gefahren.

FUSSBALL oder GROSSE LIEBE

1921 wurde der Fußballverein hier neu gegründet, von Karl-Heinz Hoffmann. Und da hatte ich mehrere Freunde: Otto Stellfeld, der unter dem Namen Buff ging, Karl-Heinz Hoffmann, der das hauptsächlich machte, Adolf Otto. Dessen Vater hatte eine reiche Frau gehabt, eine Millionärin geheiratet. Und nachher hatten sie nichts mehr, alles weg.

Also kurz und gut, wir waren alles dicke Freunde. Und dann den Fußballklub neu gegründet, der ja heute noch existiert, 08 Uetze.

Ich bin schon oft gefragt worden, warum ich weggegangen wäre. Ich habe keine andere Erklärung, ich weiß nur, wie ich meine Lina kennen lernte, da interessierte mich alles andere nicht mehr. Da war ich innerlich und äußerlich voll engagiert für meine Lina.

Ich war mal in Bröckel gewesen. Da hatte ich Fußball gespielt – so war das gekommen. Da hatte ich auf dem Fußballplatz ein Mädchen kennen gelernt, Agnes Krüger. Die ist ja Witwe. Sie lebt heute noch. Die lernte ich da kennen.

Und dann bin ich mal hingewesen, irgendein Fest war da, ich weiß aber nicht was, und da hab ich mit der getanzt und mich verabredet. Wir sind ein paar Mal ausgegangen. Dann hatte die Geburtstag und lud ein: »Adolf, ik feuer mien Geburtstag (ich feiere meinen Geburtstag).«

In der Jägerklause muss das gewesen. Wie nennt sie sich?

Fuchsbau.

Da haben wir getanzt. Und ihre Freundin war Lina Krüger. Beide waren Krügers. Und wie ich die gesehen habe, da mochte ich alles andere nicht mehr leiden. Da mocht' ich *die*!

Sie war mit meinem Freund gekommen, mit Otto Stellfeld. Ich habe ein paar Mal mit ihr getanzt und dann, dann hab ich gesagt: »Du, morgen Abend treffen wir uns.«

Da duzten wir uns schon.

Da sagt sie: »Geht nicht. Nein. Meine Mutter kriegt Besuch. Kann ich nicht.«

Ich sage: »Dann übermorgen.«

»Übermorgen geht auch nicht.«

Da war was andres. Da denk ich: So, pass auf, das sind Ausflüchte. Aber das war wirklich so.

Ich sage: »Dann den andern Abend.«

»Ja.«

Und den andern Abend haben wir uns getroffen.

Bevor der Bröckeler Weg auf die Celler Straße geht, da war 'n großes Birkengehölz, so groß wie unser Grundstück – ungefähr 'n drei Viertel, 'n Morgen. Und da haben wir uns getroffen, in der Abendzeit.

Kurz und gut, ich bin mit Gisela, deiner Mutter, mal von Celle gekommen und wir sprachen auch von Bröckel, von der Vergangenheit. Und da hab ich zu ihr gesagt: »Und siehste, hier hab ich Mutti zum ersten Mal geküsst.«

DAS HEULENDE ELEND

Also früher ging das nicht, von wegen Treffen und den zweiten, dritten Abend ins Bett gehen. Das machten die nicht mit, alle nicht. Also die das mitmachten, die waren bekannt, nicht wahr. Die hatten ja auch Angst vorm Festsitzen. Die hatten ja nicht die Schutzmöglichkeit. Also das war nicht so, wie das heute ist. Es war, ich möchte sagen, schöner.

Ich entsinne mich, dass wir uns beim Fußballspielen getroffen haben. Denn haben wir auch ein bisschen rumgemimt, so Spaß gemacht. Das war aber alles noch nicht ernsthaft.

In der Zwischenzeit habe ich gebaut. Mein Vater hatte nämlich Gold- und Silbermünzen gehortet, wie der Krieg anfing. Mein Vater hat wohl auch einen hellen Kopf gehabt. In dem Moment, wie der Krieg begann, hat er sämtliches Silbergeld und Goldgeld, was einlief, nicht mehr ausgegeben. Denn ich weiß, ich habe einmal 1000.– Mark nach Hannover gebracht und dort eingewechselt, später, wie wir feste Währung hatten. Hätte ich das nicht getan, hätte ich heute das Zehn-, Zwanzigfache rausgeholt. Teile habe ich noch. Ich habe noch Gold- und auch Silbermünzen.

Also kurz und gut, da hab ich dies alles hochgebaut. Aus den Zeichnungen geht's hervor, wie ich es von meinen Eltern empfangen habe. Und dies Hochbauen, das habe ich gemacht – mit meiner Mutter. Mein Vater wollte es nicht. Mein Vater war sechs Wochen in Oeynhausen zur Kur. Und diese sechs Wochen haben wir ausgenutzt, um das zu machen. Mit meiner Mutter war ich einig. Und da habe ich diese 1000.– Mark eingewechselt, nicht wahr.

Ja, und dann bin ich oben am Dach. Und wer geht vorbei? Lina Krüger. Ich gucke hoch, sehe sie. Sie ging vorbei, ohne eine Miene zu verziehen.

Ich sage: »Mensch, wo willst du denn hin, Lina?«

Da guckt sie hoch: »Ach, da bist du, oben auf dem Dach. Was machst du?«

Ich sage: »Ja, rate mal, was ich hier wohl mache.«

Das weiß ich noch.

*Andenken an Sonntag, 02. Juli 1922 von Adolf Amme,
Lina Krüger – 17 Jahre.*

Ich sage: »Bleib mal stehen, ich komme runter.«

Dann bin ich runtergegangen und sage: »Du, Sonntag will ich mal ein bisschen frei machen. Ich habe hier immer schwer rumgewurschtelt, sonst hätte ich mich diese Tage gemeldet. Sonntag treffen wir uns.«

Und den Sonntag hab ich sie fotografiert. Dieses Bild war mir ganz aus dem Sinn gekommen. Nach ihrem Tode hatte sie ja noch verschiedene Sachen, und da finde ich dieses Bild. Da fiel es mir wieder ein. Vollständig aus dem Gedächtnis verschwunden gewesen. Da habe ich drunter geschrieben, was dahinter steht. Da kannste sehen, wie sie als junges Mädchen aussah. Da war sie siebzehn Jahre alt. Dahinter steht, soweit ich mich entsinne ›Andenken an Sonntag, den 17. Juni 1922 an Adolf Amme‹. Das hatte sie dahinter geschrieben.

Hier ist es. Und da steht es wortwörtlich. Was habe ich darunter geschrieben? Ich glaube, dass ich es richtig gesagt habe.

Ja, genau. Das hatte sie dahinter geschrieben. Das ist sie. Da war sie siebzehn. Hier ist es. Hier haste das Bild. Hier ist sie, wie sie siebzehn Jahr ist. Da wusste die Mutter noch nichts. Jedenfalls da haben wir uns getroffen. Wenn ich jetzt daran denke, kommt mir bald das heulende Elend, wenn ich an diese alten Zeiten zurückdenke.

SEIFE

Es gab ja noch überhaupt keine Seife. Seife gab es. Ja, das war Ton, und da war so'n bisschen drin. Das kannst du nicht als Seife bezeichnen.

Da les ich in der Zeitung: »Wie Friedensseife. Probestück kommen lassen.« Vier Mark und so'n'soviel.

Was, denk ich, wie Friedensseife? Ich hab mir das schicken lassen. Doppelstück: Kernseife. So groß, so dick, so breit. Mensch, die Hände gewaschen...

»O, Adolf, da gib mik mehr (gib mir mehr)«, sagten alle Kunden, die da warn.

Ich segge: »Ja, dee lat ik komen (Ich sage: Ja, die lass ich kommen).«

Nun, ich weiß nicht, wie viel? Ich hab mehrere Tausend davon kommen lassen. Und habe verkauft. Das ging raus, wie sonst was.

»Och, Ammen Adolf hett ja so wunderbare Seepe (Seife). Wie in' Frieden.«

Aber 'n Haken ist doch dabei. Hähä. Nach 'ner gewissen Zeit stellte ich fest: »Mensch, was is'n das? Die is ja kleiner geworden.«

Verdunstet, nicht wahr. Waschen einwandfrei! Aber verdunstet. Da hab ich im Laden keine mehr verkauft.

»Odolf, häste die Seepe noch?«

Ich segge: »Hier, Mensch, wenn du se hebben wüst (haben willst), kannste kreegen (kriegen).«

Nun hatte ich aber noch Zweitausend oder so liegen. Da hab ich gedacht: Halt, Stopp! Du verärgerst dir deine Kundschaft.

Karl-Heinz Hoffmann war auch arbeitslos. Der war auch die ganze Zeit über Kaufmann gewesen – genau wie ich.

Ich sage: »Karl, pass mal auf, wir können uns schönes Geld verdienen.«

So und so.

»Mach ich mit, ja.«

Und da sind wir in die Heide gefahren, nach Hermannsburg, in die Ecke. Mit dem Zug nach Celle. Und von Celle mit'm Fahrrad in

Bröckel, Sommer 1923

die Heide. Und da sind wir von Haus zu Haus gegangen.

»Bitte, probiert! Wascht!«

Wenn du die Seife ganz frisch gesehen hattest, war sie noch gut. Noch einwandfrei!

Die Leute waschen, und in jedem Haus haben wir zwei, drei Stücke verkauft, immer so, dass wir abends, wenn wir zu Hause waren, unser Quantum, das wir mitgenommen, verkauft hatten. Zweimal durften wir nicht hin. Dann wäre das aufgefallen.

Jetzt sind wir auch in Bröckel gewesen. Ich denke: Das ist ja nicht deine Kundschaft.

Wir gingen immer so: Er hatte die rechte Straßenseite und ich die linke. Oder umgekehrt. Damit wir uns nicht ins Gehege kamen.

Wie wir in Bröckel angekommen sind, komm ich in ein Haus rein, und da ist eine Frau mit einem Mädchen grade am Waschen. Die hatten ja früher nur dieses Brett, dies Waschbrett. Darauf rieben sie die Wäsche.

Ich sage: »Hier komme ich ja gerade recht.« Aber in platt.

»Hier kom ik ja grade rechte.«

Die ältere Frau sagte: »Wi wütt aber nix köpen, wennse wat verköpen wütt (Wir wollen aber nichts kaufen, wenn Sie was verkaufen wollen).«

Ik segge: »Ja, erst Mal 'n Moment!«
Und da kriege ich die Seife raus.
»Probierte mal, nu waschte mal.«
Erst stehtse. Dann geht sie hin und wäscht, guckt ihre Tochter an, wäscht noch mal. Sie hatte Schaum, hatte Seife. Da hat sie vier oder fünf Stücken genommen. Gekauft!

Ik segge: »Na also!«
»Tja, wo krieget sei se denn her, dasse so schöne Seepe hett?«
Ik segge: »Ja, häh, häh. Uppassen (Aufpassen)!«
Kurz und gut, bin wieder weg.

Habe nie wieder daran gedacht, weil ich in so unendlich vielen Häusern gewesen bin, mit Karl-Heinz Hoffmann. Das, was man Hausieren nennt. Schön und gut.

Das war meine spätere Schwiegermutter. Ich wusste das aber damals noch nicht.

Eines guten Tages war was am Ofen kaputt.

Und wie ich denn da bin, sagt sie: »Odolf, wütt ju dat nich mal taurechte moken (Adolf, willst du das nicht mal zurechtmachen)? Mensch, ik trau mich da nich ran.«

»Ja, gewiss, dat mok ik (das mach ich).«

Ich weiß nicht, ob wir schon verlobt waren, jedenfalls ich ging da ein und aus. Auf einmal find ich die Seifenstücke. Die waren nicht dicker als mein kleiner Finger. Die waren so zusammengeschrumpft. Ich wusste ja sofort, was los war.

Da sag ich zu meiner Schwiegermutter: »Du, Mutter, segge mal, wat is'n dütt hier (sag mal, was ist denn das hier)?«

»Och, Mensche,« seggtse, »hier was mal so 'n olen Keerl (alter Kerl), un de het mich doch so annefeuert (angeschmiert).«

Ik segge: »Und so 'ne Seepe koffst (kaufst) du?«

Ich war ja im Bilde. Ich wusste ja, was los war. {Während des folgenden Satzes knöpft er sich den offenen Hosenstall zu.}

»Mensch, wi warn grad bien Waschen. Und de was wunderschöne. Und heb ik gedacht: Mensch, so wat häste ja überhaupt noch gar nich gehat, in de ganze Jahre nich. Und da häb ik fief Stück gekofft (fünf Stück gekauft).«

Und zwei oder drei waren's noch.

Sie hatte gedacht, frische Seife ist weich, die muss trocknen. Die wird wieder hart, wenn's gute Seife ist, wenn Fett drin ist. Aber hier war ja kein Fett drin. Das waren andere chemische Zusätze. Schließlich konnte ich mich kaum halten vor Lachen.

»Ja, was lachste denn? Lachste mich noch ut?«

Ich hatt' so'n lüttgen Stuhl, und da stand ich drauf, um das zu machen. Ich fiel bald runter vor lauter Lachen.

Ich segge: »Du, Mutter, weißte, wer disse ole Keerl gewesen is?«

»Nee. Wieso?«

»Kennste den nich? Dat bin ik geween (Das bin ich gewesen).«

»Wat?«, seggtse, »dat büst du 'eween?«

Da hab ich ihr das alles so erzählt, wie das gewesen ist.

»Minsche, Odolf, wenn ik dat gewusst her, denn warste int Hus nich innekomen (Mensch, Adolf, wenn ich das gewusst hätte, wärst du uns nicht ins Haus gekommen)«, seggt se da. Wortwörtlich.

DIE VERLOBUNG

Also das harmonierte. Ich hatte feste Absicht, sie zu heiraten.

Und meine Mutter: »Adolf, wo fährste denn jetzt immer hin?«

Ich sag: »Nah Bräukel (Nach Bröckel), Mutter.«

»Ach so. Ja, was is'n da?«

Mein Vater sagt: »Ist denn das was? Oder nicht?«

»Doche«, sag ich, »ik will frien (heiraten).«

»Ja, denn bring et man mal mitte und wieset se üsch (zeig sie uns) man mal.«

Da habe ich das Lina gesagt. Und da hatte sie so einen Bammel, hierher zu kommen, furchtbare Angst.

»Mensch,« sage ich, »nun hab doch nicht so eine Angst. Die fressen dich nicht auf.«

Also dann ist sie hier gewesen zum Kaffee. Und das war schon bevor ich in Stade war. Denn ich habe einen Brief, den sie mir nach Stade geschickt hat.

In Stade war der Imkerkurs?

Der Imkerkurs, ja. Sie hat mir geschrieben, dass sie von meiner Mutter telefonisch zum Kaffee eingeladen wäre. Denn meine Mutter war neugierig. Die wollte sie kennenlernen. Und es gäbe Bickbeernkuchen (Blaubeerkuchen).

Das war damals was Wunderschönes. Ist es auch heute noch, Bickbeernkuchen. Damals gab's das noch mehr.

In Stade hatte ich mich mit einem angefreundet. Der war aus der Gegend von Hildesheim. Da sind wir hingefahren, den haben wir besucht.

Da schrieb sie: »Adolf, bring doch den mit. Denn wir haben noch Wein, Mensch. Und denn wollen wir uns einen schönen, lustigen Abend machen.«

Aber das hat nicht hingehauen. Was dazwischen kam, daran kann ich mich nicht erinnern.

Bienenlehrgang Stade, August 1924

Später kam sie an und sagte: »Meine Mutter hat uns zum Kaffee eingeladen. Kommste Sonntag zum Kaffee?«
»Ja, das mach ich.«
Da sind so ein paar Monate vergangen, dass ich laufend da war. Ein Kommen und Gehen, nicht wahr. Und eines guten Tages, da waren wir noch nicht verlobt, komm ich wieder hin, und da machten meine Lina und meine Schwiegermutter ein saures Gesicht.
Ich denke: Nanu, was ist denn hier los?
Ich sage: »Was habt ihr denn?«
Stillschweigen.
Ich sage: »Nun mal raus mit der Sprache, was ist denn los hier?«
Bei meiner Lina kamen so ein bisschen die Tränen. Schließlich fing meine Schwiegermutter an.
»Ja, Odolf...«, meinte sie.
Also wortwörtlich kann ich das nicht sagen, aber sinngemäß: Es waren welche aus Uetze hier gewesen und die haben erzählt.
»Ach, den Ammen Adolf haste. So, den haste? De will dik ja bloß

for dat Bette hebben (Der will dich bloß fürs Bett haben). Und wenn de dich 'n paar Mal gehatt hat, denn let he dik loopen (lässt er dich laufen). So hett he dat in Uetze vielfach gemaket (So hat er das in Uetze vielfach gemacht).«

Da war so 'ne Sache. Es hatte mich eine Frau verraten. Da war ich bei einer gewesen, nicht wahr, und die hatte mich erkannt.

Und da habe ich gedacht: So!

Sonst war ich ja immer aus dem Fenster gesprungen. Und da bin ich die Treppe runtergegangen. Neuer hieß die. Na ja, die ist heute schon tot. Und er war auch mies. Der ganze Hof ist verloren gegangen, also die taugten nichts. Aber die hatten das nun verbreitet. Und nun war das so ein bisschen rumgekommen. Und darum waren die so sauer.

Da habe ich natürlich gelacht und zu beiden gesagt, was ich ja sowieso wollte und im Sinn hatte: »Ja, dat mach ween, wat jü da vertellen daht (das mag sein, was ihr da erzählt), dat ik hier und da... Ja, das stimmt wohl.«

Das habe ich nicht abgestritten. Selbstverständlich habe ich da Poussalien (Liebeleien) gehabt. Das ist klar, kommt automatisch, ist doch normal. Gott, noch mal, man war ja jung, nich.

»Aber,« sag ich, »ik hebbe noch nich einer einzigen geseggt: ›Mäken, ik friee dik (Mädchen, ich heirate dich).‹«

Vor meiner Schwiegermutter hab ich gesagt: »Aber hier, tau Lina, da segg ik jetzt, Lina, du warst miene Frue (du wirst meine Frau). So wahr, wie ik hier sitte (wie ich hier sitze), warst du miene Frue. Und tau dik segg ik jetzt ›Schwiegermutter‹. Du bist miene Schwiegermutter und bliffste (bleibst du). So, nun? Sind jü nun noch böse?«

Da heiterten die Mienen sich auf. Und so ist das auch geblieben.

Ich sage: »Oder meint jü denn, dat de Jungens nicht alle...«

»Tja, tja«, meinte meine Schwiegermutter, »ja, man hört ja so oft davon, aber ik hebbe dacht (ich habe gedacht)...«

»Tja, keine Rose ohne Dornen«, hab ich ihr dann noch gesagt.

Und da war ich ihr Schwiegersohn. Und von da ab hieß es denn: Die Verlobung. Und nach der Verlobung wurde die Hochzeit festgesetzt.

EHE, WENN SIE LOSGELASSEN

Meine Mutter kam an und sagte: »Du, hör mal zu, die ist nur bei ihrer Mutter gewesen, ist da aufgewachsen und nicht weiter rumgekommen. Sie kann ja gar nichts, also sie muss...«

Meine Mutter ist ja Köchin gewesen.

Und da sagt sie: »Odolf, du wut denn ja frien. Wenn du denn frien wut, denn mut de aber mal von Hus weg. Mut ihre Föte (Füße) aber mal untern andern Tisch stecken. Süst wart dat nix Gescheutes, im eignen Huse (Sonst wird das nichts, im eigenen Haus).«

Ja, das leuchtete mir ein. Also Stellung.

Da waren wir verlobt und wollten heiraten. Da bin ich zu meiner Schwiegermutter gegangen, nicht zu meiner Lina. In der Zwischenzeit war das Verhältnis zu meiner Schwiegermutter so gut, dass Lina, also Oma, schon einmal gesagt hat: »Ja, ihr beide solltet mal heiraten. Mit dir schmust er ja mehr rum, wie mit mir«.

So ungefähr. Das war natürlich nicht ernst gemeint, sondern in so einem spaßigen Ton.

Deine Großmutter sprach nur hochdeutsch. Ich sprach platt, sie sprach hoch. Die sprach nur hochdeutsch. Einwandfrei.

Nebenbei gesagt, hat sie in Bröckel in der Schule den obersten Platz gehabt. Und wenn wir mal was hatten, denn sagte sie: »Schweig du still, du bist nur der Zweite gewesen. Ich bin immer die Erste gewesen.«

Und da habe ich zu meiner Schwiegermutter gesagt: »Pass mal up, Mutter, ik seie dat (ich sehe das) als richtig an, dass Lina mal inne Stellung...«

»Odolf, dat heb ik ook schon inneseien (das hab ich auch schon eingesehen). Und dat möcht ik ook gerne, aber ik kann ja nich weg.«

Sie hatte eine kleine Landwirtschaft, 25 Morgen oder so, mit Gepachtetem, hatte so einen kleinen landwirtschaftlichen Betrieb. Den hatten sie früher schon gehabt. Und mein Schwiegervater war ja nicht Wiesenbaumeister, sondern er hatte Leute, und er nahm die Wiesenbauerei an. Und er bezahlte auch das Geld aus und nahm das Geld ein. Er war in Suderburg gewesen, da wurden die ausgebildet. Also der war nicht dumm. Das nehme ich an. Ich hab ihn ja nicht kennengelernt, weil er 1914 im September schon gefallen ist, in Belgien.

Er musste den ersten Tag weg, nein, den zweiten. Den ersten Tag war Mobilmachung. Der zweite Tag – das war überall öffentlich bekanntgegeben. Es war ja grad in der Roggenerntezeit. Und sie hatten auch Roggen. Und die waren eingeteilt für ein oder zwei Tage später.

Da hieß es auf einmal, bevor sie Soldat werden, sollen sie erst noch die Felder machen. Alle anderen müssen zurücktreten. Eine sehr vernünftige Idee war das damals. Na ja, so war das.

Also mein Schwiegervater, der ist auch intelligent gewesen. Beim Schützenverein und bei noch einem Verein hat er immer die Reden gehalten. Und wenn er die Reden gehalten hat und der Hauptmann war, oder wie die das nannten, dann kann er nicht dumm gewesen sein. Sonst wäre er das nicht gewesen. Außerdem hat er nicht gearbeitet, also selber gearbeitet, sondern er hat immer Leute um sich gehabt. Und dann haben sie die Wiesen zurechtgemacht. Und darum nannten sie ihn damals Wieschenbur. So ging das. So hat er sich emporgearbeitet.

Meine Schwiegermutter war auch nicht dumm, nicht wahr. Die ist auch immer in der Schule gewesen. Und deine Großmutter war mir in vielen Sachen überlegen – beispielsweise beim Anziehen. Sie hätte Innenarchitektin werden müssen. Wenn ich Lehrer gewesen wäre, und die Eltern wären gekommen, dann hätte ich gesagt: Sie muss Architektin werden. Die sah das auf einen Blick. So dass unsere ganze Verwandtschaft ankam: »Lina, kumm mal her. Wi müt mal Gardinen hebben (Wir müssen mal Gardinen haben). Kumm segg du mal, wat mütt wi for Farben hebben.«

Wenn die so was hatten, dann wurden wir eingeladen.

»Odolf, nun segg doch mal wat.«

Ik segge: »De kann mehr wie ik (Die kann mehr als ich).«

Da kam ich nicht mit. Versteh ich nicht. Sie sah das.

HOCHZEIT AUF DEM LANDE

Zur Hochzeit hatte meine Schwiegermutter ein Schwein und ein Rind hergegeben. Die ganzen Unkosten und alles andere haben wir dann gemacht, also meine Eltern.

Das war aber so üblich damals, dass der Mann...

Ja, ja, das kann man wohl so sagen. Gott, die es nicht konnten... Sie hatte das dafür groß gezogen und das Rind auch. Nun stell dir das mal vor: So 'n Rind hat ja immer so ca. sieben Zentner – Lebendgewicht. Und das Schwein auch so gut drei Zentner. Alles zusammen waren zehn Zentner Fleisch. Nun geht ja Haut und Knochen und alles ab. Also da bleiben immer noch sieben Zentner über, so ungefähr, für brauchbares Fleisch.

Wie viele Gäste waren da?

Wir sind bei 100 gewesen – allerdings mit all den Kindern. So 70 Personen sind das gewesen.
 Ach so, da fällt mir noch ein, da war Albert Steinbeck. Der wohnte hier noch zur Miete. Der hatte da die Theke. Also der Wirt stellte das Fass Bier da rein, und er schenkte dann aus. Dadurch war das dann wohl etwas billiger.
 Also kurz und gut, zwischen elf und zwölf Uhr kam er an und sagte zu mir: »Mensch, Adolf, die Zigarren und Zigaretten sind alle weg.«
 Und ich hatte damals tausend Zigaretten mitgebracht, und ich weiß nicht, wie viele Kisten Zigarren, zwei oder drei Kisten. Aber in jeder waren nur fünfzig drin. Keine hundert. Und die waren alle.
 Ich sage: »Albert, dat is doch nich möglich. De künnt doch nich...«
 »Odolf, de komet, drei, veire stecket se in und eine schmöket se (Adolf, die kommen, drei, vier stecken sie ein und eine rauchen sie). Schall ik nu ›Nee‹ seggen (Soll ich nun ›Nein‹ sagen)?«

»Mensche,« segg ik...

Ja, was machst du da?

Ik segge: »Jo, is gaut, ik gei noch mal hen und hol da noch mal fiefhundert (Ja, ist gut, ich geh noch mal hin und hol da noch mal fünfhundert). Aber wenn de komen daet und denn von wegen drei, veire, oder fieve von nehmen, denn seggst du: ›Nee, dat gifft nur eine (Nein, es gibt nur eine)‹.«

»Jawohl.«

Das hat er dann gemacht. Und dann habe ich noch mal fünfhundert geholt – die Packungen. Und davon habe ich sogar noch mal hundert oder hundertfünfzig wieder mit nach Haus gebracht. Aber die tausend waren weg. Die hatten sich die eingesteckt. Nun kommt das Schlimmste!

Wir haben durchgefeiert. Damals war das üblich. Die Musik brauchte man nicht zu bezahlen, sondern die Bräute mussten vor der Musik tanzen und forderten die Männer auf. Und die gaben dann, je nach dem. Also der erste war selbstverständlich ich. Ich weiß noch, ich habe damals einen 20-Mark-Schein in den Hut gelegt.

Was war das für eine Kapelle?

Mensch, Wagner hieß der eine...

Hochzeit, 19.9. 1924

Nein, wie viel Leute waren das?

Drei. Ja, die machten dann immer die ganze Nacht durch.

Was haben die denn gespielt? Was für Instrumente?

Geige... und denn Trompete. Und das andere, das weiß ich nicht. Ob das nun 'ne Trommel war? Heute hätte ich's gewusst, aber damals habe ich mich noch nicht so für Musik interessiert. Ja, und ich habe dann getanzt, aber nur ganz kurz. Ich bin nur so halb rum. Weil ich wusste, was ihr bevor stand. Sie musste die ganze Nacht ununterbrochen tanzen.

Nachher, wie dann Schluss war, bin ich zu den Musikern gegangen und habe gefragt: »Wie ist das hier, muss ich was zubezahlen, oder ist das...?«

»Nee, Adolf, dat is in Ordnung. Wir sind gut taufree (zufrieden).«

Damit brauchte ich die Musik nicht zu bezahlen. Morgens um Sechs war's vorbei. Die ganze Nacht durch.

Vorher um Zwölf, Eins rum oder zwei Uhr, wollten verschiedene Ältere schon weg.

»Ja, schütt noch mal wat eeten (Ja, sollten noch mal was essen).«

Und dann sagte die Kochfrau: »Ja, ist nichts mehr da.«

Ich habe das nicht so tragisch genommen, aber meine Mutter hat sich darüber sehr aufgeregt. Und ich bin später dahinter gekommen, dass erstens der Gemeinderat nebenan in der Gastwirtschaft Sitzung gehabt hat. Und der Mann von dieser Kochfrau war mit im Gemeinderat. Die haben also auf meine Kosten, oder auf meiner Eltern Kosten, will ich mal mehr sagen, erst mal akkurat gegessen.

Das einmal. Da will ich noch nicht mal was gegen sagen. Aber wie ich dann sagte: »Ik begriepe (begreife) dat nich, wie dat möglich is.«

Die das beobachtet hatten, die sagten mir dann vier, fünf Tage nach der Hochzeit: »Odolf, du begriepest dat nich? Dann pass mal up, wenn wi seggen, wennse mit'm Wäschekorb komen daet, und de Frue (Frau), de recket ut 'n Fenster rut (reicht ausm Fenster raus) und füllt 'n ganzen Wäschekorb, denn wird dik dat doch wohl allmählich klar. Un dat is nich dat einzige ween.«

Also da haben die gestohlen. Danach hab ich solch eine Wut darüber gekriegt, darum habe ich keine Silberhochzeit gefeiert.

Da hab ich gesagt: »Wir wollen den Teufel tun. Für andere Leute? Einmal haben sie mich ausgenommen, zum zweiten Mal nicht wieder!«

Die Gäste konnten ja nichts dazu. Das war ja die Kochfrau, die hier alles unter sich hatte. Man brauchte sich um gar nichts zu kümmern. Mensch, ich komme nicht auf den Namen. Na, ist ja auch egal. Der Junge war in Amerika. Damals. Na ja, also siehst du, so was musst du dann erleben.

Ja, und dann kommen wir morgens um Sechs nach Haus. Ich konnte so nicht rein. Ich hatte ja abgeschlossen und den Schlüssel in die Tasche gesteckt. Jetzt will ich aufschließen – ich kann auf- und zuschließen – aber die Tür geht nicht auf.

Nanu? Hab's fünf oder sechs Mal versucht. Donnerwetter, was ist denn da bloß los? Morgens um Sechse. Ich war hundemüde, kam von der Hochzeitsfeier, meine Eltern konnten nicht rein, meine Frau konnte nicht rein. Wir vier waren es ja nur. Konnten nicht rein. Ich musste dann über den Hof, musste 'ne Leiter herholen. Damals hatten wir noch so 'ne Veranda vorgebaut mit einem Dach. Auf das Dach klettern, 'ne Scheibe einschlagen, den Griff hoch ziehen, Fenster aufmachen und komme dann ins Zimmer rein. Und da sehe ich unten, da ist der Riegel vorgeschoben.

Wie ist so was möglich?

Ja, da sag ich: »De sind mit 'n Dietrich hier biewen (beigewesen) und is opeschloten (aufgeschlossen) worn.«

Und so war das auch. Das waren Adolf Otto und Otto Stellfeld und August Brandes und Karl-Heinz Hoffmann. Die sind auch im Keller gewesen. Die waren nicht eingeladen. Zur Verlobung hatte ich sie gehabt, also meine Freunde, sagen wir mal.

Und weil die nicht eingeladen waren, sind sie in den Ladenkeller, haben da aufgebrochen und haben sich Torten und Trinken rausgeholt. Es stand aber mehr da. Sie haben, das muss ich sagen, nicht im üblichen Sinne gestohlen. Damit will ich sagen: nicht genommen, was da war, sondern was sie brauchten – glaubten zu brauchen –, das haben sie mitgenommen. Da habe ich dann auch gar nichts zu gesagt, wie ich das sah. Denen das auf den Kopf zusagen? Da lachense.

»Ja, meinst du denn, du schast da alleine fiern (du sollst alleine feiern)? Wi möget de Torten ook (Wir mögen die Torten auch). Und 'n lüttjen Schnaps und 'n Cognac möchten wir ook. Denn hast du *da* gefieret, und wie hett *hier* gefieret und hett dik 'n paar Mal hochleben laten (Denn hast du *da* gefeiert, und wir haben *hier* gefeiert und haben dich ein paar Mal hochleben lassen).«

Wenn du's richtig nimmst, war's Diebstahl, Einbruchdiebstahl. Aber, wie gesagt, die haben noch nicht mal die Hälfte von dem genommen, was ich da noch bereitgestellt hatte.

Ja, und nun kamen wir ins Bett. Und Oma, die war so müde. Da haben wir keine Hochzeitsnacht oder -morgen gehabt. Da sind wir schön ins Bett gegangen und haben schön geschlafen.

Ich sage: »Du bist kaputt, und ich bin kaputt. Diese Anstrengung und Aufregung...«

Ach, ich war ja in Hermannsburg ein Jahr auf der »Christian-Schule«. Da kam der Wieke, Adolf Wicken, na, ich weiß nicht. Wiechern! Wiechern hieß er, nicht Adolf, sondern... Wiechern. Der konnte reden. Er ist nachher auch als öffentlicher Redner überall aufgetreten. Das hat man in der Schule schon gemerkt. Der kam abends so um Klocke Achte (acht Uhr) und gratulierte. Er wäre hier durchgekommen und hätte zufällig davon gehört. Na ja, da habe ich den natürlich zum Abendbrot eingeladen. Und fragten alle: »Ja, wat is 'n dat für'n Keerl?«

Den kannten Sie ja nun nicht. Ja, das war meine Hochzeitsnacht.

Und habt ihr dann auch eine Hochzeitsreise gemacht?

Nein, nein, nein, nein, das hat uns genug Geld gekostet. Da haben wir gesagt: Das lassen wir, das sparen wir.

Ich musste ja auch die ganzen anderen Sachen bezahlen. Nein, Hochzeitsreise nicht. Dann haben wir schön gearbeitet.

Ja, sie war sparsam, sie war fleißig, sie konnte was. Wenn wir uns mal zankten, von wegen Klugheit, dann sagte sie immer: »Schweig du still. Du bist ja nie der Oberste gewesen.«

Ich bin Zweiter gewesen. Heinrich Heinecke, der war genauso alt wie ich, ein Tag jünger wie ich. Wir sind also im selben Wasser getauft worden. Der konnte schreiben, also da war ich 'ne Null gegen. Wie heutigen Tages die Gelehrten, so 'ne Schrift. Im Schreiben war der mir haushoch überlegen. Meine Krickelei, die war erbärmlich. Das nur nebenbei gesagt. Ich war immer Zweiter gewesen. Na ja, spielt ja auch keine Rolle.

LEBEN UND STERBEN LASSEN

Dann waren wir sechs Monate verheiratet. Da hatten wir auch noch zwei Kühe. Nebenan, wo wir gegessen haben, war der Kuhstall. Meine Eltern hatten immer zwei Ziegen. Meine Schwiegermutter schenkte uns dann noch ein Rind, was hoch tragend war und da geboren hat. Und dann hatten wir Milch. Weil Lina, also Oma, keine Ziegenmilch mochte.

Kurz und gut, ich bin gerade beim Ausmisten, da kommt Lina und sagt zu mir: »Du, Adolf, ich glaube ich sitze fest.«

»Tja, was?«

»Ja. Vorgestern hätte ich schon die Tage haben müssen, und die sind nicht gekommen«.

»Och, die kommen noch, vielleicht.«

»Ich glaub es nicht«, sagt sie.

Im September haben wir geheiratet und deine Mutti ist im Juli geboren. Nun kannst du dir selber ausrechnen...

Also sie hat einmal noch ihre Tage gehabt, wie wir verheiratet waren, und dann nicht wieder.

»Ja, was machen wir?

Ich konnte abtreiben.

»Ja, was meinst du?«

»Mensch ich weiß nicht, ich habe keine große Lust dazu«.

Ich sage: »Richtig, lassen wir das.«

Hätten wir das gemacht, dann wäre deine Mutti nicht geboren worden. Na, dann war sie ja geboren. Da haben wir ja mehrere Aufnahmen von gemacht, wie sie im dritten Monat und wie sie im achten Monat war und so. Davon gibt's überall Aufnahmen.

Ja, und da kam dann unsere Tochter. Gisela.

Ich sage: »Wenn's 'n Junge ist, bestimme ich den Namen, und wenn's 'n Mädchen ist, bestimmst du den.«

»Ja, wie soll er denn dann heißen?«, sagte sie dann. »Du weißt ja gar nicht, ob es ein Junge wird.«

Ich sage: »Wenn es ein Junge wird, dann heißt er Adolf. Das steht bombenfest. Ja, und wenn es ein Mädchen wird...«

»...dann heißt sie Gisela«, sagt sie.

Ich sage: »Gut, dann heißt sie Gisela.«

Gab's gar keine Debatte drum. Na ja, und dann war das die Gisela. Diesen Sommer war das so furchtbar heiß im Juli. Ich war gerade verabredet. Meine Schwiegermutter hatte noch Korn, und ich wollte morgens hin zum Mähen. Ich mähte, und sie nahm ab.

Das war auch eine fleißige Frau, das sag ich dir. Die war sparsam und fleißig. Kann ich nur ein hohes Lied von singen, von der Frau. Und hat nicht viel gehabt in ihrem Leben. Die waren zehn oder elf Jahre verheiratet, und dann ließ die ihren Mann dahinten in Frankreich, nicht war, oder in Belgien. Und dann hat sie nicht wieder geheiratet.

AN DIE KOCHPÖTTE

Mein Vater starb ja schon im September. 24. September hatten wir, glaube ich, Hochzeit. {19. September 1924}. Und kurz vor Weihnachten, also im selben Jahr, ist mein Vater gestorben.

Dann sind meine Mutter und ich hin gewesen zum Notar. Meine Mutter hat gesagt, sie hätte keine Lust mehr auf den Betrieb. So ist das aufgenommen worden, dass ich Inhaber würde und sie verpflegen müsste – in guten und in schlechten Tagen. Damit war der Fall erledigt.

Meine Mutter war ja Köchin gewesen. Oma, also deine Oma, die war schon sechs, acht Wochen, ein viertel Jahr, zeitweise bei uns.

Da kam sie mal an und sagte, »Du, Adolf! Mensch, ich komme hier überhaupt gar nicht an die Kochpötte ran.«

»Ja«, sage ich, »da hast du ja auch Recht.«

Mir war das überhaupt nicht aufgefallen.

Meine Mutter, die kochte immer. Also es lag so'n kleiner Vorwurf darin. Aber nur ein kleiner.

»Ja, da hast du auch Recht. Ich spreche mit ihr.«

Ich sage: »Du, Mutter, hör mal zu. Lina müsste jetzt eigentlich auch mal... Wenn du mal nicht mehr bist, dann schall de doch kooken (dann soll sie doch kochen).«

Ich habe das nicht gesagt, dass sie das gesagt hätte.

»Jetzt kannst du ihr noch wat biebringen (etwas beibringen)«, sagte ich zu meiner Mutter, »aber wenn du mal nicht mehr bist, wat denn?«

»Du, Junge, da hast du auch Recht«, sagt sie.

Und dann sagte sie – zwei Tage vorher war das: »Lina, du pass mal up. 'n Sönndag schast du nun mal dat Eeten kooken (Sonntag sollst du nun mal das Essen kochen)«.

Ohne dass überhaupt ein Wort fiel. So einfach ist das gelaufen.

»Und wenn du nich wieter weißt (weiter weißt), dann kumm her und frog mik (frag mich).«

Das hat sie auch noch gesagt, das weiß ich noch.

Danach reute es sie schon.

»Mäken, nun reg dik mal nich up (Mädchen, nun reg dich mal nicht auf).«

Was da geschehen ist, das weiß ich nicht.

»Dat geit dich nich nur so, dat hat allen so 'gangen (Das geht nicht nur dir so, das ist allen so ergangen).«

Ich weiß nur, dass ich einmal von meiner Mutter gehört habe: »Haste denn Solt dranne don (Salz drangetan)?«.

»Nee, Solt? Ach so, an de Suppe.«

Also so 'ne Kleinigkeiten, aber damit habe ich mich nicht so viel abgegeben. Für mich war die Hauptsache: Suppe musste da sein. Und dann war es eine Zeitlang her, da sag ich: »Du, Menschenskind, de maket dat doch ganz schön.«

»Tja, dat dahet se ook (das tut sie auch).«

Und dann sagte sie zu mir: »Dat kann ook sunst (Die kann auch sonst)... Mik fallt dat sowieso schon 'n beten schwer (Mir fällt das sowieso schon ein bisschen schwer). Dann loot de jetzt doch dat immer moken (Dann lass sie das doch jetzt immer machen)«.

Ich sage: »Mutti, da haste aber ook 'n wahret Wort geseggt.«

Guckte sie mich an, und ich brauchte nichts andres zu sagen. Da habe ich mich drüber gefreut.

Und dann habe ich gesagt: »Du, Lina, du bleibst jetzt in Gange und kochst. Meine Mutter ist damit einverstanden.«

Na ja, und von da an hat sie immer gekocht.

Sie war ja nicht dumm. Ihr ging es aber ähnlich so wie mir: im Schreiben, nicht wahr, Buchstaben, Worte schreiben, da war sie auch keine Königin. Die hatten damals noch nicht mal die lateinische Schrift gelernt. Immer nur deutsche Schrift. Und wenn lateinische Briefe kamen, dann musste ich ihr das vorlesen. Kann man sich gar nicht vorstellen, aber so war das.

Und dann hatten wir noch die Petroleumlampen, noch kein elektrisch Licht. Petroleum, siehst du. Und 1921, oder '20 war das, da kriegten wir Licht, von Amme, von der Mühle – Gleichstrom. Ja, und dann hatten wir Licht.

KONFIRMATION UND EIN KLUGER KOPF

Jetzt war Gisela zwei oder drei Jahre alt. Das muss 1927 gewesen sein, im Frühjahr. Da habe ich mir als erstes ein Schnock gekauft, ein Motorrad mit Hilfsmotor. Und damit sind wir beide nach Wiedenrode gefahren, zu einer Konfirmationsfeier. Ende Mai war das. So wunderschönes Wetter! Und dann wurde von den Straßenseiten immer – das ist Lehmboden da –, die Erde in die Mitte aufgeschaufelt. Und wir fuhren ja rechts, nicht wahr.

Ich hatte vorher so 'ne lüttje Prüfung machen müssen. So ungefähr: »Wie heißen Sie?«
»Adolf Amme.«
»Wann sind Sie geboren?
»22. Oktober 1897.«
»Was ist das hier?«
»Ein Motorrad.«
»Und womit wird das betrieben, damit das läuft?«
»Ja, da nimmt man Benzin dazu.«
So 'ne Fragen waren das.
»Nun fahren Sie mal.«
In Burgdorf hab ich die Prüfung machen müssen.
»Jetzt kommen Sie mal her und fahren Sie mal 40 Km/h.«
Tachometer war nicht dran.
»So ungefähr«, sagt er. »Und bei mir, direkt hier bei mir, da halten Sie. Hier bremsen Sie mal. Dass sie hier direkt bei mir stillhalten.«
Na ja, ich fuhr dann hin und hab da natürlich gehalten. Hab dabei mit den Reifen so stark gequietscht – weil ich wohl eine größere Geschwindigkeit drauf hatte –, dass das Hinterrad seitwärts ging. Und ich war dann mit den Beinen am Boden. Der Schwung war weg. Bin nicht gestolpert oder so.
»Ja, sehen Sie wohl«, sagt er, »immer allem die Geschwindigkeiten anpassen.«
Aber damit hatte ich meinen Führerschein.
Jetzt sind wir auf dem Weg nach Wiedenrode. Nun musst du dir denken, Sattel war nicht da. Hier ist der Lenker. Ich sitze hier, und

wo der Benzintank war, mitten zwischen meinen Händen, da vorne sitzt Gisela.

Ich komme durch Bröckel durch, da steht ein Polizist an der Straße. Ich sehe nur noch, wie der den Kopf schüttelt. Wie so was möglich ist. Aber da hat der Polizist nichts gesagt. Ich meine, wenn das heute wär, die glaubten doch, die Welt ginge unter, wenn das einer machen würde.

Und kurz vor Wiedenrode kam der Uetzer Sängerverein. Der Gesangsverein von Uetze – die fuhren da mit ihren Fahrrädern. Nun musste ich die überholen. Die Fahrräder fuhren rechts. Zum Überholen musste ich über diesen Damm rüber. Lehmboden – das wusste ich nicht. Bautz Zock, da lagen wir alle beide an der Erde.

Da ist Gisela gelaufen. Die hatte nur noch fünfzig Meter zu laufen, dann war sie auf dem Grundstück von ihrem Onkel. Und ich habe mein Rad hochgekriegt, dass die das nicht sahen. So kam ich an.

Mit Wiedenrode verbindet mich noch folgendes: Wie die Konfirmation da war, waren die Plätze verteilt. Wilhelm Hanne war der Schulmeister. Da kamste das erste Jahr hin, und da kamste das letzte Jahr raus. Der hatte alle Klassen und alles in einen Raum. In einem Raum – stelle dir das vor! Wie das früher gewesen ist.

Dann gab es Mittagessen. Und da merkte ich schon: Mensch, da sitzt 'n ganz intelligenter Bursche. De köre nich nur von den Swienen (der redet nicht nur von den Schweinen) und wie dat utsieht, sondern der hatte auch anderen Themen. Und dann, als das Essen vorbei war, kamen wir zusammen.

Na, Gott sein Dank! Wenigstens auch ein vernünftiger Mensch. Ja, und da haben wir beide uns angefreundet.

Und da sagt er – wir sagten immer noch Sie: »Passen Sie mal auf: Bienen...«

Ich sage: »Ich habe auch Bienen.«

»Ja, dann gehen wir mal rüber.«

Dann habe ich seine Bienen besichtigt. Und seit der Zeit bestand eine sehr gute Freundschaft zwischen Wilhelm Hanne und mir – durch diese Bienengeschichte.

In späteren Jahren wusste Oma das gar nicht anders: Der erste Mai, wenn wir gegessen hatten, war ihr Mann in Wiedenrode bei

Wilhelm Hanne und stellte immer fest, dass seine Bienen weiter waren als meine.

Und nachdem ich das zwei, dreimal gesehen hatte, sag ich: »Ich begreife das nicht. Ich nehme doch alles und versuche alles, Mensch, und deine, Wilhelm...«, da duzten wir uns schon, »deine sind immer besser als meine.«

Da meinte er: »Tja, Adolf, ist dir das denn 'n Rätsel?«

»Ja, das is mir 'n Rätsel.«

»Na, guck mal euren Boden an und denn guck meinen Boden an. Guck mal, was ich hier für Löwenzahn hab. Was hier für Boden ist.«

Wiedenrode, das heißt Lehmboden. Da habe ich von dem zum ersten Mal gehört, dass Blumen oder Sträucher, alles in gutem Boden wesentlich mehr Nektar spendet, wie in schlechtem Boden. Na ja, siehste, so wirst du dann langsam immer klüger und klüger.

VIER SCHWEINE FÜR EIN MOTORRAD

Und dann kam hinterher, nach dieser Fahrt, die NSU. Schnock reichte dann nicht mehr. Rechteckskurven hätte ich mit der gar nicht richtig fahren können. Ob ich wollte oder nicht. NSU musste es sein, die 250er NSU. O, das war mein Traum!

Oma kannte sich ja nicht aus.

»Ja, weißt du, was wir machen? Vier Schweine, also vier Ferkel, kaufen wir uns, und die füttern wir groß. Und im Herbst verkaufen wir die, dann haben wir 800 Mark oder so zusammen. Und für 800 Mark kriegen wir ein Motorrad.«

So ungefähr. Also vier fette Schweine hätten wir dann. Gesagt, getan. Also mindestens im Juni waren das schon schöne, akkurate Schweine.

Damals fuhren wir immer die Zuglinie von Braunschweig nach Celle von der Station Uetze aus. Jetzt ging ich immer an allen Motorradläden in Celle vorbei, um zu gucken und mich zu informieren.

Im Herbst willst du ja ein Motorrad kaufen. Was kaufst du denn? Ja, die NSU. Ja, was die kostet! Ist 'n gutes Rad.

Ich komme bei dem Meier vorbei, am Grünen Plan, oder wie das da heißt, mitten in Zentrum. Kurz vor Karstadt, wenn du vom Bahnhof kommst.

»250er NSU, 100 Mark unter Neupreis. Noch nicht zugelassen.« Ich gucke noch mal, ob ich mich nicht versehen habe. Ich rein.

Ich sage: »Herr Meier, sie haben da die NSU.«

»Ja, wieso?«

Ich sage: »Ja, was ist da dran?«

»Wieso dran? Die ist fabrikneu. Die ist erst gekommen.«

Ich sage: »Und warum wollen Sie 100 Mark unter Wert verkaufen?«

»Ja, die hatte einer bestellt«, sagt er, »und wie er den Kaufvertrag machte, musste er 100 Mark anbezahlen. Sonst hätten wir das nicht angenommen. Und jetzt hat er abgewinkt, er könnte sich's nicht leisten. Das ginge nicht. Ich hatte ihm gesagt: ›Ja, dann sind Ihre 100 Mark verloren.‹ Ja, aber er könnte da nichts dran machen. Es wäre unmöglich, er könnte das nicht, weil er kein Geld hat. Und diese 100

Mark, die gehen jetzt ab, damit wir die Maschine wieder verkaufen können.«

»Kann ich sie mal sehen?«

»Ja.«

Pikobello, wunderbar.

Ich sage zu Herrn Meier: »Hören Sie mal zu, das Motorrad kaufe ich. Das nehme ich mit.«

»Ja,« sagt er zu mir, »was heißt Mitnehmen?«

Ich sage: »Tja, ich nehm's jetzt gleich mit«.

Da sagt er: »Hören Sie mal zu, Sie sagen, Sie heißen Herr Amme, Adolf Amme. Ich glaube Ihnen das. Sie machen 'n ehrlichen Eindruck. Aber finden Sie nicht auch, dass das 'n bisschen viel verlangt ist?«

Ich sage: »Wieso?«

»Ja, sehen Sie mal an, können Sie überhaupt bezahlen?«

»Ja, ganz gewiss. Im Herbst, 1. Oktober, bezahle ich das.«

»Herr Amme, richtig. Glaube Ihnen auch das. Aber 'n bisschen müssen wir doch... Passen Sie mal auf, erstmal weiß ich gar nicht – es kann ja jeder kommen und Adolf Amme sagen – ob Sie das sind?«

Ich sage: »Ja, das können Sie leicht haben. Kennen Sie die Firma Bertram & Co.?«

»Ja, natürlich! Mit dem Herrn Bertram bin ich sogar im Schützenverein. Wir duzen uns, sind Freunde.«

Ich sage: »Rufen Sie Herrn Bertram an und sprechen Sie mit dem. Ich will ihn sowieso auch noch sprechen.«

»So, soll ich?«

»Ja, ich möchte die Maschine mitnehmen.«

»Herr Amme, so geht das nicht. Aber ich rufe den mal an.«

»Ja, bitteschön.«

»Herr Amme, Sie möchten mal an den Apparat kommen«.

Ich sage: »Ja, Herr Bertram...«

»Och, Herr Amme, ich höre es schon, Sie sind es.«

Ich sage: »Herr Bertram, bei der letzten Sendung, da haben Sie mir einen Topf geliefert, und der war gesprungen. Ich hatte das dem Puttje schon gesagt. Gleich.«

»Ja, das hat er gesagt, Herr Amme. Das geht klar. Bei der nächsten Lieferung bekommen Sie Ersatz. Und den Topf geben Sie dann einfach mit. Rufen Sie mal Herrn Meier ran.«

Herr Meier kam ran. Dann kam er und lachte.

»Und? Was hat er gesagt?«
»Also, Herr Amme, dass Sie Adolf Amme sind, das ist klar.«
»Ja, und wegen der Zahlung?«
»Also Sie haben nicht eine Mark Schulden bei ihm und wären langjähriger Kunde. Und er würde sagen, wenn er die Maschine weggeben hätte, würde er sie Ihnen geben.«
»Na also. Was wollen Sie noch?«
»Ja, Herr Amme, nun passen Sie mal auf: Sie haben gesagt, Sie wollten jetzt das Motorrad mitnehmen.«
»Ja, will ich. Mit dem Zug. Und zwar, ich darf gar nicht mehr lange...«
Ich weiß nicht, 'ne halbe Stunde oder was ich noch hatte, bis der Zug fuhr.
»Arbeiten Sie auch mit der Bank?«
Ich sage: »Ja, mit der Spar- und Darlehnskasse in Uetze.«
»Haben Sie was dagegen, wenn ich da mal anrufe?«
Ich sage: »Nein, bitteschön. Rufen Sie da gerne an.«
»Sie nehmen mir das nicht übel?«
»Nein, nein, rufen Sie an.«
Er ruft an.
Nach ein paar Minuten kommt er wieder und lacht.
Ich sage: »Na, was haben sie gesagt?«
»Ja, Herr Amme, was sie gesagt haben, kann ich Ihnen wortwörtlich sagen: ›Wenn Adolf Amme ein Motorrad kauft, dann bezahlt er's auch. Und wenn er zwei Motorräder kauft, dann bezahlt er auch die zwei – wenn es Adolf Amme ist!«
Das hatten sie noch hinterher gesagt.
Ich sage: »Ja, und nun?«
»Dass Sie Adolf Amme sind, das weiß ich durch Herrn Bertram. Also, bitteschön, nehmen Sie es mit.«
Ich habe mein Motorrad mitgenommen und musste natürlich vier Wechsel unterschreiben. Nein, 100 Mark habe ich ja bezahlt, 700 hat es zuerst gekostet. Ich habe vier Wechsel unterschrieben, à 150 Mark.
Da habe ich zu ihm gesagt: »Tun Sie mir einen Gefallen, setzen Sie die Wechsel nicht in Umlauf. Ich bin allerspätestens am 1. Oktober bei Ihnen und bringe das Geld. Und Sie geben mir dann meine Wechsel wieder.«

Im Herbst wurden ja immer die Schweine verkauft, dann waren die fett.

»Ist gut, ist in Ordnung, Herr Amme, wird gemacht.«

Mitte September, 14. oder 15., kommt hier Lewin – Grotewolt nannte man den –, der kaufte Schweine auf und auch Kartoffeln.

»Du, Odolf, ik hebbe hört, du herrst veier schöne swine sitten, de riepe sind taun Schlachten (ich hab gehört, du hast vier schöne Schweine sitzen, die reif zum Schlachten sind).«

»Ja«, segg ik.

»Ik hebbe hört, du wost de erst im Oktober verköpen, denn herrense tauenommen (du willst die erst im Oktober verkaufen, dann haben sie zugenommen), noch mehr.«

Ik segge: »Jau, det her ik eigentlich vor (Ja, das hab ich eigentlich vor).«

»Odolf, ik bruke dringend wecke (ich brauche dringend welche). Giff mik de veire her (Gib mir die vier). Dissen Pries, den ik dik jetzt beie (Diesen Preis, den ich dir jetzt biete), den krichst du am ersten Oktober nich (den kriegst du nicht am 1. Oktober). Un dat wat du dann rangefüttert hest, dat hest du verloren.«

Ik segge: »Ja, ik will mal seien (sehen). Wat giffste mik denn (Was gibst du mir denn)?«

»Odolf, ik gebe dik zwei Pennig mehr, ook drei Pennig mehr. Ik will se mik mal anseien (Adolf, ich gebe dir zwei Pfennig mehr, auch drei Pfennig mehr. Ich will sie mir mal ansehen).«

»Ja, kumm man her.«

»Ja, de Swiene gefallt mik. Odolf, du krichst 70 Pennig vor dat Pfund. Lebendgewicht. 66 kostense normal. Ik gebe dik 70 Pennig for de Swiene, weil ik se dringend bruke (brauche). Grade veire bruk ik (Grade vier brauch ich). Disse bruk ik. 70 Pennig krichste. Biste mit inverstan (einverstanden)?«

Ich fing im Kopf an zu rechnen. Mensch, du kriegst die Summe von den Schweinen raus. Du brauchst gar nichts mehr zuzugeben. Ich tat so, als wenn ich noch Zweifel hätte, aber in Wirklichkeit war ich am Rechnen.

»Ja, wann wüttse de denn wegholen (wann willst du die denn wegholen)?«

»Ik kumm gliek (Ich komm gleich) mit'm Wagen und hol se weg. Denn weegen (wiegen) wir se. Und denn kannste glieks deen Geld kreegen (denn kannst du gleich dein Geld kriegen).«

Ik segge: »Jawoll. Dat is in Ordnung. Hol du dien Wagen.«

Dann hat er den Wagen geholt.

Dies war vormittags. Dann bin ich gleich am Nachmittag, um zwei oder drei Uhr, nach Celle gefahren.

»Hallo, Herr Meier.«

Er kannte mich wieder.

Erstmal stutzte er, dann sagte er: »Ach, ja, Herr Amme. Na, Herr Amme, ist was?«

Ich sage: »Herr Meier, holen Sie doch mal die Wechsel her. Ich möchte die gern noch mal ansehen.«

»Wieso? Warum denn das, Herr Amme? Sie wissen doch, was Sie unterschrieben haben.«

Ich sage: »Nein.«

Dann habe ich die Scheine da hingeblättert.

»Ja, aber das haben Sie doch noch gar nicht nötig, Herr Amme.«

Ich sage (lacht): »Die drücken, die drücken! Ich kann so nicht schlafen. Geben Sie mir die Wechsel. Hier haben Sie Ihre 600 Mark.«

»Ja, Herr Amme«, sagt er zu mir, »solche Käufer wie Sie, die müsste man öfter haben.«

Wann war das? Welches Jahr?

Ja, ich überlege gerade. Das muss gewesen sein – Hitler war noch lange nicht dran – warte mal: '24 habe ich geheiratet, im September. '25 ist deine Mutter geboren. '26/27 hatte ich die Schnock. Das muss '27 gewesen sein. Denn '28 war das bombastische Honigjahr. Und da habe ich das D-Rad schon gehabt.

Die NSU habe ich nur ein Jahr oder 1½ Jahre gefahren. Folgendes: die hatte noch keine Kette, sondern einen Riemen. Und dann fuhr ich mit einem, der hieß Fries. Der war Versicherungsvertreter. Der kaufte hier viel, und mit dem hatte ich mich angefreundet. Mit ihr vor allen Dingen. Er holte immer, jeden zweiten oder dritten Abend, holte er Sprengel-Schokolade, die Echte. Die kostete damals 1,30 Mark.

Wir fuhren immer zusammen. Weil Oma so gern herumfuhr –

nicht ich. Ich war immer für Sparen, aber Oma wollte gerne umher. Und mit Fries sind wir dann auch in den Solling gefahren. Da waren ja ein bisschen mehr Berge, und die NSU hatte noch Keilriemenantrieb. Der Motor schaffte das, aber der Keilriemen nicht. Der war nun wohl auch schon abgenutzt. Wir haben viel gefahren, jeden Sonntag. Da waren ich und Lina unterwegs, und dann fing der Keilriemen an zu rutschen und kam nicht rüber. Jetzt musste Oma absteigen. Alleine fuhr ich ja mit hoch, bis zur Spitze.

Sie sagt: »Du, soweit kommt es. Ich laufe jetzt die 500 Meter.«

Ich sage: »Ja, dann fahre du doch.«

»Das kann ich nicht.«

Aber das ist nur einmal passiert. Und dann war Oma am Meutern: »Mensch, Adolf, was ist das für eine Maschine. Ich muss laufen, den nächsten Berg hoch, und dann muss ich noch schieben helfen.«

Ich sage: »Ja, nee. Ich kaufe 'ne größere.«

IN DER SCHWEIZ UND ANDERSWO

Die NSU war zu klein, wie gesagt, weil das rutschte. Und dann war mein nächster Traum das D-Rad, Deutsche Industrie-Werke, Spandau. Und dann bin ich 1928 in Berlin gewesen und habe das selbst abgeholt.

Wenn ich wegfahren wollte mit dem Motorrad, musste es ja zugelassen sein. Musste ich ja mindestens eine Nacht übernachten. Vorsichtshalber, da ich ja nicht wusste, wie schnell das geht, war ich bei Buchholz. Da war 'ne große Freundschaft zwischen meinen Eltern und denen. Und auf die Kinder hatte sich das übertragen. Emma, die Tochter von Buchholz, wohnte dort. Die hatte einen geheiratet, der war auf dem Finanzamt in Berlin. Wie ich später gewahr geworden bin, ein hochintelligenter Mann, eine Koryphäe – geistiger Art. Mit dem bin ich noch mal in Berührung gekommen, das hatte mir große Dienste getan. Aber das ist eine andere Sache.

Nun sehe ich mich in Berlin ankommen mit dem Zug und wollte nun zu denen hin. Ich weiß nicht genau den Namen, wie die hießen. Sie war eine geborene Buchholz. Und ich hatte mich erkundigt. Ja, da und da musst du mit der U-Bahn fahren.

Na ja, ich kam von der Provinz. Ich gucke. Da läuft die ein. Tja, gucke noch mal. Tja, das müsste sie ja sein. Geh nun ganz gemütlich hin und will einsteigen. Klapp, da gehen Türen zu und dann fährt sie. Ich stehe da und mache ein kluges Gesicht.

Da sitzt zwei Meter vor mir einer auf der Bank, so ein älterer Herr, und fängt an zu lachen.

Der sagt: »Sie kommen wohl aus der Provinz.«

Ich sage: »Ja, da können Sie sicher sein.«

»Ja, das hab ich gemerkt«, sagt er. »Macht ja nichts. Wo wollen Sie denn hin?«

Ja, da und da.

»Ja, da sind Sie richtig. Da hätten Sie mit fahren können. Aber trösten Sie sich, in zwei Minuten ist die nächste da. Brauchen nur zwei Minuten zu warten. Hier müssen Sie ganz fix sein. Hier geht das ruckzuck. Entweder rein oder raus. Und wer nicht drin ist oder raus ist, da ist abgeschlossen. Die Türen sind zu. Fertig.«

Die nächste kam. Da sagte er mir noch die Straße, wann ich aussteigen müsse. Ich weiß nicht, vierte oder fünfte Haltestelle. Der kannte sich genau aus.

Na, bei der nächsten war ich natürlich drin. Und dann kam ich dahin. Na gut. Und jetzt wurde die Maschine nicht fertig. Das zögerte sich länger hin. Ich musste noch eine zweite Nacht da schlafen. Wenn ich heute daran denke... Ihre Eltern und meine Eltern waren dickste Freunde. Dadurch war ja auch die Bekanntschaft. Also ich habe da gegessen und getrunken, als wäre ich zu Haus.

Den zweiten Tag, um die Mittagszeit rum, war alles fertig. Da hat das aber noch länger gedauert. Nummernschild etc., weißt ja, dies ganze Gedöns. Und eh das in Gang kam, wurde das wahrhaftig schon spät Nachmittag. Die Behörden arbeiteten damals so, wie heute auch. Immer mit der Ruhe. Keine Hasenjagd.

Ich hatte mir gedacht, das wird von der Fabrik alles gemacht und fertig. Du hast bezahlt, setzt dich drauf und dann fährste los. Nach dem Mittagessen, ich glaube, um Zwei rum, sollte ich wieder da sein, nicht wahr, also nachmittags, dass ich denn losfahren konnte. Und dann war das auch soweit.

»Ja, hier ist Ihre Maschine.«

Aber ohne elektrisch Licht. Noch mit Karbidlampe. Habe aber Karbid mitbekommen. Ich musste Richtung Hannover. Bekam eine Dose mit.

»Höchstens wenn das Karbid alle sein sollte, dann müssen Sie Wasser reinkippen. Sonst brauchen Sie nichts zu machen.«

Die Maschine angelassen. Nun hatte ich ja noch nie so ein D-Rad gefahren, das größere Rad. Von 'ner 250er auf 'ne 500er.

Dann hatten die so einen größeren Hof.

»Na, setzen Sie sich mal rauf. Da ist Gas, da Bremse.«

Ja, das ist da.

»Aber fahren Sie erst vorsichtig. Wenn Sie die Maschine kaputt fahren – die Maschine ist Ihnen ja übergeben –, das geht dann auf ihr Konto«, sagte der, »nicht auf unser.«

Ich bin dann vorsichtig gefahren. Ja, drei Gänge waren drin. Prima.

»Jawohl« und »Ja« und »Sehe ich«, sagt er. »Ja, das ist schon gut.«

Nun biste in Spandau, in der Stadt, weißt nicht, wo führen die

Straßen hin? Wo kommste raus – den kürzesten Weg. Es pressiert sowieso, eilmäßig. Ich hatte kein elektrisch Licht, sondern Karbidlampe dran.

Und dann hab ich eine Angestellte von dem Werk da gefragt:

»Nun passen Sie mal auf, tun Sie mir einen Gefallen. Ich bezahle das, dass Sie mir einen Mann mitschicken, der mich erstens bis dahin bringt, wo die letzte Bahn ist, von wo er zurückfahren kann. Geht auf mein Konto. Dass ich dann die Heerstraße habe.«

Damals gab's keine Autobahn.

Einer von den Verkäufern brachte mich dann dahin.

»Passen Sie mal auf, Herr Amme. Ich fahre Sie jetzt bis zur letzten Haltestelle.«

Ob's nun U-Bahn war, das weiß ich nicht.

»Dann sind Sie vollständig aus der Stadt raus. Dann haben sie freie Wildnis vor sich.«

So ungefähr.

»Sind zwar noch Häuser, aber dann brauchen Sie nur noch immer geradeaus zu fahren.«

»Jawohl.«

Ich habe hinten draufgesessen, und dann sind wir losgefahren. Für den war das ein Klacks. Dann war ich da.

Da sagt er: »So, Herr Amme, mein Zug fährt. Sehen Sie, dahinten kommt er schon. Hals und Beinbruch! Also viel Glück!«

Und dahin ging er.

Nun stand ich da mit meinem Motorrad. Habe mich dann draufgesetzt. Losgefahren. Ersten, zwoten, dritten Gang. Da waren noch Häuser, aber kein Verkehr. So bin ich dann die Heerstraße nach Magdeburg gefahren. Zuerst noch vorsichtiger. Und dann war ich ja von Berlin auch etwas länger unterwegs. Ein paar Stunden brauchte ich dazu. Bei Tangermünde bin ich über die Elbe rübergefahren. Dann wurde es allmählich dunkel. Ich weiß nicht, es muss im Herbst gewesen sein. Wurde früh dunkel.

»Karbid ist drauf!«, sagte er, nicht wahr. »Wasser ist drauf.«

Und er hatte mir auch noch so 'nen Beutel gegeben, mit Karbid drin. Das sind so Stücke. Das sieht aus wie Steine.

Ich habe angestellt. Streichholz hatte ich. Und dann brannte es, und dann hatte ich 'n Licht. Sehen konnteste davon nicht viel. Aber damals gab's ja auch noch nicht so viel Verkehr. Kein Auto, kein Motorrad, kein Nichts. Ich war mutterseelenallein auf der Straße von Berlin her. Auf der ganzen Fahrt.

Also wenn das heute wäre, wäre das unmöglich, könntest gar nicht mehr fahren.

Dann war ich in Gifhorn, und da war meine Flamme... so eben, dass sie noch brannte. Karbid hatte ich ja, aber Wasser nicht. Dann bin ich in ein Haus reingegangen und habe gefragt, ob sie mir einen Topf mit ein bisschen Wasser geben wollte.

»Ja«, hat die Frau gesagt.

Abends um Zehne, Elfe war ich dann zu Haus. Oma stand oben am Fenster. Guckte raus. Reinhard Müller stand unten auf der Straße, und sie guckte von oben und unterhielt sich mit dem.

»Hey, Odolf, häste 'n neuet Motorrad?!«

»Jau.«

»Jawoll.«

Er hatte ein kleineres. Da war er neidisch.

Da haben wir viele Reisen, auch die Schweizerfahrt mit gemacht, wo die vielen Aufnahmen von da sind.

Dazumal gab es für mich überhaupt nichts Besseres, wie die D-Räder von den Deutschen Werken. Obwohl die verhältnismäßig primitiv waren. Selbst wie ich die BMW hatte, habe ich mit der mal Malesche gehabt, anschließend.

Das kann ich gleich mit sagen: Die BMW hatte die Zylinder seitlich, und da geht die Zündung rüber. Und da waren wir zu Besuch bei Schnelles – damals wohnten die noch in Rahlstedt. Und jetzt kommt ein Gewitter auf, und Oma hat doch so Angst vor Gewitter.

»Mensch«, ich sage, »du, das schaffen wir nicht mehr. Eh wir da sind, ist das Gewitter da.«

»Doch, Adolf, das schaffen wir.«

Also los.

Da sind wir bis kurz vor Peine gekommen, und dann fing's an zu regnen. Gießen. Nicht Regen, sondern Gießen. Richtiges Gewitter, nicht wahr. Und sie hatte Angst.

Und dann sah ich, wie die Funken immer übersprangen, durch die Regentropfen, durch diese Feuchtigkeit. Die Zündkerzen waren so seitlich, 'n Meter auseinander – und dann Bums.

Juni 1928, Bregenz

Siehst du, das wär bei meinem D-Rad nicht passiert. Damals. Ich habe das schon Leuten gesagt, die die BMW heute fahren. Och, da ist gar kein Gedanke mehr dran. Aber damals, bei den ersten, war das so. Das ist die Entwicklung.

Dann sind wir mit dem D-Rad auch in der Schweiz gewesen. Da haben wir viele wunderschöne Touren gemacht. Sind wir zur Nordsee gefahren. Wie Hindenburg beerdigt wurde {2. August 1934}, waren wir in Cuxhaven, in Duhnen. Das weiß ich noch. Ganz besonders erinnere ich mich – da hab ich auch Aufnahmen gemacht –, da fährt ein Schiff in Cuxhaven ab. Und da war so ein älteres Ehepaar. Das Schiff fuhr durch nach Amerika. Hielt nicht in England an. Das war bekannt – das fährt in Cuxhaven ab und landet erst in New York.

Er hatte 'ne Jägeruniform an, also war uniformiert. Und das Mädchen war so 25, 26 Jahre. Ich nehme an, dass das ihre Tochter gewesen ist. Die haben so bitterlich geweint. Wenn ich heute dieses Bild so sehe, dann kommen mir bald noch die Tränen. So hatte mich das, sagen wir mal, seelisch... Oma ging es genauso. Jetzt nach Amerika...

Wir sind dann geblieben. Sie stand oben an der Reling, und dann wurde das Fallreep eingezogen. Und tuut tuut. Das hatten wir ja noch nie gesehen und gehört. Das haben wir uns da angesehen. Die winkten dann. Und diese beiden Alten, die haben geweint und noch geweint. Wieso? Ich weiß nicht.

Wenn's heute gewesen wäre, wäre ich ja rangegangen. Damals war ich so weit noch nicht. Hätte ich näher nachgefragt und so weiter.

Ja, nun haben wir die vielen Fahrten gemacht, vor allem die Schweizer Fahrt. Da hatten wir ein Zelt mit. Einmal ist das abgebildet. Ich hab noch Aufnahmen, wo Oma davor sitzt.

Wenn gutes Wetter war, die Sonne schien und es nicht nach Regen aussah, dann haben wir immer im Zelt übernachtet. Und wenn schlechtes Wetter war und es regnete – war ja Sommer – haben wir in Gaststätten übernachtet, aber niemals im Hotel. Immer in Gaststätten, immer das billigere. Gegessen haben wir nur da, wo es hieß: Gastwirtschaft mit eigener Schlachterei. Weil wir im Lauf der Zeit festgestellt hatten, egal, wo wir waren, ob in Österreich oder in der Schweiz, dass da, wo eine Schlachterei mit verbunden war, das Essen, wenn auch nicht billiger, aber doch zumindest fetter oder etwas besser war.

Achtzehn oder zwanzig Tage hat die Fahrt gedauert – in der Schweiz. Erst nach dem Bodensee hin, nach Bregenz, zur Cousine von Oma, dann in der Schweiz umher. Da haben wir auch Aufnahmen von.

Da kannst du Oma in einem großen Gletscher sehen. Ja, die habe ich aufgenommen. Musst du aber genau drauf achten, sonst siehst du sie gar nicht. Auch eine gekaufte Aufnahme vom Morteratschgletscher ist da.

Dann haben wir, um Geld zu sparen, im Zelt übernachtet. Wir hatten einen Spirituskocher, und denn kochten wir uns Kaffee. Dann kauften wir uns Brötchen und Butter und so weiter Nur zum Mittagessen gingen wir Essen. Das haben wir immer so beibehalten. Abendbrot haben wir wieder selber gemacht. Hatten uns Wurst, Mett und Gehacktes gekauft, bis wir in der Schweiz waren.

Ja, da weiß ich noch, ich hatte so 'n Lied von Bamberg, wo wir dann in diese Gegend gekommen sind. Dann sind wir auf der Rückfahrt, nein, auf der Hinfahrt sind wir dann, wo dieser Turm... Mensch, diese große Stadt, die den höchsten Turm da hat, sind wir oben auf dem Turm gewesen. Und da konnte man in der Stadt fahren. So wie heute, das gab's damals gar nicht. Tja, da war 'n Motorrad, da war 'n Auto, ganz gewiss, aber die konntest du zählen – auch in der Stadt.

Ulm! Eben konnte ich nicht drauf kommen. (Lächelt) Daran merke ich doch, dass ich älter werde.

REISEN MIT OMA

Von dem D-Rad von dem du vorhin erzählt hast, das so unverwüstlich war, hast du das wegen des Autos aufgegeben?

Nein, das war nicht schnell genug. Oma wollte doch schneller. Sieh mal an, wenn wir um halb Zwölf losfuhren, nach Ladenschluss, dann wollte sie viel sehen. Oma konnte fahren. Die ist bei der Schweizer Rückfahrt, da sind wir in... Mensch, wie hieß denn die große katholische Stadt da? Fulda!
Also in Fulda wollten wir übernachten.
Ich sage: »Von Fulda aus brauchen wir nicht zu hetzen, dann kommen wir schön nach Haus hin.«
Auf der Rückfahrt von der Schweiz.
Da sagt Oma: »Ach, Adolf, wollen wir nicht noch 'n bisschen weiterfahren? Mensch, ich habe Sehnsucht nach der Gisela.«
Ich sage: »Tja, Mensch, Gisela ist aber noch weit von uns weg.«
Eine Nacht war doch noch vorgesehen für sie – von uns auch.
»Ja, ich weiß nicht. Nee.«
Ich sage: »Weißt du, wann wir dann ankommen?«
Da hatten wir das D-Rad noch. Da konntest du das mit Sicherheit sagen – wenn du keine Reifenpanne hattest, und genügend Benzin und Öl. Dann war das so sicher wie das Amen in der Kirche.
Ich sage: »Um Mitternacht sind wir dann erst zu Hause.«
»Ja, das schadet doch nichts.«
Ich sage: »Mensch, du kannst doch wohl...«
Sie hatte hinten 'nen Sitz, den hatte ich selber gebaut. Holzgestell, vier Federn rein, von Buchholz in Meinersen Leder gekauft, rumgezogen, festgenagelt mit diesen Rundköpfen, die ich von Buchholz auch bekommen hatte. Und dann hatte ich so Dinger rüber und festgeschroben, so dass die fest auf diesen Querstangen saßen. So dass die da rumfassten. Der war unverwüstlich. Aber sitze mal auf so vier Großsprungfedern. Ja, die haben diesen Durchmesser. Sitzt sie da.
Ich sage: »Mensch, das hältst du doch gar nicht aus.«

Gisela Amme und Christine Amme

Ich hatte ja einen gemütlichen Sattel mit Federung. Der war ja in Ordnung. Aber sie...

»Ach, Adolf, lass uns mal versuchen. Wir können ja immer noch mal... Nee, was wollen wir noch in Fulda. Komm her, lass uns man noch fahren.«

Also sind wir gefahren. Und um Elfe rum – ich könnte heute noch bald auf den Meter genau das Streckenstück nennen –, sage ich zu ihr: »Nun sind wir bald zu Hause, und dann kannst du deine Gisela sehen.«

Das weiß ich noch – auf der Straße vor Oelerse.

Wer hat sich denn da um eure Tochter gekümmert?

Meine Mutter.

Die wohnte hier noch mit?

Ja, ja. Ja, die war ja überhaupt...: »Gisela, Gisela, Gisela!«

Auch die andere Oma. War das eine Kind nur. Nur ein Mädchen. Also die beiden Omas waren beide vernarrt darin. Sie war ja auch nicht dumm, nicht wahr.

DUNKLE GESCHÄFTE UND LICHTE MOMENTE

LICHT, LUFT UND SONNE

Meine Mutter lebte noch. Und meine Schwiegermutter hatte einen Schlaganfall gehabt. Die waren hier. Da habe ich an die Bauverwaltung geschrieben, einen förmlichen Antrag eingereicht. Ich wollte Licht und Sonne hier haben, Fenster nach der Südseite. Dann kam die Antwort: Nein, ist jetzt nicht zu machen. Ich sollte andere Zeiten abwarten.

Dann habe ich ein zweites Mal geschrieben. Es hieße immer: Licht, Luft und Sonne für die Menschen. Licht, Luft und Sonne – weiteres wollte ich nicht. Meine Mutter und meine Schwiegermutter, die alt wären, säßen halb im Dunkeln im Zimmer, was ja nicht ganz stimmte. Also dunkler schon, nicht so hell wie jetzt.

Und dann bin ich hin zum Maurermeister Ernst Grotewold.

Ich habe zu Ernst gesagt: »Du, Ernst, wann wütt ju denn bi anfangen, datt wi dütt hier maket (wann willst du denn damit anfangen, dass wir dies hier machen)?«

»Odolf, datt sind jetzt erst veire Wochen here (vier Wochen her). Nun warte mal ab. Un denn ward dat nich genehmigt? Nee, nee, dat riskier ich nich.«

Dann haben wir wieder acht oder vierzehn Tage gewartet. Da war es sechs oder sieben Wochen her. An meine Gegenschrift – etwas angriffslustig war das – hatte ich gar nicht mehr gedacht.

Und dann sagte Ernst zu mir: »Is immer noch nix komen?«

Obwohl ich den Bescheid hatte, dass es nicht genehmigt war, hab ich gesagt:»Nee, is noch nix da.«

»Dann ward dat genehmigt, süst wär schon Nachricht komen. Jau, is gut. Übermorgen kommt Schraders Odolf, und denn moket wi dat (machen wir das).«

Ich sage: »Is gut.«

Er wollte lauter so Wände hier haben.

Ich sage: »Nee, offen, offen, offen! Licht soll hier rein!«

Jetzt ist das alles fix und fertig. Das steht. Meine Mutter und meine Schwiegermutter schliefen hier nebenan. Hier war 'ne Tür, da konnte man durchgucken.

Eines Tages seh ich zwei Wagen ankommen. Donnerwetter, denk ich: Wer ist denn das? Vielleicht Kundschaft für den Laden? Menschenskind, die gehen ja hier ran an den Bau.

Ich rufe: »Lina!«

»Ja, was ist denn?«

Ich sage: »Komm mal her. Mensch, die sind wegen dem Bau hier.«

»Ach, du liebe Güte! Tja, und nu?«

Ich sage: »Tja, denn muss ich mal sehen.« (Lacht)

Gut. Sie ging hin, bediente weiter im Laden. Ich stand schon an der Tür parat. Die Tür klingelt.

»Ja, bitteschön?«

»Wir hätten gern Herrn Adolf Amme gesprochen.«

Ich sage: »Ja, der steht vor Ihnen. Mit wem habe ich die Ehre?«

»Ja, Oberregierungsbaurat...« Sowieso, von Lüneburg.

Die höchste Stelle für uns. Durch mein Schreiben ist das wohl da hingekommen.

»Herr Amme, Sie haben...

Wir standen an der Haustür.

Ich sage: »Herr Oberregierungsbaurat, wollen wir das jetzt zwischen Tür und Angel machen, oder wollen wir nicht hereingehen?«

Guckte, stutzte 'n Moment.

»Ja.«

Dann sind wir nebenan reingegangen. Ich habe Zigarren, alles hergeholt.

Ich sage: »Bitte, darf ich Ihnen was anbieten?«

»Nein, nix. Herr Amme, sagen Sie, wie konnte das geschehen, dass der Bau vollendet wurde, obwohl er abgeschlagen war?«

Wer, wieso, warum?

»Wie konnte der Maurermeister damit anfangen?«

Ich sage: »Der Maurermeister ist unschuldig daran.«

»So? Wieso ist der unschuldig daran?«

»Weil ich ihn belogen habe.«

Ich denke: Jetzt ist ganz egal.

»Wieso belogen?«

Ich sage: So und so. Wie es wirklich gewesen war.

Da hat er dann gesagt: »Ach so, und wie konnte unsere örtliche Polizei dies hier gestatten?«

Und das war Schenk. Und wir duzten uns doch. Schenk hatte mir auch gesagt: »Ja, am Sonnabend bin ich nicht da.«
Die mussten eine Übung machen.
Ich sage: »Ja, die Polizei konnte auch nichts dazu.«
Der hätte ja einen auf den Deckel gekriegt.
Der hätte gesagt: »Du verfluchter Schweinehund...«
Ich hatte mich damit abgefunden, ich muss Strafe bezahlen. Also gut, zahlst du Strafe.
»Ja, und warum?«
Ich sage: »Ja, die mussten eine Übung machen.«
«Ach so, dann werden also solche Gelegenheiten wahrgenommen, um Schwarzbauten zu machen?«
Ich sage: »Jawohl!«
Da sagt er auf einmal – 'n ganz anderer Ton, ich möchte sagen, um 180 Grad gedreht: »Herr Amme, kann ich's mir denn mal von innen ansehen?«
Ich sage: »Ja, bitteschön.«
Da kommt er rein, steht in der Tür: »Ja, ja, ja, das ist ja eine Pracht. Das gefällt mir. Ja, ja, aber warum haben Sie nicht da auch noch 'n Fenster gemacht?«
Ich sage: »Das ist die Ostseite, ist zu kühl.«
Und da sagt einer der anderen Herren etwas, was genau, das habe ich nicht verstanden, aber das Wort »Silhouette« hatte ich gehört.
»Ach, ja, ja. Das ist schon richtig.«
Nun war Folgendes: Schapers Heinrich, der hatte Kühe. Es muss Herbst gewesen sein, jedenfalls muss es furchtbar geregnet haben. Nun war der Misthaufen da, wo jetzt Gras ist. Der lag da ganz groß und breit, an jeder Seite rum, diese Jauche.
»Ja, aber das gefällt mir da nicht.«
Ich sage: »Herr Oberregierungsbaurat, mir gefällt's auch nicht. Können Sie nicht dafür sorgen...«
»Nee nee«, fing er an zu lachen, »nein, das kann ich nicht.«
Da stand hier 'n Klavier, das ich für Mutti mal gekauft hatte. Da klimpert er (singend): «Ja, das haben die Mädchen so gerne...«
Mit einem Finger.
»Spielen Sie auch?«
»Ja«, sage ich, »so wie Sie.«
Ich sage: »Herr Oberregierungsbaurat, darf ich denn jetzt ein biss-

chen herholen. Ich glaube, wir haben geschlachtet, und wir haben da...«

(Zögerlich) »Ja, ja, also schlecht werden soll's nicht«, sagt er.

Zigarren hergeholt, Schnaps hergeholt, Essen... In der Zwischenzeit hatte ich Lina, also Oma, schon 'n Wink gegeben.

Dann haben die gegessen, getrunken.

Schließlich sagt einer: »Herr Oberregierungsbaurat, die eine Baustelle, die können wir jetzt gar nicht mehr machen, weil die Zeit schon verstrichen ist. Wir müssten jetzt aber dringend weg, damit wir die eine wenigstens noch erledigen, weil die abseits liegt und wir in der Nähe sind.«

»Ach, ja, ja, das hatte ich ganz vergessen, ja, ja.«

Die hatten gegessen und getrunken, auch geraucht. War alles gut – der Qualm verzogen. Ich hatte ja keine schlechten Zigarren hingestellt.

Da stand er auf und sagte: »Ja, dann müssen wir wohl.

(Pathetisch) Ja, Herr Amme, ich weiß noch nicht, wie ich mich entscheide. Entweder diktiere ich Ihnen eine ganz gefährlich hohe Strafe zu, oder ich lasse es abreißen.«

Das sagte er so, dass ich's glaubte.

Den letzten, der ging – ich denke: Och, das muss ja der Geringste sein – fasse ich so am Ärmel (flüsternd): »Wird 'n das so schlimm?«

Da sagt der zu mir wortwörtlich: »Haben Sie doch gemerkt, der ist doch jetzt ganz anders«.

Zwei oder drei Tage war das her, da bekam ich von Lehrte, vom Bauamt, die Genehmigung für diesen Bau. Da musste ich zehn Mark für bezahlen. Die hätte ich anders auch bezahlen müssen. Und auf die Strafe warte ich heute noch. (Lacht) Ich glaube nicht, dass ich die noch kriege.

APFELSAFT oder APFELWEIN

Du hast verschiedene Geschäfte gehabt. Die Mosterei war schon früher da, oder?

Die Mosterei war da, es war das Lebensmittelgeschäft, äh, Gemischtwarengeschäft – hatte Haushaltsgeräte, hatte alles dies. Sagen wir mal, wie so ein kleines Warenhaus in Miniatur.

Süßmosterausbildung 1929/30 in Hannover

Ab wann hattest du das?

Ja, also die Mosterei habe ich 1929 eingerichtet, 29/30. Otto Stellfeld und ich, wir waren dicke Freunde. Er hatte nichts gesagt, und ich hatte nichts gesagt, aber zu gleicher Zeit waren wir auf die Idee gekommen, zuerst und unabhängig voneinander, zu mosten.

Das ging damals so rum. Und da haben wir uns die Maschinen gekauft und fast zu gleicher Zeit angefangen. Ich bin dann auch in Hannover gewesen, habe da mal acht oder zehn Tage so 'n kleinen Kurs mitgemacht. Und ich habe zuerst, als die Äpfel gebracht wurden, auch Pech gehabt, dass das zu gären anfing, nicht wahr. Dann wurde es ja Sekt.

Nebenbei gesagt, dieser Apfelsaft in Flaschen gefüllt und nicht richtig entkeimt, also die Gärkeime nicht richtig abgetötet, ergibt einen wunderbaren Sekt. Ich möchte sagen, der kann mit den anderen auch konkurrieren.

Ist das dann nicht Apfelwein?

Äh, ja, selbstverständlich, wird dann in der Flasche zu Apfelwein. Und bildet die Kohlensäure. Nun setzt sich leider auch immer Trub ab, zwar nur vier, fünf Millimeter, aber das liegt dann auf dem Boden. Oben ist es kristallklar. Der Zucker wird meistens nicht verbraucht, sondern die Kohlensäure. Und die tötet ja Keime ab, also hört dann automatisch die Gärung auf. Wenn du das dann aufmachst, dann ist das genauso, wie wenn... Da sind eine Menge Flaschen, die dünner waren, die gehen alle kaputt, die platzen. Oder der Korken fliegt raus. Also diese zwei Möglichkeiten gibt es. Und dickere Flaschen, die halten das aus. Darum sind die Sektflaschen ja immer ganz dick. Die müssen so dick sein, damit sie den Druck aushalten. Und wenn du den Apfelwein aufmachst, so einen, der gestanden hat, und gießt vorsichtig ab, dass der Trub, der still unten sitzt, nicht mit dazwischenkommt... Denn das schmeckt nicht, das ist nichts. Sondern dass der klar ist. Das heißt mit anderen Worten, soviel schmeißt du immer weg von der Flasche, unten den Rest. Wenn du ganz vorsichtig – keine schnellen Bewegungen – sondern ganz langsam die Flasche so rumdrehst, und lässt dann langsam so laufen... Bin überzeugt davon, wenn du einen sehr guten Sekt hast und hast dieses...

»Ja, welchen willst du denn am liebsten?«

...dass du sagst: »Ja, am liebsten möchte ich alle beide so lange trinken, bis ich nicht mehr kann.«

So wunderschön. Na, das nur nebenbei.

Und dann habe ich die Rübensaftgeschichte angefangen.

Hast du die Mosterei die ganze Zeit über gehabt?

Immer, immer.

Auch während des Krieges?

Auch während des Krieges. Darum bin ich ja nach Haus gekommen, nicht wahr.

WEIN UND SCHNAPS

Ich konnte mit Hans Grotewold sehr gut, dem Ortsbauernführer. Ich habe dazumal auch Wein hergestellt, Wein, den der gewöhnliche Laie von einem guten Mosel- oder Rheinwein nicht unterscheiden konnte.

»Mensch, Adolf, ich habe gehört, du hättest so 'n wunderbaren Wein. Ich habe doch Konfirmation, und da kommt doch der Abschnittsführer, die ganze Prominenz von Burgdorf und was weiß ich alles, von den Parteigenossen. Willst du mir nicht von dem Wein mal...?«

Nun weiß ich nicht mehr, wie der Wein hieß. Das hatte aber seine Besonderheit – ein Glücksfall!

Ich sage: »Ja, ja, wie viel willst du denn haben?«

»Ja, wie viel kannst du mir denn geben?«

»Willst du dreißig Flaschen?«

»Ja, dreißig. Fünfe hast du nicht noch dazu...?«

Ich sage: »Ja, kriegst du auch noch.«

Das war aber nicht, sagen wir mal, die Kunst des Weines. Das hättest du und das hätte jeder andere auch können. Weil ja das Aroma so rausgezogen ist.

Adolf Krüger, der Böttchermeister hier, der kriegte von der Wehrmacht die Weinfässer, die zur Front gingen und da irgendwie beschädigt wurden, zur Reparatur zurück. Dann kamen die zu ihm. Wenn da ein Fass etwas undicht war, oder was auch immer, diese Fässer kriegte er, musste er reparieren und schickte die wieder hin, zum Rhein oder zur Mosel, oder wo es war. Was da drin gewesen ist, stand teilweise sogar dran.

Ich sage zu ihm: »Mensch, was hast du denn für'n schönen Wein?«

»Ja, Odolf, sühst du, so 'n Wien müssteste mal maken (Adolf, so einen Wein müsstest du mal machen).«

Ich sage: »Giff mik mal so 'n paare here (Gib mir mal so ein paar her). Lehnst mik mal so 'n paare (Leihst mir mal so ein paar).«

Er hatte da so einen ganzen Haufen Fässer liegen.

»Tja, tja. Und?«, seggt he.

Ik segge: »Du, ik will dat mal verseuken (ich will das mal versuchen).«

Das waren so 200- oder 300 Liter-Fässer. Und dann habe ich mir zwei Stück hergeholt. Ich hatte dazumal auch eine Zentrifuge, womit ich den größten Teil des Trubs rauszentrifugieren konnte.

Die hatte ich in Oelde in Westfalen gekauft, bei der Westfalia, so hieß die Firma. Kostete damals eine Menge Geld. Hat über 4000,– Mark gekostet. Und dann habe ich diesen Wein durch die Zentrifuge gejagt. Dann waren die Trubstoffe erst mal alle weg. Nur die Eiweißstoffe, die drin sind, die setzten sich größtenteils ab, wiederum als sogenannter Trub.

Ich habe die Fässer also mit meinem Apfelsaft vollgefüllt, gewöhnlichem Apfelsaft. In diesen Holzfässern ist das Aroma ja noch drin. Und dieser Saft zog das an. So machste Apfelwein.

Wenn 200 oder 300 Liter voll waren, schön den Gärstoff drauf, dass kein Sauerstoff dran kam, denn Sauerstoff ist der größte Feind des Alkohols, das weißt du ja. Wenn du Wein hast, hast die Flasche aufgemacht und machst die halb leer und lässt die zehn, vierzehn Tage stehen, dann ist es Essig geworden. Durch den Sauerstoff in der Luft.

Der Sauerstoff setzt den Alkohol in Essig um. Bakterien sind überall in der Luft, die wir gar nicht sehen können. Und darum das Abschließen bei den Weinfässern. Jeden Tag ging ich einmal durch und – rum, rum! – umgedreht. 2–3000 Liter Wein hatte ich immer vorrätig. Darum habe ich ja die Keller extra gebaut. In den Kellerräumen, die da noch vorhanden sind, kriegst du 10.000 Liter unter. Habe ich alle selber gebaut, respektive bauen lassen.

Ich stand da: »Oh, der schmeckt – und kristallblank!«

Und dann bin ich zu Adolf Krüger gegangen.

»Probiere mal den Wein.«

Er spricht ja immer Hochdeutsch, der hat nie Plattdeutsch gesprochen.

»Du, Adolf, von dem möcht ich noch 'n paar haben.«

»Kriegst du.«

(Flüsternd) »Aber ich kriege jetzt immer von dir deine Weinfässer.«

»Das machen wir«, sagt er.

Und so sind die ganzen Weinfässer... (Lacht) War ja in Wirklichkeit Betrug. Wenn ich's heute überlege, war's 'ne Schweinerei.

Was habt ihr denn mit dem Wein gemacht, der da drin war? Verkauft?

Selbstverständlich! Immer erst an Freunde und Bekannte, das ist ganz klar. Das war doch mit dem Alkohol auch so. Die kamen doch immer hierher und haben den getrunken. Die sind teilweise so betrunken gewesen, wenn ich dir die Geschichten alle erzählen würde, dann bin ich noch acht Tage im Gange.

EINE TORFGESCHICHTE

Jedesmal, wenn ich mit meinem Großvater nach Plattenbrück fuhr, wo er ein Stück Torfland besaß, erzählte er mir im Auto, während der Fahrt, etwa folgende Geschichte:

Also, du weißt ja, dass ich Bienen hatte, und da hab ich zu Oma gesagt: »Mensch, wenn ich irgendwo Heide kaufen könnte, wo ich meine Bienen hinstellen kann...«

Und eines guten Tages sagte Oma zu mir: »Du, gucke mal hier, in der Zeitung, da wird was verkauft, das ist in Plattenbrück.«

Ich habe mir das angesehen und bin hingefahren. Und da war ein Herr Rossa da, der hat mir darüber Auskunft gegeben. Ich wollte nur 'ne kleinere Fläche haben.

»Ja«, sagt er, »dreißig Morgen sind da, aber diese dreißig Morgen sind schon versagt, die können Sie nicht bekommen, Herr Amme. Aber es ist da noch ein Stück, nicht ganz fünfzig Morgen. Wenn sie da Interesse dran haben...«

Na, hab ich erst mal ja gesagt und wo das ist und bin hingefahren – nach seiner Beschreibung hab ich's auch gefunden – hab mir das angesehen, und das war im Moor. Und das hat mir gefallen. Das muss ich sagen.

Ich bin wieder zurück und sage: »Ja, hörn Sie mal zu, ich habe Interesse. Ich würde das doch gern kaufen.«

Es war viel Heide da, eine große Fläche, nicht wahr, knapp fünfzig Morgen. Und dann nannte er mir die Adresse des Generalbevollmächtigen Von Renft, der wohnte in Hannover. Ich bin also nach Hannover gefahren.

»Sie haben's sich angesehen?«

Ich sage: »Ja.«

»Und es gefällt Ihnen?«

»Ja.«

»Und was ist es Ihnen wert?«

»Tja«, sage ich.

»Machen Sie ein Angebot!«

Ja, da hab ich eine Summe genannt, das waren damals 8.000,– Mark.

»Ja, ist gut«, sagt er, »reichen Sie das schriftlich ein, und dann findet sich das weitere.«

So gingen 'n paar Wochen hin. Ich bekam keinerlei Nachricht. Und nach fünf oder sechs Wochen – auf die Woche weiß ich das nicht mehr genau – bin da wieder hingefahren, hab erst mal 'n Karton Pralinen mitgenommen, für den Fall aller Fälle. Hab erfahren, dass er selber nicht da war. Aber eine Schreibdame war da, und dieser Schreibdame hab ich gesagt: »Hörn Sie mal zu, ich hab da 8.000,– Mark...«

»Ja, Herr Amme, Sie haben doch geboten«, sagt sie.

Ich sage: »Ja, 8.000,– Mark. Aber jetzt, in der Zwischenzeit, ist es mir sehr ans Herz gewachsen. Ich bin noch 'n paar Mal dagewesen, ich möchte es gern kaufen. Dass ich nicht überboten werde! Ich würde auch eventuell etwas mehr...«

»Herr Amme, warten Sie doch erst mal ab.« Sie lächelte dabei.

Ich sage zu ihr: »Hörn Sie mal zu, behalten Sie's im Auge. Ich revanchier mich dafür. Wenn irgendwas ist, rufen Sie mich an.

»Herr Amme«, sagt sie, »Sie können beruhigt nach Hause fahren.«

Da gingen wieder drei, vier, fünf Wochen hin, und da, auf einem Male kriegte ich dann Nachricht, nach Dreiland zu kommen, so hieß der Ort, der vor Plattenbrück liegt, zur Gaststätte am Bahnhof, ein kleiner Bahnhof. Ja, und wie ich da hinkam, war das ganze Zimmer voll Menschen. Es war nicht ein einziger Stuhl mehr frei, alle Tische waren besetzt. Ich stand an der Tür, tja, alles besetzt, und sah, wie nun die Bewohner oder die Besucher dieser Gaststätte alle schauten, mich fixierten, unter die Lupe nahmen, so will ich mal sagen. Dann wurde Bier reingebracht, und eine Frau kam und sagte: »So, Sie suchen noch 'n Platz?«

»Ja, und ich hätte gern auch 'n Glas Bier.«

Sie sagt: »Ja, Moment mal. Ja, Sie müssen hier an der Tür sitzen. Anders ist es nicht möglich.«

So saß ich direkt an der Tür und kriegte immer den Klaps, wenn sie reinkam. Na, und ich habe vielleicht zehn Minuten da gesessen, so ungefähr, auf einmal geht die Tür, und es erscheinen fünf Herren. Und den einzigen, den ich davon kannte, war der Herr Von Renft, also der Generalbevollmächtigte. Er sieht mich, weil ich ja direkt an der Tür saß, gibt mir die Hand und sagt zu mir: »Ach, guten Tag, Herr Amme. Sie kommen gleich an die Reihe, einen kleinen Augenblick.«

Ich sage: »Jawoll!«

Die Herren gingen in ein Nebenzimmer, und es dauerte wiederum nur ein paar Minuten, da ging die Tür auf, und es erschienen andere, so Diener, nehme ich an: »Adolf Amme?«

Ich sage: »Ja, hier!«

»Ja, wollen Sie bitte reinkommen.«

Nun kam ich rein und sah den Herrn Von Renft und den Herrn Redel, so hieß der Besitzer dieser Grundstücke. Und ich sollte das nun kriegen, diese fünfzig Morgen.

Wie ich unterschrieben hatte, sagt der Herr Von Renft zu mir: »Wie stellen Sie sich die Bezahlung vor?«

Ich sage: »Ja, ich habe hier ein Sparbuch über 5.000 Mark von der Sparkasse.« Das hatte ich mitgenommen.

Ich sage: »Das Buch übergebe ich hiermit. Und den Rest bezahl ich« – dies war im Frühjahr –, »im Oktober, spätestens im Oktober.«

Das war 1935, nicht wahr. Und dann gab er mir noch mal die Hand, sagte: »Alles Gute, Herr Amme, ich beglückwünsche Sie zu Ihrem Eigentum.«

Da waren acht oder zehn Tage, oder auch vierzehn vergangen, auf einmal – ich hatte mich gar nicht weiter um gekümmert – kam ein Herr, stellte sich als Herr Müller vor und sagte: »Herr Amme, Sie haben das Grundstück da in Plattenbrück gekauft.«

»Ja«, sag ich, »gewiss.«

»Würden Sie das nicht zur Ausbeutung verpachten?«

»Ja«, sage ich, »wenn Sie 'n anständigen...wenn wir uns über den Preis einigen.«

Wir haben uns dann geeinigt, und danach sagte er mir: »Sagen Sie mal, was haben Sie eigentlich dafür bezahlt?«

Ich sage: »Herr Müller, das hab ich vergessen. Das weiß ich nicht mehr.«

»Ich will Ihnen sagen, ich habe 16.000 Mark geboten, und ich kann mir nicht denken, dass Sie mehr geboten haben.«

Da hab ich gesagt: »Herr Müller, soviel ist in meinem Hirn noch drin, dass ich weiß, dass ich soviel nicht bezahlt habe.«

»Ja, ich weiß auch wieso, warum, weshalb?!«

Und dann hat er mir erzählt, dass es 'ne Zusammenkunft der Plattenbrücker, all derer, die was kaufen wollten, gegeben hatte, und dann hatten sie sich so geeinigt, dass keiner den andern überbot. Und davon hatte der Von Renft Wind bekommen und wollte denen wohl einen Strich durch die Rechnung machen. Und nun kam ich ja als Fremder, als Wildfremder dahin, und damit war ja dies Konzept, was die Plattenbrücker aufgestellt hatten, umgeschmissen. Und die andern, weil sie ja alle was haben wollten, wurden überboten. Und der Verlust, der dadurch eingetreten ist, also in meinem Falle um 8.000 Mark, der ist überreichlich wieder reingekommen. Und der Glückliche war ich dann. Das war das.

Ja, wie ich nun hinkam, war da der Herr Redel, das war ein feiner, vornehmer Mann. Ich stelle mir vor, nein, ich wünschte mir, ich sähe jetzt, in meinem Alter, nur so gut aus und könnte so vornehm mich benehmen und sprechen, wie der das tat, nicht wahr, der war die Ruhe selbst.

Ich hab ihn sonst ja nicht gesehen, nur beim Unterschreiben sah ich ihn stehen, als ich an die Reihe kam. Ich habe schon oft an ihn denken müssen, besonders, als ich hörte, dass er gestorben war – es waren zwei oder drei Jahre vergangen –, und seine Frau dann gleich einen Freund hatte. Der wäre, so wurde mir gesagt, schon mit auf der Beerdigung gewesen. Und nach der Beerdigung wäre der schon allein zu ihr ins Haus gegangen. Was sie da gemacht haben, hat ja keiner gesehen, nicht wahr, können wir uns ja nur denken.

Und nun komme ich zu diesem Herrn Redel. Der war in Braunschweig ein Bankbesitzer. Was ich jetzt sage, spielt vor der Zeit, vor dem Ersten Weltkrieg, so weit geht das zurück. Der war schon älter, hatte zwei Söhne. Der eine Sohn war kaufmännisch ausgebildet, und vor allen Dingen, weil er der ältere Sohn war, sollte er einmal das Bankgeschäft übernehmen. Der zweite war mehr Landwirt, also an der Landwirtschaft hatte der Interesse. Und der Vater sagte: »Passt mal auf, ich will nun einigermaßen gerecht verteilen, für den Fall meines Todes.«

So mussten es für den zweiten Sohn mehrere tausend Morgen sein, nicht wahr, also eine größere Fläche, nicht so 'n kleiner Bauernhof oder so, oder 'n paar Morgen. Und so hat der Vater dann Land aufgekauft, am Anfang des Moores, und hat ihm da ein wunderschönes Haus hingestellt, was heute noch da ist – wenn wir gleich vorbeikommen, kann ich's dir zeigen –, ein pompöser Bau, in herrschaftlicher Form.

Der Junge war noch unverheiratet. Wie es sich gehört bei solchen Leuten dazumal, mussten ja alle Soldat werden, wurden auch alle gerne Soldat. Aber Soldat nicht im gewöhnlichen Sinne. Berlin war die Hauptstadt! Und in der Hauptstadt Berlin, da war die Garde. Und diese Leute, deren Väter und Vorväter gut situiert waren, die wollten alle, alle zur Garde, nicht wahr. Und so ist auch der hingegangen. Da ist er natürlich zum Theater gegangen und sah da eine Dame oder eine... eine Schauspielerin, aber zweiten oder dritten oder vierten Grades, so muss ich sagen, denn die hat nur Nebenrollen gehabt, immer, immer nur die Nebenrollen, nichts Hervorstechendes. Die hat er kennengelernt, und nachdem sie gemerkt hatte, da ist gut was... dass er gut gepolstert ist, hat sie sich den angelacht. Und sie haben geheiratet. Ja.

Sie hatten 'n paar tausend Morgen, sagte ich ja, Moor und Land. Die ganzen Gebäude waren ja vom Vater erstellt worden, neben der Villa, nebst den ganzen Werkzeugen, Maschinenpark, was da war. Das konnte er allein in dieser Größe gar nicht überblicken. Wie er dann wieder zurückkam, nicht wahr, da hatte er einen eigenen Verwalter, dieser Herr Rossa, und dieser Verwalter, der hat das alles hauptsächlich geleitet. Später, als alles verkauft war, besaß er dann plötzlich ein großes Gut. Also der muss auch in die eigene Tasche gewirtschaftet haben. Von seinem Lohn hätte er sich das nicht leisten können.

Jedenfalls, wie sie verheiratet waren, da hatte diese, diese Schauspielerin ein weibliches Wesen, das beanspruchte sie nur für sich, die ihr die Haare zurechtmachte, ihre Schuhe, ihre Kleider, alles das. Ich weiß nicht, wie man diese weiblichen Wesen seinerzeit nannte.

Dann brauchte sie außerdem noch eine Köchin und noch ein Dienstmädchen. Also da waren drei Personen – außer dem Verwalter, der aber nur für draußen war – in dem Haus, nur für diese beiden, denn die hatten ja keine Kinder.

Ob sie in Berlin ihre Eltern hatten oder wie, das weiß ich nicht, mir wurde nur gesagt – wenn das vielleicht auch 'n bisschen übertrieben ist –, dass sie mehr, oder ebensoviel in Berlin gewesen wären, wie an der Stelle, wo sie ihr Brot verdienen sollten, da, wo sie ihren Betrieb hatten. Nun kannst du dir ja denken...

Und 1935 war ja dies, war der Verkauf dieses Unternehmens, nicht wahr. Es ist alles verkauft worden, und mich wundert das heute, wenn ich drüber nachdenke, denn es war ja unter Hitler: Die Höfe im allgemeinen wurden geschont, nicht wahr. Hier ist gestattet worden, dass ein Vermögensverwalter kam und alles verkauft wurde. Wohl in diesem Sinne, nehm ich an, dass da von der Bauernschaft gar kein Einspruch erhoben wurde. Sonst, normalerweise, hätte das gar nicht stattfinden können.

Ja, das war im Frühjahr Fünfunddreißig. Im Oktober desselben Jahres hab ich die restliche Summe bezahlt. Das andere Frühjahr klingelte das Telefon, und da war der Herr Von Renft wieder am Apparat und sagte: »Herr Amme, ich habe noch einen Zuckerbissen für Sie. Wenn Sie Interesse haben, ich habe noch 400 Morgen. Sie bezahlen 100 Mark pro Quadratmeter.«

Das wären 40.000,- Mark gewesen. Nun hatten ja 40.000,- Mark damals einen andern Wert, wie heute. Der Durchschnittslohn, der lag damals bei sechzig, siebzig Pfennige. Der Maurergeselle, der kriegte so um 'ne Mark, 'ne Mark zwanzig. Also kurz und gut, diese 40.000,- Mark waren mir damals zuviel. Zwanzig wollte ich übernehmen. Da hab ich mich mit Karl Depenau von meiner Bank zusammengesetzt, was 'n Freund von mir war. Ich hatte ja die BMW mit Seitenwagen, nicht wahr, wir sind zwei- oder dreimal hingefahren und haben uns das angesehen. Ich wusste ja, wo das war, das lag direkt an meinem Grundstück dran, nur war 'n Weg dazwischen, an der andern Seite. Nun war aber dies Grundstück, von der Gemeinde aus, ein Privatweg. Und hatten wir sogar eine eigene Jagd, bei 400 Morgen hatten wir eigene Jagd!

»Ja, gucke mal, Adolf, 200 Morgen, da kann ich ja gar nicht ran, nur aufm Umweg.«

Ich sage: »Du, das machen wir so: diese Fläche, die wir hier von meinem Grundstück jetzt wegnehmen, sagen wir, was du willst, acht Meter oder zehn Meter, die krieg ich da hinten mehr, also da tauschen wir, schlicht um schlicht.«

Ja, er war halb hin, halb nicht. Es hat sich zerschlagen.

Dann bin ich nach Peine gefahren, weil ich's gern wollte, nicht wahr, zu Kutz, dem Kaffeegroßhändler, der hatte gerade geheiratet, und ich hatte gehört, dass seine Frau – das hatte er mir im Geschäft gesagt – 20.000,- Mark mit in die Ehe gebracht hatte. Da bin ich hingefahren – dazumal siezten wir uns noch, später haben wir uns geduzt –, und ich sage: »Herr Kutz, nun hören Sie mal zu, das sind 200 Morgen, 100,– Mark der Morgen. Der Wert als Brenntorf ist das Vielfache von dem, ohne das Grundstück...«

Nach dem Krieg... Also es ist nicht angegangen. Er sagte, seine Frau wollte die 20.000,– Mark auf dem Konto behalten. Dadurch ist es nicht angegangen. Und ich habe dem Herrn Von Renft gesagt, dass der Happen zu groß für mich wäre.

Wenn ich gewusst hätte, dass fünf Jahre später der Krieg gekommen wäre, hätt' ich's nämlich gemacht, denn in dem Moment... Jedenfalls hätt' ich nach dem Krieg diese ganzen 40.000,– Mark wieder rausgehabt, wenn ich das gemacht hätte. Ich hätte dann natürlich Zinsen bezahlen müssen.

So ist das verlaufen.

INTERE**SS**EN

Du hast von Hindenburgs Tod erzählt.

Wie wir da in Cuxhaven waren.

Ja. Habt ihr euch damals schon um Politik gekümmert?

Nein, nein, nein. Ja, ich weiß, meine Eltern waren viele Jahre Deutsch-Hannoveraner. Was deine Oma getan hat, das weiß ich nicht. Hat mich auch nicht interessiert. Die hab ich in keiner Art und Weise beeinflusst.

Das war dann doch auch die Zeit, als die Nationalsozialisten langsam anfingen...

Ja, ja, wo die dann kamen. Da hatten wir ja achtzehn, zwanzig verschiedene Parteien.
»So, jetzt will ich wissen, was ich wähle«, habe ich zu meiner Mutter gesagt. »Ich gehe jetzt zu jeder Versammlung hin.«
Und wenn ich wiederkam, den nächsten Morgen... Das ging ja bis abends spät Elf oder Zwölf, dann lagen meine Eltern schon im Bett.
Am anderen Morgen kam sie: »Na, Adolf, wie hat es dir gefallen?«
»Du, Mutti, den können wir wählen, den mag ich.«
Nachdem das fünf- oder sechsmal gewesen war, sagt sie schließlich: »Ja, du kannst ja alle wählen.«
Ich sage: »Tja, wat se seggt, hett se recht. Dat stimmt.«
Bloß da kam das bei den Kommunisten... Da waren meine Eltern wohl dagegen. Mein Vater sagte auch: »Nein, wenn du zu den Kommunisten gehst...«
»Doch, ik willt nun weeten, watt nun los is (ich will nun wissen, was nun los ist).«
Dann bin ich hingegangen.
Und den anderen Morgen wieder dasselbe.

»Mutter«, hab ich gesagt, »dee wähl ik nich.«

»Nee? Nanu, warum denn dat nich.«

»Hei hatte seggt: ›Und willst du nicht mein Bruder sein, dann schlag ich dir den Schädel ein!‹ – Düsse Rabauken, damit hebb ik nix im Sinn.«

»Na, wenigstens einer...«

Wann war das? Weißt du das noch?

Vielleicht so in den 20er Jahren, aber genau weiß ich das nicht.

Aber da waren die Nationalsozialisten noch nicht dabei, oder?

Nein. Ja, doch. Das muss so um die Wende rum gewesen sein. Die waren schon am Kochen, aber waren noch so ziemlich Nummero Null.

Also Ende der 20er?

Ja, ja, ja.

Und der Börsenkrach, wie habt ihr den erlebt?

Den Börsenkrach? Daran kann ich mich stark erinnern. Das weiß ich noch, dass sich 'ne ganze Menge – auch hier in Deutschland – das Leben genommen haben, weil sie alles verloren haben. Da war der New Yorker... Das war an einem Freitag gewesen. Der böse Freitag oder so ähnlich. Und die, die vorher glaubten, dass sie reich sind, die waren auf einmal arm.

Hier im Dorf auch?

Hier im Dorf? Nein, daran entsinne ich mich. Nein. Im Dorf, nein.

Also hier im Dorf hat das, bis auf die Inflation, keine Auswirkungen gehabt, von denen du noch weißt. Denn die Arbeitslosigkeit war ja auch schon ziemlich....

Ja, ja, die mussten, ja, Gott sei Dank... Pass mal auf. Heute ist das ja ganz anders. Damals, wenn die sich arbeitslos meldeten, die mussten jede Woche ein- oder zweimal nach Burgdorf zum Stempeln. Die mussten ihren Stempel holen. Kein Geld – Geld kriegten die danach. Und heutigen Tages kriegen sie es auf der Bank überwiesen. Da bin ich nicht mit einverstanden – mit allen Regierungen, die wir haben, auch mit dieser nicht. Ich sage: die Leute müssen unterstützt werden, ganz gewiss. Aber dann sollen sie auch was dafür tun, wenn ich das Geld wegschmeiße. Ob sie Gräben machen, ob sie Straßen bauen, ganz egal, irgendwas. Wenn das für den Staat nicht so wichtig ist, gut, dann ist das eben nicht so wichtig, aber dann hat das doch 'n Zweck.

Wenn ich was zu sagen hätte, dann würde ich sie mit heranziehen. Die ihr Geld verdienen, die sollten nicht hungern. Ich bin nicht dafür, dass wenn einer verheiratet ist, er hat Kinder, dass die am Hungertuch nagen müssen. Das darf nicht sein. Da bin ich dafür: Einer für alle, so ungefähr. Oder alle für einen.

Ja, das hat Hitler ja dann gemacht.

Ja, ja. Na ja, Hitler, tja. Zuerst bin ich ganz gegen ihn gewesen, wenn du von Hitler anfängst – ganz gegen ihn.

Warum?

Ich mochte den nicht, ich weiß nicht. Ich hatte 'ne Antipathie. Die waren großschnauzig. Das passte mir alles nicht, wie die auftraten. Wie die dann anfingen, wie die SA eingeführt wurde... Nö! Nich so, nee. Damit zu tun haben? Nix! Und dann habe ich immer gesagt: Das kann nicht gut gehen. Und jedes Mal... Denke mal an die Stationen, die er gemacht hat.

Jetzt kommt das und das. Und jedes Mal musste ich feststellen, hinterher, dass das, was Hitler unternommen hat, Tatsache wurde, Recht gewesen war. Ob es nun gut oder schlecht war. Aber auf jeden Fall: er hatte Recht behalten.

Das ist so sechs, sieben oder acht Mal passiert, und dann habe ich gesagt: Du, Mensche, der ist doch klüger wie du, Adolf. Also nächstes Mal, wenn das ist, dann wählst du den. Da habe ich ihn dann gewählt. Das ist das letzte Mal gewesen, glaube ich, wie Hitler dann zum Reichskanzler gewählt wurde. Ich glaube in Erinnerung zu haben, 109 Sitze haben die gehabt. {Vermutlich 1932, 196 Sitze, 33,1 % – Verlust zur Vorwahl von 4,2 %}

Da will ich nicht drauf schwören, aber so ist das in meinem Gehirn so ein bisschen verankert. 109 und dann waren sie etwas runter gefallen und von da hab ich sie gewählt.

Wenn ich nun mal vorgreife, dann kam ja '33. Da weiß ich, da haben wir hier in der Stube gesessen. Das war ja hier noch zu, da ging die Wand ja nur bis da. Da haben wir gesessen, und da hatten wir hier den Volksempfänger. Täteretä und so weiter. Das hörte man dann alles, wie die sprachen und so. Da waren wir alle begeistert. Und ich möchte behaupten, dass es wenige gab, die nicht begeistert waren von Hitler. Was er sagte, und was er anführte, das hatte alles Hand...

Erstmal habe ich bewundert: ich habe niemals gesehen – wie es späterhin, wie es dann fernsehmäßig dann war –, dass Hitler irgendwie was abgelesen hat, wie heute der Breit {Gewerkschaftsfunktionär von 1982–1990}. Ja, das kann jeder Nasenpopel. Kann ablesen. Denn stellense sich hin, und denn lesense, und denn guckense mal 'ne Sekunde hoch, und denn müssense wieder ablesen. Ja, das sind keine Männer für mich. Wenn ich solche Leute habe, die können keine Reden schwingen. Und das konnte Hitler – auch Goebbels. Lass sie sagen, was sie wollen. Wenn sie auch 'n bisschen großspurig waren.

Dann kam die Zeit, da hieß es: Alle in die Partei eintreten. In die Partei bin ich nicht eingetreten. Nein. Aber dann kam Reinhard Müller an und sagte: »Du, Mensch, wollen wir nicht in die SS?«

Die SS wurde hier in Uetze gegründet, und dann entstand ein Trupp, der nach Burgdorf gehörte.

Ich sage: »Tja, in die SS...«

»Komm, lass uns doch. Fahr doch mit, Mensch.«

Der hat mich dazu verführt. Dann sind wir nach Lehrte gefahren. Dann sind wir vom SS-Arzt untersucht worden. Tauglich! So: SS.

Das war aber schon so Mitte der 30er?

Ja, da war das schon. Und S. war der Truppführer. Der war Feldwebel im 1. Weltkrieg. Ich war ja nur Gefreiter gewesen. Der war

Feldwebel. Und der hatte eine Gastwirtschaft. Bei dem waren wir immer. Und da haben wir rumgemimt, nicht wahr. Der war unser Scharführer. Und das ging so ein paar Jahre, und dann machte der S. nicht mehr mit. Ob da irgendwas vorgefallen war, das weiß ich nicht. Dann kam 1935 und da mussten wir nach Burgdorf hin. Auf einmal war ich ausgesucht und wurde Rottenführer. Das ist so wie Gefreiter beim Militär. Dann kriegtest du so 'ne Litze. Und dann waren es noch mal acht Wochen, da wurde ich Scharführer. Das ist so wie beim Militär Unteroffizier. Und nachdem wieder ein paar Wochen vergangen waren, kam dann der Sturmführer – Sturm war in Burgdorf: »Also Scharführer Amme, Sie übernehmen ab jetzt den Trupp Uetze. Sie sind Truppführer.«

Aber als Scharführer bin ich geführt. Fünfundvierzig, achtundvierzig Leute hatten wir hier, schwankte so 'n bisschen, die in der SS drin waren. Und das habe ich mitgemacht. Das war ja alles nicht so schlimm, wir waren ja eine Kameradschaft, das war wunderschön. Wir haben Spaß gehabt.

Wir hatten alle Genehmigungen, wir konnten machen, was wir wollten. Wenn ich hinkam und sagte: »So, die Turnhalle, die will ich jetzt für heute Abend haben«, und das war angesetzt, dann müssten schon von der NS Sachen gewesen sein. Dann hieß es: »Das ist schon besetzt von der NS.«

Ja, aber wenn alles andere war, und ich wäre hingekommen und hätte gesagt: »Ja, also heute Abend will ich die Halle haben«, oder »Ich will das haben«, dann war das so. Ich war Truppführer der SS hier in Uetze. Fertig!

1935 kam dann Folgendes: Wir waren hier in der Volksschule angetreten und am Üben. Und viel Spaß machten wir natürlich auch. Den P. hatte ich hier als Schriftführer, den Schulmeister. Und dann kommt der Sturmführer aus Burgdorf an und inspiziert. Wir hatten ja immer feste Stunden. Ich meldete, wie das so militärisch war.

Er hat sich das einen Augenblick angehört, angesehen, und dann sagt er: »Jawoll. Antreten! Also passt mal auf, Kameraden. Wir haben uns die schwarzen Uniformen gekauft, jetzt müssen wir uns die feldgraue Uniform kaufen. Und da wir das ja nicht alle auf einmal können, schlage ich vor – und das geht nicht nur von mir oder vom Sturm aus, sondern auch vom Abschnitt Braunschweig –, es wird monatlich, je nach geldlichem Können, einbezahlt in eine Kasse. Wir müssen jetzt sparen, und dann kaufen wir die Uniformen zusammen, um die preiswerter kaufen zu können. – Nun, Scharführer Amme, wie viel werden Sie monatlich dafür abgeben?«

»Eine Mark, Herr Sturmführer.«

Da guckt er mich an und sagt: »Eine Mark? Dass ich nicht lache! Sie werden von Ihren Kameraden als begütert geschildert. Sagen wir fünf Mark.«

»Herr Sturmführer, ich habe gesagt: Eine Mark!«

Da hat er eine Mark geschrieben.

Nun hatte ich ja auch Arme darunter. Ich wusste, dass welche dabei waren, zum Beispiel W. im Schünebusch, der hatte fünf oder sechs Kinder. Dem waren 50 Pfennig schon zu viel. Und wenn ich dann mehr gab, dann fühlten sich alle verpflichtet, das anzupassen. Das hatte ich ja bewusst getan, denn ich wusste, damit überbot mich keiner. Und so ist es auch gewesen. Also über eine Mark hat keiner geboten. 30 Pfennig, 40, 50 Pfennig – so war die Liste. Die meisten waren bei 50 Pfennig. Der Schulmeister hatte dann eine Mark genommen und ich und der... dem geht es heute auch sehr gut, der da die Tankstelle hat. Also ein paar waren wir.

Da war der ärgerlich. Jetzt ist der Sturmführer weg.

Ich will nur mal sagen, wie das dazumal war. Jetzt ist der ganze Trupp weg, also nach Schluss, also Feierabend, nicht wahr, war zehn Uhr durch. Jetzt steht hier der P., mein Schriftführer, es steht Otto H., der war Rottenführer, es steht Karl S., der war gewöhnlicher SS-Mann und ich. Wir drei, wir stehen noch.

Da sage ich: »Erst haben wir uns die schwarze Uniform gekauft, jetzt kaufen wir uns die graue Uniform, dann kaufen wir uns ein Maschinengewehr, und dann lassen wir uns totschießen.«

Das habe ich 1936 gesagt. Herbst '36 muss das gewesen sein. '35 habe ich Plattenbrück gekauft. {Hier irrt »der kleine A.«. Die Entlassungsurkunde der SS (zugleich »Persilschein«) ist auf den 18.9.35 datiert}

»Dann lassen wir uns totschießen.«

Das war unter drei Kameraden gesagt. Ach so, ich war ja der vierte. Ich denke eben: Mensch, wir waren doch vier. Aber ich war ja noch.

Ein Vierteljahr war drüber vergangen, da sind wir bei Borchert.

Da kamen welche: »Mensch, wenn wir da in die Wirtschaft reinkommen. Immer in der Turnhalle. Man will ja auch mal ein Glas Bier trinken. Dann können wir das doch da machen. Der hat einen großen Saal. Können wir doch da hin.«

Ich sage: »Tja, von mir aus! Wie ist denn die Stimmung dafür? Hier ist der Antrag gestellt worden, um zu wechseln – von der Turnhalle da, zu Borchert.«

»Jawoll, jawoll, jawoll!«

Ich sage: »Wer für Borchert ist, mal Hand hoch.«

Das waren, ich möchte sagen, fast alle.

Ich sage: »Also gut, ab nächste Woche geht's dahin.«

Dann war das erledigt.

Wir waren schon mehrere Male da gewesen. Das war nicht der erste Abend. Auf einmal kommt 'n Scharführer von den Burgdorfern ran.

»Amme«, sagt er leise zu mir. »Dicke Luft, dicke Luft. Du sollst mal rüberkommen. Vom Abschnitt Braunschweig, die sitzen alle da. Dicke Luft!«

Ich sage: »Wieso? Was ist?«

Wir duzten uns ja.

Und dann hieß es wieder per Sie: »Ja, also Sie müssen jetzt mal zum Chef kommen.«

Ich gehe rüber. Da sitzt die ganze Prominenz – der Sturmführer, der Standartenführer und die oberen Führer von Burgdorf und Hannover –, die sitzen um den Tisch rum.

Ich komme in die Tür rein, da steht ein leerer Stuhl. Die anderen sind alle besetzt. Ich habe gegrüßt, militärisch, wie sich's gehört, wie es sein musste und erwarte nun, nachdem das geschehen ist: Ja, bitte setzen Sie sich mal, wir wollen uns mal unterhalten. Es sind Missstände oder was.

Nix von das...

Ach, das muss ich noch davor sagen, das fehlt noch. Also ich bin jetzt hier, bin im Laden, und da kommt einer rein und sagt: » Du, Adolf, da sind SS-Lüe, du schast mal rutkomen (da sind SS-Leute, du sollst mal rauskommen).«

Ik segge: »Wieso? Warum dat?«

»Ja, de sitzen da im Auto, du schast mal rutkomen.«

Ik segge: »Ja, aber de könnt doch ook rinkomen (die können doch auch reinkommen).«

»Du, ik hebbet dik geseggt (ich hab's dir gesagt).«

Die hatten ja alle Schiss, alle Schiss vor der SS.

Also ich bin rausgegangen und habe dann »Heil Hitler« gegrüßt. »Tja, sagen Sie mal, wo wohnt der SS-Scharführer Adolf Amme?«

Ich denke: Mensch, ist der verrückt?

Ich sage: »Da!«

»Hat der denn ein Haus?«

Ich sage: »Ja.«

Habe immer noch nicht kapiert, was los war, denke noch immer, der ist verrückt.

»Tja, das ist doch unmöglich. Wir flaggen doch heute.«

Irgendwie war was.

»Und da weht 'ne schwarz-weiß-rote Fahne. Wie gibt's denn so was?«

Nun weiß ich nicht, wie der hieß.

Da habe ich dem gesagt: »Ich habe ein Geschäft und bin angewiesen auf meine Kundschaft. Und hier ist die Kundschaft für mich fast neunzigprozentig sozialdemokratisch, und dem habe ich mich angepasst.«

Da hatte der, wie ich dies so gesagt hatte, dem Fahrer 'n Wink gegeben. Das habe ich aber nicht mitgekriegt. Den musste er gegeben haben. Auf einmal startete der – und weg waren sie. Und ich stand wie 'n begossener Pudel auf der Straße. Da habe ich zum ersten Mal Zorn gekriegt. Ich habe schon 'n paar Mal Zorn gekriegt.

Einmal hatte ich mich schon in Burgdorf gemeldet. Da war ein SS-Mann – ein Schlawiner nebenbei gesagt –, der war in Anderten-Misburg beim Schützenfest oder so einem Fest gewesen. Und da hatte der wohl ein Mädchen zum Tanzen aufgefordert. Und die hatte Nein gesagt und ist mit einem anderen losgegangen. Und dann ist dieser SS-Mann weggegangen, hat noch zwei SS-Leute geholt, und dann haben Sie diesem, dem Tanzpartner, gesagt, er soll mal rauskommen. Und dann haben sie den vermöbelt. Drei oder vier, wie viele das gewesen waren.

Und ich konnte diesen SS-Mann schon immer nicht leiden. Der gehörte nicht zu uns, der gehörte zum Sturm Burgdorf.

Da ist ein anderer hergeholt worden. Der hatte nicht viele Schläge gekriegt, weil der dann ausgebüchst ist.

Da hat dann die obere SS-Führung… also diese Leute nun, die sind mit dem Wagen rumgefahren und hatten nichts zu tun. Wann hat der Feierabend? Da und da arbeitet der.

Und da haben sie aufgepasst, und wie er gekommen ist: »Kommen sie mal ran hier! Steigen sie ein hier!«

Was sollte der Mann machen? Der konnte nichts anderes machen, nicht wahr, der ist eingestiegen. Und dann brachten sie ihn zum Sturm. Und der ganze Sturm war angetreten. Ich habe die nicht gezählt. So ungefähr 120 Mann standen da. Truppenzug war ja mit dabei. Wir waren ja nur ein Trupp, standen mit dabei.

»So, was ist da gewesen, und was hat der gemacht?«

Dann hat der SS-Mann, ich weiß nicht welchen Titel der hatte, also was für 'ne Charge, da hat er zu dem gesagt: »Wenn Sie mit einem Menschen irgendwie Unstimmigkeiten haben, und Sie schlagen sich, dann geht das keinen was an, außer den Beteiligten selber. Wenn Sie aber die Uniform…«

Ach so, das habe ich vergessen. Nun hatte dieser, den die SS verprügelt hatte, auch Freunde, die kommunistisch gewesen sein sollen oder stark sozialdemokratisch. Die hatten aufgepasst und hatten bei dem nächsten Fest diesen SS-Mann wieder verprügelt. Und da hatte der Uniform angehabt. Und das nahmen sie als Vorwand.

Er hätte die Uniform beleidigt, die Uniform… also ich kann das nicht mehr wörtlich so bringen. Aber der Sinn war: wenn sie privat was gehabt hätten, wäre er nicht dran, aber die SS-Uniform lassen wir von keinem schlagen.

»So, und nun nehmt 'n euch vor.«

Und dann musste er so 'ne Art Spießrutenlauf machen. Da wurde in zwei Reihen angestellt, und der musste ran. Und jetzt kannst du dir lebhaft vorstellen: die hauten auf den ein, mit Fäusten. Und teilweise hatten sie auch Gummiknüppel.

Ich sage dir, ganz erbärmlich hatten sie den zugerichtet. Ich stand ja mit vor der Front, mit den Scharführern von Burgdorf. Mensch, da habe ich denn gemutert. Habe ich zu dem gesagt: »Das wird jetzt aber bald zu viel.«

Ich nehme an, der hatte das gehört.

Und da sagte er auf einmal: »Schluss jetzt!«

Ruckzuck. Und da hörte das auf.

»So. Könnense abhauen. Nun merken Sie sich das eine: Fassen Sie nie wieder eine schwarze Uniform an. Dies war nur das Vorspiel!«

Der nun runter, kannste dir lebhaft denken. Und unten fielen sie wieder drüber her, diese Rabauken, und verprügelten den. Und dann standen andere dicht dabei, die sahen das. Aber die griffen nicht ein.

Da hab ich gesagt: »Na, hört zu, der hat doch jetzt wohl genug bekommen.«

Das habe ich so laut gesagt, dass die das hörten.

Da griffen die anderen ein und sagten: »Ja, aufhören jetzt!«

Und dann sind sie selbst noch hinterhergewesen, haben ihn aber nicht gefunden, denn das muss in der Zeit gewesen sein, als das Korn so hoch gewesen ist. Muss also Ende Juni gewesen sein. Dann war der weg.

Jetzt kommt die Geschichte, wo wir bei Borchert waren, wie ich da vorgeladen war. Ich stehe da, grüße, wie es sich gehört und warte nun vor dem Tisch. Der Platz ist leer. Auf einmal kam Scharführer Sowieso: »SS-Leute hissen schwarz-weiß-rote Fahne. ›Erst haben wir uns die schwarze Uniform gekauft, jetzt kaufen wir uns die graue Uniform, dann kaufen wir uns ein Maschinengewehr, und dann lassen wir uns totschießen.‹ Scharführer Amme, wie stellen sie sich dazu?«

Hat haargenau das wiederholt, wie ich es zwischen diesen Dreien gesagt habe. Alles das wurde mir vorgehalten. Jetzt wusste ich also, einer von den Dreien hat das verraten. Ich vermute, der H. hat das gemacht, weil der mein Nachfolger wurde.

»So. Das war also so. Ja, Sie können gehen. Wer hat den Trupp übernommen?«

Ich sage: »An H. habe ich übergeben.«

»Der kann weitermachen.«

Das muss Ende '36 gewesen sein. Und drei dazu sind neunundreißig. Ja, also ich war an die 40 Jahre. Ich war kein dummer Junge mehr – altersmäßig gesehen. (Lacht) Ob ich's sonst war, weiß ich nicht, aber altersmäßig nicht.

Ich wurde entlassen – die blieben da. Kein Wort von Kameradschaft, wie es üblich war. Also steif bis...

Und dann bin ich hingegangen und habe zu H. gesagt: »Du, ich melde mich ab. Ich fühle mich nicht, ich gehe nach Haus.«

September 1943

Das war gelogen, nicht wahr, aber ich hatte 'n Grund.

Habe mich mit ›Heil Hitler‹ verabschiedet und bin nach Hause gegangen. Nie wieder zur SS.

Dann ist H. zwei oder drei Mal hier gewesen und hat mich aufgefordert: »Mensche, Odolf, du musst doch komen.«

Ik segge: »Du kannst das ja so gut. Du wutt dat ja (Du willst das ja). Nun mach du et man. Ik heb keen Tiet (Ich habe keine Zeit).«

Und es war Gott sei Dank gerade in der Mostezeit. Und ich hatte sehr viel zu tun. Ich hatte ja groß den Mostereibetrieb.

Ich sage: »Du, geh hin und schau dir an, was da an Äpfeln liegt, was da zu arbeiten ist. Sieh dir die Flaschen an. Ich kann jetzt nicht kommen, das ist ganz ausgeschlossen.«

Ich ging sowieso nicht hin. Ich als Scharführer, und der übernahm dann eventuell als Rottenführer? Er war Rottenführer, also Gefreiter, und er machte das? Das machte ich sowieso nicht mit und habe mir gesagt: Jetzt ist Schluss!

Ach so, jetzt kommt folgendes: Damals wurde die Brücke in Abbeile gebaut. Da steht heute das Datum drauf. '36 steht da noch dran. Und der Bauführer wohnte hier bei uns. Wecken hieß er. Vom Harz war der weg. Der war also für die Brücke verantwortlich. Nein, jetzt habe ich vorgegriffen. Das kommt erst später. Das habe ich eben verwechselt. Das kommt noch.

Da bin ich mit meiner Uniform zu Franke hingegangen, Hermann Franke. Mein Rock war ein wunderschöner, schwarzer Stoff.
»Was? Den abgeben? Adolf, bist du verrückt?«
Ich sage: »Herrmann, Litzen runter, Sterne ab, alles runter.«
Mütze habe ich da hingelegt, konnte ich nichts mit machen.
Koppel – ›Meine Ehre heißt Treue‹ – konnte ich auch nichts mit machen. Hingelegt. Stiefel nicht, die konnte ich behalten, waren Reitstiefel, wunderschöne Schuhe. Die kann jeder tragen, Hose auch. Ja, das sah schnieke aus. Da war nichts dran. Aber der Rock hatte nun mal diese... Na ja, es war ein SS-Rock. Das konnte man sehen.
Ich sage: »Hermann, bau den mal um zum zivilen Rock. Das Jackett hier, da machst du jetzt schön... «
»Mensch, Adolf, das ist doch 'n SS-Rock.«
Ik segge: »Tja, und?«
»Mensche, Odolf, SS. Mensche, Mensche, dat tru ik mik nich, dat mok ich nich (das trau ich mich nicht, das mach ich nicht)«, seggt hei.
Ik segge: »Warum machst 'n dat nich?«
»Nee. Mensche, ik kome in Deuwels Köke (ich komme in Teufels Küche)«, seggt hei.
Ik segge: »Wat gaht dik denn dat an (was geht dich denn das an), wat dat gewesen is?«
Er hatte sowieso ein paar Anzüge für mich gemacht und war ja auch Kunde bei uns im Laden.
Ik segge: »Wat weißt du denn von de SS? Wenn ik hier kome und segge, du schast dat moken (du sollst das machen) oder ik segge, ik will dat geändert hebben. Ik kann ja 'n zweiten hebben, disse is tau schade (dieser ist zu schade). Disse is tau schlecht forn Dienst.«
»Tau schlecht forn Dienst? Ach so. Jo, jo.«
Ich hatte ihm ja die Brücke gebaut, nicht wahr.

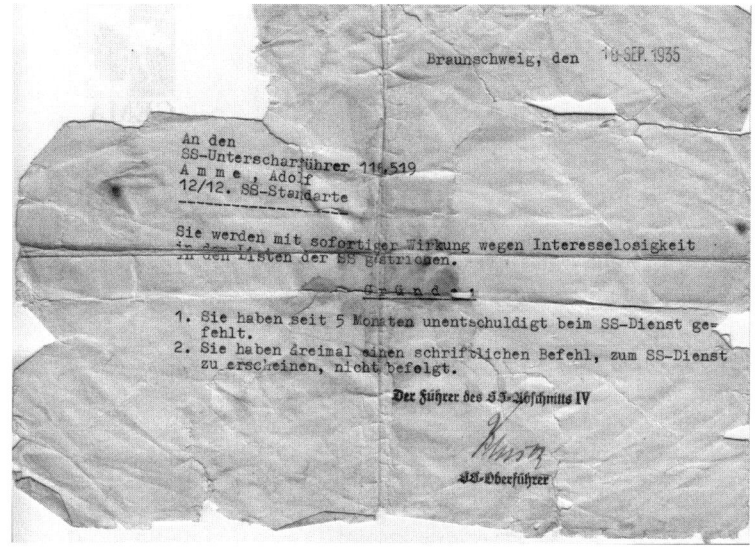

»Persilschein«

»Jo, jo«, seggt hei. »Ach so. So is dat. Und denn wutt se de nich mehr (wollen sie die nicht mehr) von de SS?«
»Jawoll!«
»Ja, Menschenskind. Aber up diene Verantwortung.«
»Up miene Verantwortung.«
Und dann hat er das gemacht. Die Litzen, die Sterne, alles schön hingelegt, in die Mütze, alles parat gelegt.
Und eines Tages kommt H. an und sagt: »Odolf, morgen oder übermorgen kriegste Na'richt vom Abschnitt. Du bist utesperrt (ausgesperrt) von de SS, und ik will jetzt de Uniformstücke holen, allet wat da is.«
Ik segge: »Ja. Komm her.«
Mütze dahingelegt.
»Ja, der Rock!«
Ik segge: »Ja, der is hier. Ja, bitte. Ist das ein SS-Rock?«
»Nö, dat is 'n Zivilrock. Den swatten (Den schwarzen)!«
»Hier sind die Litzen, hier ist die Koppel.«
Sonst hat er nichts gekriegt.
»Ja, ist gut. Ich werde das so melden.«

Und dann ist er weggegangen.

Den anderen Tag, wie H. hier gewesen ist, kriegte ich das Schreiben. Und da heißt es wortwörtlich – ich hab es da noch liegen:

An den SS-Scharführer Adolf Amme, Nummer 125.900 und das weiß ich nicht mehr genau.

»Sie werden mit sofortiger Wirkung in den Listen der SS wegen Interesselosigkeit gestrichen.«

SS Abschnittsführer. Jockel oder so ähnlich hat der geheißen.

Meinen Anzug holte H. denselben oder den übernächsten Tag ab. Hat er alles abgeholt.

Ich habe Nächtelang nicht geschlafen, kannste sicher sein. Was machst du? Setzt du deinen Kopf durch oder nicht. Gibst du klein bei? Hast 'ne Familie, haste ja alles. Was können sie tun?

Jetzt war Oma am Weinen. Die hatte vorher schon mal geweint. Hatten wir sonntags Dienst. In Uetze, das bestimmte ich ja. Aber für den Sturm, da war ich ja Untergebener. Da musste ich mich nach dem Sturm richten. Und Sonntagmorgens von, ich weiß nicht, von Klocke Neune bis um ein Uhr hatten wir Dienst, im Burgdorfer Holz, so Kriegsübungen. Ich bin dabei.

Und da habe ich angefangen, natürlich vorher... Die ganzen Übungen gehen ja alle aufs Militärische raus, alles aufs Militärische. Das war mir sofort klar. Wenn wir Sturm in Burgdorf hatten, oder wie die Orte da alle hießen, dann war eine die weiße und die andere die rote Partei. Und die weiße greift an, und dann greift die rote an. Dies alles diente nur dem militärischen Zwecke. Ja, so war das bei der SS.

Und da sind so viele Leute im Laden gewesen, und wie ich wiederkomme, ist Oma am Weinen.

Ich sage: »Was hast du denn?«

»Adolf, Mensch, Brandes' Frau und drei oder vier sind weggegangen. ›Ja, wenn Odolf meint, der SS-Dienst is wichtiger, as hier to verköpen (verkaufen), denn mütt wi seien, dat wi use Ware hier woanders köpen (dann müssen wir sehen, dass wir unsere Ware hier woanders kaufen).‹«

Das war das, was ich befürchtet hatte. Darum stand's mir schon bis hier. Mit 'n Grund. Und da war ich dann ja raus.

Du glaubst nicht, was die damals für 'ne Macht hatten. So 'n lumpiger Scharführer von der SS. Der ging hin als Scharführer, sagen wir mal, wenn ich jetzt in deine Wohnung käme: »Packen Sie ihre Sachen ein und kommen Sie mit!«

»Was, ich hier?«

»Wollen Sie's nicht?«

Dann konnte er seinen Revolver ziehen.

»Wollen Sie, oder wollen Sie nicht?«

Ja, was machste da? Dann gehste mit. Du musst ja immer bedenken, der Druck, der dahinter stand.

Burgdorf war mit Uetze zusammen. Wir waren nicht ganz 200 Personen, musst du bedenken. Eine richtige Kompanie. Also jetzt waren da zwei Scharführer aus Burgdorf, die harmonierten sehr gut zusammen.

Die kamen hierher und sagten: »Mensch, Adolf, komm her. Du wirst sofort wieder aufgenommen. Die warten darauf. Es sollte nur ein Exempel statuiert werden. Komm her, du wirst sofort wieder aufgenommen. Wir haben darüber gesprochen. Ist intern, was wir sagen. Das bleibt unter uns – legten den Finger auf den Mund – also heimlich. Die Unterführer, also die Lehrführer, haben sich zusammengesetzt, und dann ist es zur Wahl gekommen. Und die Stimmung war dafür. Dann hat es geheißen: ›Ja, Scharführer Amme muss den Trupp Uetze haben, und nicht der Rottenführer H.. Amme, das ist ein anderer Mann.‹«

So ungefähr in dem Sinn.

»Adolf, du brauchst jetzt nur einen kleinen Besuch zu machen. Du bist sofort wieder in den alten Würden drin.«

Und ich muss heute bekennen: Ich hätt's getan. Ich hätt's getan. All die Widerwärtigkeiten...

Durch diese ganze Geschichte war Oma wieder am Weinen.

Und jetzt komm ich auf den Wecken zurück, den Ingenieur oder den Bauführer, der die Brücke gebaut hatte. Den hatten wir hier wohnen. Der hatte hier ein Zimmer. Der war verheiratet.

Kurz und gut, ich bin weggewesen zu der Minute. Nun kommt er von der Schicht – das muss also in der Abendzeit gewesen sein.

»Frau Amme, was haben Sie denn? Haben Sie Kummer oder Ärger? Warum weinen sie denn?«

»Mein Mann ist rausgeschmissen aus der SS. Und nun, was? Wir haben einen Laden, und was können die uns alles tun.«

»Ach so, Frau Amme...!«

Wie die noch im Gange waren, da kam ich gerade.

»Herr Amme«, sagt er, »bleiben Sie hart.«

Ich wollte, ich nannte das »die Mütze untern Arm nehmen«. (Markig) »Herr Amme, bleiben Sie hart! Sie sollen mal sehen, wie ihre Frau« – so zu ihr – »wie Sie jetzt Tränen der Trauer weinen, so weinen sie noch mal Tränen der Freude, dass dies so gekommen ist. Darauf gebe ich Ihnen Brief und Siegel, so wahr ich hier vor Ihnen stehe.«

Ich sage: »Herr Wecken, hören Sie mal. Ich habe hier ein Geschäft. Ich habe zwei Geschäfte, gucken Sie mal an...«

Die Nazis standen '36 in ihrer Blüte.

»Was machen die mit uns? Was können die mit mir machen und hier mit dem Betrieb? Nicht, dass die den ganzen Betrieb stilllegen, und was dann?«

»Herr Amme, diese Schweine, diese Lumpen, diese Verbrecher!«

Und so ging das los.

»Was haben die in Braunschweig gemacht?«

Der war aus der Braunschweiger Gegend. Der war kein Blödhannes, nicht wahr. Also da merkte ich, dass der doch ein Gegner der Hitlergeschichte war, wie es nicht doller ging. Vorher haben wir gedacht, der wäre Hitleranhänger, und dann kam er mit seinen wirklichen Worten heraus. Da war er SPD-Mann und verdammte die ganze Hitlerschaft und wünschte sie zum Teufel.

»*Den* haben die totgeschlagen, *den* haben die weggeholt – nie wieder was von gehört. *Der* ist verschwunden. Wo ist er denn geblieben? Wieso kommt keine Polizei?«

Und so bearbeitete er mich. Und der hat mich rumgekriegt.

Und da bin ich hart geblieben.

Die holten dich weg, abends um Elf, Zwölf, und dann warst du weg. Die haben dich in irgend so 'n Konzentrationslager gebracht, nicht wahr. Und wenn du da 'n bisschen aufsässig warst, dann bist du auf der Flucht erschossen worden. Peng Bumm.

Wenn es ganz gut ging, dann ist er geflohen. Fliehen durfte er nicht, das musste verhindert werden, und dann haben die den erschossen. Wenn Sie dahinter gestanden haben, dann auf zwei Meter.

Und ich war dran, die Mütze unter den Arm zu nehmen, wenn Wecken nicht da gewesen wäre. Ja, diese Zeit ist dann gekommen, diese Freudentränen sind gekommen.

1945, wie der Krieg aus war, wurden die hier alle verprügelt. Ström wurde verprügelt, bei Heinrich B. holten sie die Schweine weg, die Schünebuscher hatten sie verprügelt. Da wurde geklaut noch und nöcher.

Ja, so war das mit der SS.

OLYMPIA

1936 ist die Olympiade gewesen. Da kam der Olympia raus, von Opel. Und Oma sagte: »Mensch, Adolf, wollen wir nicht ein Auto kaufen? Mit der ollen BMW, da bist du ja immer dreckig, bist ja nicht geschützt. Ich nicht.«
»Du sagst was, Mensch. Ja, ich bin auch scharf drauf.«
»Ja, dann lass uns den doch kaufen.«
Ich also nach Celle gefahren, Maussner in Celle, Olympia kaufen.
»Aber mit einem Verdeck zum Öffnen, wegen Sommer und Winter.«
»Ja, ist gut.«
Ich weiß nicht mehr, was das gekostet hat. Eines guten Tages kriege ich dann die Nachricht: »Herr Amme, Sie können Ihren Opel abholen.«
1938 habe ich den Opel gekauft. Da war noch kein Krieg. Hingefahren mit dem Zug. Die Linie war ja frei: Braunschweig – Celle. Ich gehe zu Maussner, der diesseits wohnte, also günstig für mich.
»Hallo, Herr Amme. Sie wollten Ihren Wagen abholen. Ja, das ist schön. Kommen Sie her, ich hole Ihre Papiere.«
Ich hatte was anbezahlt, und es fehlte noch eine Restsumme. Das war erledigt. Versicherung war alles bezahlt. Das machten die schon so.
Ich sage: »So, nun zeigen Sie mir mal meinen Wagen.«
Hatte wohl schon hinten drin gesessen, aber noch niemals selber Auto gefahren. Ich lasse mir das erklären.
Er sagte dann: »Ja, hier ist die Kupplung, da ist die Bremse, da geben Sie Gas.«
Hatte auch elektrisches Licht.
»Ja, also hier ist die Kupplung, da die Bremse. Und das...?«
Und durch dieses dumme Nachfragen von mir sagt er: »Ja, sagen Sie mal, das wissen Sie doch. Haben Sie denn noch nie in einem Wagen gesessen? Haben Sie noch nie gefahren?«
Ich sage: »Nee.«
»Was?« sagt der. »Sie haben noch nie, überhaupt noch keinen Wagen gefahren?«

Olympia 1938

»Nee. Noch niemals gefahren.«
»Haben Sie denn einen Führerschein?«
»Für Motorrad, ja.«
»Und für'n Wagen?«
Ich sage: »Nee.«
Da hat er die Hände über dem Kopf zusammengeschlagen.
Ich sage: »Tja, jetzt hab ich's gefressen. Das ist der Gang. Ja, jetzt sitzt es.«
»Um Gottes Willen, Herr Amme«, sagt er »wie stellen Sie sich das denn vor?«
Ich sage: »Ich stelle mir das so vor: damit ich nicht so in den Straßenverkehr komme, bringen Sie mich bis zu der Kirche dort, zur Braunschweiger Straße.«
Dann war ich so ein bisschen aus der Stadt raus. Damals. Einzelne Häuser standen da. Heute ist das alles schon wieder überbaut. Damals war das noch viel freier. Davor waren noch Spargelfelder.
»Ja, ich bringe Sie hin, Herr Amme. Aber dann?«
»Ach, ich fahre dann erst einmal langsam, und dann komme ich da schon hinter.«
Hat er mich hingebracht. Heute dürften die das ja gar nicht mehr. Damals war das anders.

»So, Herr Amme, in Gottes Namen, sagen Sie keiner Menschenseele, dass ich Sie bis hierher gebracht habe«, sagt er.

Da habe ich mich reingesetzt. Ich brauchte noch kein Licht, so hell war es. Dann der erste Gang. Ja. So, der zweite. Ja, das ist ja ganz einfach. Ich habe dann erst mal gesessen, ohne zu fahren. Das alles erst mal nur gemimt. Kupplung – tief durchtreten, dann die Bremse. 1, 2, 3, 4. Ja, das ist ja einfach. Dann habe ich den Motor wieder angelassen – den hatte ich vorher abgestellt –, und da bin ich dann losgezuckelt. Erst mit dem ersten Gang eine Zeitlang. Ich denke: Nee, kostet zu viel Benzin. Dann in den zweiten. Ging ohne weiteres. Dritter ging ohne weiteres, und vierter ging noch besser. (Lacht) Und dann so aufs Steuerrad geklopft und geguckt: Wem gehört die Welt? Ja, dir!

So bin ich gefahren. Und nun rate mal, wie viele Autos sind in beiden Richtungen an mir vorbeigefahren?

Wahrscheinlich keins.

Fünf Stück.

Fünf Stück?

Bis Bröckel. Fünf Stück in beiden Richtungen. Stell dir das mal vor. Die hast du heute in zwei Minuten. Im vierten Gang fing er auf einmal an zu stottern, ich habe bestimmt zu wenig Gas gegeben. Durchgetreten.

Dann bin ich angekommen. Oma stand schon vor der Tür.
Ich sage: »Komm!«
Och, da war ich schon quietschvergnügt.
Ich sage: »Na, komm, wollen wir jetzt mal fahren. Fahren wir mal nach Dedenhausen runter.«
»Neeee«, sagt Oma, »ich bin nicht lebensmüde!«
Ich sage: »Du hast 'n Klaps. Komm hierher!«
»Nee, nee!«
Hat sie nicht gemacht.
Ich sage: »Ja, denn nicht.«

Dann bin ich noch weiter. Das war schon mit Licht. Und da denke ich: Nee, jetzt lass das. Jetzt ist dunkel. Du kannst das nicht mehr sehen. Dann habe ich ihn auf den Hof gefahren, stehen lassen.

Am andern Morgen bin ich nach Wackerwinkel, die Straße hinterm Friedhof. Weißt du ja, da ist ja gar kein Verkehr.

Ja, da haben wir auch unsere ersten Übungen gemacht.

Ja. Da habe ich noch mal das Rückwenden und Vorwenden und das Einschlagen auf engem Raum so drei oder vier Stunden lang geübt.

Sag mal, was war denn das für ein Weg damals? War das Kopfsteinpflaster oder Sandweg?

Wo?

Na, von Celle her.

Nee. Steine waren da aufgeschüttet, aber viele Schlaglöcher, weiß ich wohl. Das kann ich sonst nicht wirklich sagen. Also mir ist das nicht aufgefallen. So schlimm kann das nicht gewesen sein. Ich habe davon kein bisschen in Erinnerung.

Hinterm Friedhof, wie ich da am Üben bin, denke ich: Halt stopp, du musst ja auch mal an eine Steigung kommen, musst anhalten und wieder anfahren. Das ist nämlich als Anfänger gar nicht so einfach, habe ich festgestellt. Da bin ich zum Bahnhof, zur Rampe gefahren und habe das geübt. Das ging ein paar Mal mehr oder weniger schlecht, und schließlich war das kein Problem mehr.

Da hatte ich noch gar nichts. Ich hatte noch nicht mal 'n Schild. Noch nicht mal angemeldet. Nichts. Da gab's in ganz Uetze, ich weiß es nicht, aber bestimmt keine zwanzig Autos.

Also kurz und gut, dann konnte ich das. Dann bin ich nach Peine gefahren. Hier war gar keiner, der die Prüfung abnehmen konnte. Ob in Burgdorf, das weiß ich nicht. Ja, Peine, da bin ich hingefahren.

»Ja, dann kommen Sie mal am...«

»Ja, wieso soll ich wiederkommen? Ist die Prüfung hier?«

»Nein, Prüfung nicht, sondern Sie wollen doch üben hier, nicht wahr?«

Ich sage: »Nein, ich kann fahren.«

»Ach so, Sie wollen nur den Führerschein machen.«
Ich sage: »Ja, nur den Führerschein.«
»Ja, ist in Ordnung.«
Hab ich vierzig Mark für bezahlt.
»Ja, dann bekommen Sie Nachricht. Das kommt vom TÜV.«
Und eines guten Tages bekomme ich Nachricht. Dann bin ich mit meinem Wagen hingefahren. Nun hatte ich ja den Schein, dass ich meine Prüfung machen sollte. Vier oder fünf Wagen waren da.

Halt Stopp, denk ich, Adolf, du musst erst mal schauen, musst erst mal ruhig werden. Ein bisschen aufgeregt war ich doch. Schließlich waren sie alle fertig, nur ich nicht.

»So. Ein Mann ist noch: Herr Amme.«
»Donnerwetter«, sagt er dann. »Ja, wie spät ist es?«
»Es ist sechs Uhr.«
»Ja, mein Zug fährt ja. Hören Sie, fahren Sie jetzt hier geradeaus. Biegen Sie rechts rein in die Straße.«

Da waren wir grade beim Bahnhof in Peine.

Ja, ich biege rechts rein. Mensch, als ob der liebe Engel das gesehen hat, schaue ich zufällig hoch. Ein Schild! Und da war dieser Querbalken. Der Fahrlehrer hätte mich ja darauf aufmerksam gemacht. Aber der hat's ja nun gewusst. Nicht 'ne Silbe hat er mir gesagt.

Mensch, ich bin davor und trete – Zack! – auf die Bremse, dass wir sogar so 'n bisschen ruckten. Da stehe ich 'n Meter vor diesem Schild.

»Nanu, wollen Sie nicht weiterfahren?«
Ich sage: »Nein!«
»Warum nicht?«
Ich sage: »Hier darf ich nicht fahren.«
»So? Na, denn drehen Sie um. Fahren Sie mich zum Bahnhof.«
Zum Bahnhof gefahren, Unterschrift, fertig. Da hat er noch auf dem Auto unterschrieben, den Führerschein. Das war meine Prüfung. So war das.

Ja, wann ist das gewesen? Meinen ersten habe ich '26 gemacht fürs Motorrad. 1938 muss das gewesen sein.

DER 2. WELTKRIEG UND DIE FOLGEN

»GUTTER MANN«

Nun war der Krieg vorbei. Jetzt greife ich mal vor...

Soweit sind wir ja noch gar nicht.

Ja, das bleibt aber im Zusammenhang.

Ja, gut.

Jetzt ist der Krieg vorbei. Vorher war hier eine Nebelwerferabteilung gewesen, und die hatten einen Russen mitgebracht: Stefan. Den hab ich hier fotografiert. Und dahinter hat er was in Russisch geschrieben. Ich kann's nicht übersetzen. Wenn du jemand kennst, der das übersetzen kann... Ist nur so ein kleines, nur so 'n lüttjes Foto.

Für immer
Erinnerung für ganze
Familie Adolfa Amme von
euren Mitarbeitern
Bogdanova
Stefana
Lukjanovicha
2 Mai 1945

Stefan. Den hatten sie hier gelassen. Ich war noch zu Haus, du weißt ja warum {s. Herzschwäche}.

Und da bin ich zum Spieß hin und sage: »Hören Sie mal zu, ich brauche mal ein oder zwei Leute. Kommen Sie her, wollen Sie Wein zu trinken haben?«

»Ja, Herr Amme.«

Wo war ich? Ach so, der Krieg war nun fast vorbei. Wir hatten den Stefan hier behalten. Dann kommt der eines Tages an. Das war der Umschwung. Die Amerikaner waren schon in der Ecke von Bielefeld, in Westfalen.

Da kommt er an und sagt: »Chef, du wissen, ich habe da Kameradin, Russin, und die weggelaufen bei Bauer da, hinter Hannover weggelaufen und nicht wissen, wo schlafen, wohin sollen. Können Sie halten die hier bei uns? Wir doch können brauchen hier. Und ein bisschen Essen mit geben, damit Mädchen nicht verhungert.«

»Ja«, sag ich, »ja, gut, lass sie kommen.«

Kaum war die acht Tage hier, kam sie an. Sie hätte eine Freundin, eine Polin. Und da war dasselbe. Die war auch ausgerückt und kam auch hierher. Die machten jede Dreckarbeit. Oma brauchte überhaupt gar nichts zu machen. Wenn Oma 'n Besen in die Hand nahm, dann rissen sie ihr den Besen weg.

»Oma, du nix, du nix. Wir, wir. Du nix machen, du nix machen.« So ging das dann. {Oma haben sie bestimmt nicht gesagt, meine Großmutter war damals um die Vierzig.}

Warte mal, mein Tonband ist gleich zu Ende.

Ach, du lieber Himmel. Ich erzähle wohl zu weitläufig. Ich soll wohl kürzer machen, was?

Kommt drauf an. (Schmunzeln) Nee, diese Geschichte mit der SS und so, das ist schon ganz gut, dass die so weitläufig erzählt ist.

Ich meine, das sind authentische Sachen. Und die sind nicht gelogen, nicht wahr. Nicht aufgebauscht in meinem Gehirn, sondern so, wie ich dir das sage, so war das auch. Ich wäre ins Konzentrationslager gekommen. Ich hätte tot sein können, wenn das heraus gekommen wäre, was ich hier gemacht habe. Aber da das am Umkippen war, das funktionierte ja so nicht mehr, dadurch ist das nur möglich gewesen. Aber jetzt kommt es... Das kann ich kürzer sagen.

Ja, erzähl das ruhig, wir nehmen das ohne Tonband auf.

Wie? Ohne Tonband?

Rede ruhig weiter. Und wenn du die Geschichte zu Ende hast, danach trinken wir dann...

Also kurz und gut, da kam die Russin an: »Chef, du wollen nicht Freundin hier, Polin haben? Paar Tage, dann aus der Krieg.«
 Ich sage: »Ja, meinetwegen. Kommt her. Aber hier nicht rausgehen. Und wenn kommen von Partei, ihr sofort raus hier.« Denn die waren ja bei uns mit im Zimmer, das war streng verboten.
 Streng verboten! Die durften nicht im selben Raum mit essen, wo die Deutschen aßen. Die mussten im Nebenraum sitzen, bei den Schweinen oder Kühen, oder wo es auch sei, ganz gleich. Das gab's nicht. Und bei uns aßen sie ja mit am Tisch.
 Das hatte ich allen gesagt. Und der Stefan hatte denen das auch gesagt: »Wenn da welche von Partei kommen, dann sofort raus. Sonst ich machen hier. {Geste: Kopf ab!}
 Wie der Krieg aus war, wie Schluss war, bin ich mit Stefan losgegangen zur Molkerei, und da haben wir Butter geholt. Keiner wagte sich auf die Straße. Alles war noch voll Russen, voll Tschechen, voll Polen, voll allem möglichen Zeugs, was hier rumlief. Überall.
 Ström hat doch Schläge gekriegt. Da sind sie auch hinterher gewesen. Ström, dieser Bulle, stell dir das vor. Der hat ein Polenmädchen gehabt. Ich sehe den noch über die Straße laufen.
 Ja, ich habe hier gestanden. Ich konnte hingehen.
 Und die Schünebuscher, F. und L., die haben sie doch beide auch so gewaltig verprügelt. (Flüsternd) Und ich habe damals gesagt: »Noch gar nicht genug.«
 Weißt du, die waren genau so, wie Hitler sie wollte. F., das war ja mein Vetter, der ist tot und man soll nichts Schlechtes über Leute sagen, die sich nicht wehren können. Er glaubte schon, er säße in der Ukraine und hätte da 2000, 3000 Morgen Land, hätte seine Angestellten, und die befehligte er dann alle. So war das von dem gedacht. Also die hatten die Fremdarbeiter miserabel behandelt.
 Bei mir?
 Wenn ich hier ging, grüßten alle: »Ah, der Chef.«

Das hatte sich rumgesprochen. Die grüßten, wenn sie in den Laden kamen. Die klauten ja alles, Hühner, Gänse. Die Dorfbewohner konnten nichts machen. Die kamen immer mit 20, 30 Mann an. Was willst du da als Einzelner machen? Alle hatten sie Angst.

Ein Pfund Salz kostete damals 13 Pfennig, nicht wahr. Zwei Pfund Salz 26 Pfennig. Dann legten die drei Mark hin, fünf Mark mitunter, Hitlergeld, hatte also kein Wert.

Ich sage: »Hier, kommt her.«

»Ah, du gutter Mann, du gutter Mann.«

Meine Kundschaft konnte sich jeden Tag ein Pfund Butter holen. Jeden Tag, meine gesamte Kundschaft – in der Umbruchszeit. Mussten natürlich mit Hitlergeld zahlen, was ich ja auch bezahlt habe.

Aber kein Kaufmann in ganz Uetze hatte dazumal auch nur ein Viertel Pfund Butter, weil sie es gar nicht wagten, da hinzugehen, zur Molkerei. Weil sie sonst beklaut wurden. Durch Stefan kam das und durch diese beiden Mädchen, die Russinnen. Die palaverten da.

Da habe ich später noch zu Lina gesagt: »Siehst du wohl: eine gute Tat, die findet auch 'n guten Ort.«

Wenn ich da an Plaggen Heinrich denke, was haben sie dem für Gänse weggeholt. Also meine ganze Nachbarschaft, da sind viele schwer geschlagen worden, teilweise krankenhausreif.

Adolf Amme hat keiner was getan. Im Gegenteil, mir brachten sie das Geld. Ich konnte bei der Währungsreform gar nicht so viel Geld anmelden, nicht wahr. Sonst hätte das Finanzamt gesagt: »Ja, wo haben sie das Geld her?«

Wenn ich für ein Pfund Salz fünf Mark oder eventuell einen Zehn-Markschein kriegte.

»Ja, du gutter Mann. Du gutter Mann.«

So dann machen wir jetzt Pause.

Ja. Dasselbe ist gewesen, wie wir im Polenfeldzug waren. Da war ich ja nur der Verpflegungsunteroffizier von meiner Einheit. Da stand ich am Polenlager, und die durften sich nur auf allen Vieren bewegen. Das war im September. Und da war es so furchtbar, furchtbar warm.

Und die: »Trinken, trinken, trinken...«

Und alle Stunde konnten zehn Polen aufrecht gehen, Wasser holen, was die tragen konnten – ein Deutscher vorne, ein Deutscher hinten – mit aufgepflanztem Seitengewehr selbstverständlich. Die hatten dann Kochgeschirr und was alles. Und das war alle Stunde nur. Und die polnischen Frauen kamen her und gaben denen Wasser und auch was zu essen, wenn das Verwandte und Bekannte waren. Und da stehe ich mit unserem Witte, Finanzamt Celle. Spieß war der. Und wie ich die so sehe, da sage ich zu Witte: »Oberfeld, das können doch nie unserer Freunde werden.«

Weißt du, was der mir gesagt hat?

»Herr Amme, Sie sind 'n Defätist.«

Wortwörtlich. Da war ich 'n Defätist, weil ich gesagt hatte: Das können doch nie unserer Freunde werden.

»Für diese Scheißlacken…«

Das weiß ich nicht mehr wortwörtlich. Aber dieses Wort ist gefallen. Und wie ich solche Gedanken haben könnte und noch allerhand. Was da noch dabei war, das weiß ich nicht mehr. Aber du kannst dir denken, wie der mich madig machte. Ich habe mein Maul gehalten. Das war im Polenfeldzug.

So, nun machen wir hier aus.

POLENFELDZUG UND WAS DANACH KAM

Ja, 1935/36 war große Musterung in Burgdorf. Und ich musste ja natürlich auch hin. Und ich rechnete schon damit, dass Hitler Krieg machte. Von Krieg, vor allem von der französischen Artillerie, hatte ich die Nase voll. Wurde auch durch ganz leichte Splitter mal verwundet. Durch meine eigene Dummheit. Ich glaube, das hatte ich schon gesagt.

Wie das vorbei war, bin ich zu Willi Amme gegangen, meinem Vetter. Der war Arzt. Und die Bude war noch voll.

Wie ich da reingekommen bin, sagt er: »Adolf, geh schon rauf. Ich komme, sowie ich kann.«

Also kurz und gut, wie der kam: »Du, Willi, der Hitler macht Krieg.«

»Du, das glaub ich auch«, sagt er.

Da waren wir fest von überzeugt.

Ich sage: »Ja, und ich will nicht mehr in den Krieg. Und darum bin ich hier.«

Wir beide waren ja allein.

Da sagt er: »Ja, wie stellst 'n dir das vor?«

Ich sage: »Wie ich mir das vorstelle? Dass du mir irgendwie was gibst, dass ich untauglich bin für den Militärdienst.«

»Ha, ha, ha. Adolf, erstmal: wenn das raus kommt – du weißt doch, dass Hitler nicht lange fackelt –, dann hängen wir am nächsten Baum. Das weißt du, sowohl wie ich.«

Ich sage: »Ja, das weiß ich. Wenn du hingehst und es ihm sagst, sonst aber nicht.«

Das hab ich ihm wortwörtlich, so wahr, wie ich hier sitze, gesagt. Ich sage: »Willi, das sollst du jetzt ja noch nicht... So pressiert es noch nicht. Aber mach dir jedenfalls Gedanken darüber und sieh deine Bücher da durch.«

»Ja, du willst ja auch keinen Schaden erleiden.«

Ich sage: »Nein, auch das nicht.«

»Tja, so einfach ist das nicht, wie du dir das vorstellst.«

Ich sage: »Willi, geh du bei.«

Oktober 1939

Wir kamen viel zusammen, weil wir zusammen verkehrten, denn ich hatte Willi dazu verholfen, dass er das erste Mal mit 'nem Mädchen schlafen konnte. Da hatte ich ein bisschen falsch gespielt. Heute würde ich's nicht tun. Aber damals war ich leichtsinniger.

Willi war in den Ferien immer hier. Wir beide waren so, wie es unter Vettern nicht besser sein konnte. Das muss ich dazu sagen. Also wie Brüder. Ich bin ja mit ihm einmal in Göttingen, an der Uni, mit zur Vorlesung gewesen. Da hat er mich mitgenommen. Wir sind natürlich oben geblieben, ein wenig höher, nicht wahr, auch wegen dem Professor.

Davor war er ein oder zwei Semester in Halle gewesen, wo von dem Tumor meines Vaters was aus dem Kopf genommen wurde. Das hatte er da auch gesehen. Das steht heute noch da – also damals. Ob heute noch, nach dem Krieg, das weiß ich nicht. Auf jeden Fall hat er's gesehen. Stand alles drauf: »Der Erste, der mit dem Leben davon gekommen ist.«

Zwar war er linksseitig gelähmt. Er konnte den Arm gebrauchen, aber nicht voll. Und das Bein genauso.

Und Willi sagte jedes Mal, wenn wir wieder zusammen waren: »Ja, ja.«

Und eines guten Tages kam er an: » Du, Adolf, ich habe was! Also merke dir, es gibt auf der ganzen Erde keinen Menschen, der dich damit reinlegen kann, wenn du das machst. Nur du selber kannst dich verraten. Und ich traue dir zu, dass du intelligent genug bist, dass du das zu verhüten weißt.«

Ich sage: »Das glaube ich nicht nur, das weiß ich.«

Na ja, so kam das. Dann gab er mir was. Schön und gut.

Jetzt kommt der Polenfeldzug. Wer war natürlich der erste mit, der eingezogen wurde, wie im ersten Weltkrieg auch? Tja, denke ich, was machst du jetzt? Machst du's, oder machst du's nicht?

Ich denke: Och, Menschenskind, bist Fourier, na, das ist so schlimm nicht. Machst du mal mit. Das kannst du ja immer machen, kannst immer krank spielen. Hab ich mitgemacht. Ja, hab ich schön den Polenfeldzug mitgemacht. Ich hatte viel Freiheit. Ich hatte einen Ausweis, ich konnte überall fahren. Die Militärpolizei war ja laufend unterwegs. Und wenn welche gefunden wurden, die weiter weg waren...

»Bitte, hier.«

Hab ich meinen Ausweis vorgezeigt.

Und eines Tages sagt Ranke zu mir – Ranke war ein Fahrer von uns, der hatte ein Motorrad mit Beiwagen: »Herr Amme, passen Sie mal auf, wir wollen mal nach Warschau. Da sind doch noch gar keine Truppen gewesen.«

Der wollte räubern.

Ich sage: »Nee.«

Er durfte da ja nicht hin. Wenn er gefasst worden wäre, dann hätte er Bau oder was weiß ich bekommen. Kurz und gut, ich habe mich überreden lassen, und wir sind in eine ganz vornehme Villa reingegangen. Ich weiß nur noch, da war so eine Öffnung von ungefähr einem halben Meter, so ein Loch war da. Durch eine Granate – die war durch beide Wände gegangen und nicht krepiert. Und er hatte fünf oder sechs Kinder und wohnte nicht weit von Hameln, da die Ecke. Rohrsen, das liegt bei Hameln. Der schaffte und organisierte alles, was er für seine Kinder und für seine Familie brauchen konnte.

Er war Fahrer, hatte den Beiwagen, konnte das darin mitnehmen. Wir fuhren immer wieder Munition – wir waren in der Munitionskolonne –, und dann brachte er das nach Deutschland und gab's in Deutschland auf, auf der Privatpost. Und so kam das immer an.

Und jetzt: »Hier! Noch gar nichts?«

Ich sage: »Nee. Was soll ich...«

»Menschenskind, hier so was?«

Da war so ein wunderschönes Bild, so groß ungefähr. (Streckt beide Arme auseinander) Es hatte Ähnlichkeit mit dem Bild da an der Wand, nur das der Fluss stärker war. Die Sonne schien so rein, und da waren drei so nackende Mädchen, die am Baden waren. Das weiß ich noch. Wunderschönes Gemälde!

Ich sage: »Tja, das Bild interessiert mich. Aber da ist der Rahmen rum. Das kann ich ja gar nicht transportieren.«

Das hatte ich noch nicht ausgesagt, da hatte er sein Messer raus. Ritsch, ritsch, ritsch! Oben rum, am Rahmen rum, rollt's zusammen.

»So, hier haben Sie's«, sagt er. (Lacht)

Ich habe erst... Ich denke: Na ja, nimm's mit.

Jetzt kommen wir raus. Und wie wir rauskamen – das hatten wir vorher nicht bemerkt –, war im Nebenhaus, so schräg gegenüber... Auf einmal: Pitsch, pitsch, pitsch. Schossen die auf uns.

Die mussten die Motorräder gesehen haben, wie wir gekommen waren. Sonst hätten die uns ja schon gleich totgeschossen.

Ich sage: »Da von der Ecke kommen die Schüsse. Jetzt rum!«

Er musste nun das Motorrad anschieben. Anlassen, dazu hatte er gar keine Zeit, das wusste er. Dann hätten sie ihn schon weggepustet. Denn Polen, also Warschau, war noch nicht besetzt, hatte noch nicht kapituliert.

Rundherum auf der Fahrt, die vielen Pferde, dick aufgedunsen – stank wie die Pest überall. Die Polen lagen da, alle diese dicken Bäuche. Da siehst du mal, was der Mensch ist, wenn er so..., das sage ich dir. Und denn so 'n süßlicher, widerlicher Geruch. Also kurz und gut, da wären wir beide bald ums Leben gekommen.

Ran, Gang rein, anschieben, und dann musste der Motor anspringen. Raufspringen, dann war der zwei, drei Meter weiter, und dann war er aus der größten Gefahrenzone raus. Er hat sein Zeug da gelassen, und ich habe mein Bild da gelassen. Jetzt nur raus.

Und das haben wir gemacht. Und da waren wir froh. So haben wir das überlebt. Dann haben wir zugesehen, dass wir zu unserer Einheit kamen. Einmal und nie wieder. Um so 'n Blödsinn, da lass ich hier vielleicht mein Leben.

Jetzt war der Polenfeldzug vorbei. Wir kamen wieder in die Heimat, hinten nach Bocholt, nicht weit vom Rhein weg. Büngern hieß der Ort. Da wohnten wir beim Bauern. Und da denke ich: England und Frankreich haben den Krieg erklärt. Jetzt ist dies die Vorbereitungspause für den Krieg gegen Frankreich.

Frankreich, da hatte ich ganz gewaltigen Respekt, weil die auf jeden einzelnen Mann schossen – mit der Artillerie, nicht mit dem Maschinengewehr. Da habe ich mir gesagt: Adolf, und jetzt ist deine Zeit gekommen!

Da bin ich zum Arzt gegangen.

Da sagte der: »Ach, so schlimm ist das nicht.«

Hat er mir Sachen gegeben, die ich natürlich weggeschmissen habe. Nach vier oder fünf Tagen bin ich wieder hingegangen. »Hat nicht geholfen?«

»Nee.«

Schließlich sagt er: »Ja, hat keinen Zweck. Dann müssen Sie ins Lazarett.«

In Burgsteinfurt lag das. Das muss so Anfang Dezember gewesen sein, 1939. Bin ich da gewesen. Och, da ging's ganz gemütlich zu.

Da kam ein Arzt, der muss so in meinem Alter gewesen sein: »Sagen Sie mal, Amme heißen Sie?«

Ich sage: »Ja, wieso?«

»Ja, ich hatte einen Studienfreund, der hieß auch Amme. Aber ich weiß den Vornamen nicht mehr.«

Ich sage: »Wo war 'n der her?«

»Ja, da aus dem Kohlenpott.«

Ich sage: »Essen?«

»Ja, Essen.«

»Papestraße?«

»Richtig!«

»Willi. Das ist mein Vetter«, sag ich.

»Ach, du lieber Himmel! Na, so was!«, sagt der. »Hören Sie, das war ein feiner Kerl.«

»Ja, alles was Amme heißt, ist gut«, sage ich. (Lacht.)

Und seit der Zeit... Ich glaube, ich hätte da heute noch sitzen können. Aber das wurde mir zu langweilig. Da hatte ich hier an der rechten Backe so eine Art Leberfleck. Und da sage ich zu ihm: »Lässt sich das nicht machen, dass das hier ein bisschen schöner wird?«

»Morgen früh!«, sagt er. »Machen wir!«

Dann haben sie den wegoperiert.

Er saß immer bei mir. Und meine Kameraden konnten sich gar nicht erklären, dass der Arzt nur Augen für mich hatte.

Ein paar Tage später sage ich zu ihm: »Ich sitze hier in Burgsteinfurt. Bei Hannover bin ich zu Hause. Ich bin doch nicht mehr so krank. Kann ich jetzt nicht da zur Einheit kommen?«

»Wollen Sie gerne weg? Gefällt es Ihnen nicht?«

Ich sage: »Mit Gefallen hat das nichts zu tun. Aber dann kann ich doch wenigstens mal nach Hause fahren, zu meiner Frau.«

»Ja, ja, ja, die Liebe, die Liebe!«

Ich sage: »Nee, das nicht allein.«

»Ja, ja, das nicht allein.«

So machten wir Scherze.

»Ja, jetzt haben wir Neujahr. Da werden keine entlassen. Gleich nach Neujahr!«

Ja, und gleich nach Neujahr kam ich da weg, nach Hannover, zu meiner Einheit, wo die Kranken hinkamen.

Der Arzt dort hat mich ein bisschen untersucht, und dann sagt er: «Ja, ich steige bei Ihnen nicht durch. Sie kommen in ein kleines Lazarett.«

Und später bin ich dahinter gekommen, das war ein Beobachtungslazarett. Für unsichere Kandidaten.

Was hattest du denn da vorgetäuscht?

Schmerzen. Herzschmerzen. Mein Herz war ja nicht in Ordnung.

Warst du denn vorher schon bei deinem Vetter gewesen?

Ja, natürlich. Der hatte mir das doch gebracht. Vor dem Krieg.

Das hast du noch nicht erzählt, was er dir da gegeben hat.

Ja, na ja, das bleibt geheim. Das wollte ich dir auch geben, wenn du eventuell eingezogen würdest. Dann wirst du kein Soldat. Kurz und gut, dann bin ich drei Wochen im Beobachtungslazarett gewesen. Das war 'ne Villa.

Immer: Adolf, sei helle!

Und schließlich nach drei Wochen wurde ich wieder entlassen, kam ich wieder zu meiner Einheit.

Da kam der Stabsarzt an und sagte: »Hören Sie, ganz langt es noch nicht zum DU {Dienstuntauglichkeitsgrad}«.

So wahr wie ich hier sitze. Ich hatte den verfluchten Gedanken, dass der Mann mich durchschaut hatte. Er sagte: Ganz langt es noch nicht. Wie kann ein Arzt das zu mir sagen?

Also dann bin ich wieder bei meiner Einheit. Ich denke: Himmel, Donnerwetter noch mal, jetzt musst du noch mal... Und dann bin ich einmal vor der Front einfach umgekippt. Bautz, da lag ich auf der Erde. (Lacht)

Kam der Arzt, hat mich untersucht.

Und dann war hier ein Uetzer. Der ist aber schon tot. Der sagte: »Mensch, Odolf, zwischen dik stieg ik nich durch (bei dir steig ich nicht durch). Bist du nun krank, oder bist du nicht krank?«

Ich sage: »Wenn ich nicht krank wäre, dann wäre ich doch nicht in der Genesenden-Kompanie. Denn wär ich doch nicht hier.«

»Wie du da ummekippet wast, ik weit et nich (Wie du da umgekippt warst, ich weiß es nicht)«, seggt hei.

Ik segge: »Ja, mitunter, du, die Täuschung, dat kommt tau leicht vor (das kommt zu leicht vor).«

Das konntest du nun nach dieser oder jener Seite auslegen.

»Täuschung«, ob das nun wortwörtlich ist oder nicht, das weiß ich nicht. Aber in dem Sinne...

Aber da hattest du es vorgetäuscht.

'Türlich! Meinste, mir wäre schlecht geworden? Ich bin einfach umgekippt. Fertig! Das habe ich aber 1916 schon gemacht. Der eine hatte mich verführt. Da hatten wir einen Marsch und der, mit dem ich auch so 'n bisschen kameradschaftlich befreundet war, der sagte: »Du, wollen wir das Spektakel hier noch mitmachen? Wir laufen uns hier die Füße wund. Mensch, ich bin kaputt wie 'n Hund.«

»Tja, was sollen wir machen?«

Ich sage das während des Marsches. So zwanzig Kilometer mussten wir noch. Da wurden wir aber mit Musik abgeholt. In St. Avold.

Da sagt er: »Ich mache dies hier nicht mehr mit.«

»Was willst 'n machen?«

»Tja, ich kippe um«, sagt er.

»Tja, und dann?«

»Dann komm ich aufn Wagen«, sagt er. »Nur das einzige ist: Am andern Morgen ist der Arzt da. Wenn der einen gesundschreibt, dann gibt es drei Tage Bau. Und schreibt der krank, dann ist alles geritzt.«

Wir sind noch ein bisschen marschiert, da sagt er: »Jetzt!«

Auf einmal – Bautz Zuck – da lag er da, und die anderen marschierten, machten einen Bogen rum. Und es dauerte gar nicht lange, da sah ich ihn auf dem Wagen sitzen.

Da habe ich das noch eine Zeitlang mitgemacht, dann denke ich: Adolf, du bist doch komplett verrückt, Mensch! Mir war saumäßig zumute. Ich will mal so sagen: Springlebendig war ich nicht. Aber ich hab's drei Mal schlimmer gemacht, als wie es war. Da bin ich auch... und dann hab ich auch aufm Wagen gesessen.

Am anderen Morgen, zum Arzt.

»Ach so, bei dem Marsch? Drei Tage Bettruhe!«

Der hat gar nicht untersucht. Da habe ich noch so gedacht: Was ist das im Leben! Wir standen oben, konnten uns hinlegen, konnten tun und lassen was wir wollten. Die anderen, die treu und ehrlich gewesen waren, die exerzierten da. Denen lief der Schweiß am Hintern runter, und wir, wir guckten zu und lächelten darüber. Ungerechtigkeit. Gibt es. Überall in der Welt. Na ja, ich bin eben ganz abgeschweift.

Und hier war das nun auch so.

Und eines Tages, nachdem dann so acht oder zehn Tage vergangen waren, hieß es: »Generaluntersuchung durch den Generalarzt.«

Da hab ich gedacht: Adolf, jetzt ist deine Stunde gekommen! Das war mir klar. Oh ha! Ich wusste in der Zwischenzeit die Wirkung der Pille, das Aufsteigen und das Absteigen. Nur, was ich nicht wusste, wie lange dauert die Untersuchung? Das war für mich doch das Übel. Das konnte ich ja nicht wissen, denn wir waren über 120 Mann in der Genesenden-Kompanie. Wann kommst du an die Reihe? Wie lange dauert das? Was wird vertrödelt? Was ist eine Stunde beim Militär? Ist gar nichts. Also das war mein Risiko.

Da habe ich gerechnet: Ja, jetzt kommen wir hin, dann dauert das. Das geht nicht sofort. Da geht eine viertel, halbe Stunde hin, ehe die größere Wirkung eintritt. Und nach einer dreiviertel Stunde zappelt das wieder ab.
Verraten tue ich das nicht, was das ist.

Das ist ein Herzmittel, das hast du schon mal gesagt.

Ja, natürlich, das hat was mit dem Herzen zu tun, ganz gewaltig. Das ist auch *mit* der Grund, warum ich sage, ich trinke nur so wenig Kaffee und so viel Wasser. Also Koffein ist schon mit vorhanden, ist eins der Mittel drin. Das nur nebenbei gesagt.

Jetzt kommen wir ran. Ich denke: Halt, Stopp, das geht gleich los. Habe die sofort genommen, meine Pille runtergeschluckt. Dann verzögerte sich das.

Und dann ging es nicht nach einer Charge, es ging nicht nach dem Alter, es ging nur nach dem ABC. Und da war ich ja einer der Ersten. Da war noch einer namens Ahrends. Der kam zuerst dran. Und dann kam Amme.

Nun musst du dir denken, im Karree: Ungefähr, ich habe sie nicht gezählt, wenn ich jetzt Zahlen sage, dann sind die so, wie ich mir das Bild mache, dann saßen da links so drei, vier Mann. Dann waren da so sechs, sieben Mann, und da wieder so drei, vier Mann. So war das aufgeteilt. Vorne stand ein Oberstabsarzt und dahinter, genau in der Mitte, stand der mit seinen roten Litzen.

So. Ahrends kam ran. Hatten ja alles mit dabei, so ihre Papiere.

Und jetzt: »Ja, Amme.«

Wurde dann gesagt in Zahlen, da bin ich überhaupt nicht durchgestiegen. Dann wurde mein Herz untersucht, nicht wahr. Und dann dieser rote Onkel da, der sagte auch was an Zahlen. Immer sechs Mann waren das. Kamen wir raus, und draußen stand ein Leutnant, der Feldwebel und noch ein paar Mann. Die standen da, und der Leutnant nahm die Papiere in Empfang.

»Ja, der Ahrends: Landesschützen. Also nicht mehr bei der kämpfenden Truppe«, sagt er.

»Amme, ja, so was gibt es doch nicht. Der Mann wird entlassen.«
(Lacht)

»Ja«, sagt er, »holen Sie Ihre Papiere. Sie brauchen gar nicht mehr zur Kompanie hin. Sie fahren jetzt nach Haus. Sie haben drei Wochen Erholungsurlaub. Nach drei Wochen kommen Sie, liefern hier ihr Militärzeug ab und bringen sich Zivilzeug mit, oder Sie können auch in Zivil kommen und liefern das dann ab, nach dem Urlaub.«

Und damit fertig. Und freie Fahrt – Fahrschein, alles frei – und drei Wochen Urlaub.

Dann bin ich losgegangen. Da war mir natürlich 'n bisschen mulmig zumute, also *wirklich* mulmig. Ich war 'n bisschen wackelig auf den Beinen. Da bin ich zu der Firma gegangen, hab die Porzellangeschichte erledigt, geschäftlich war da was, und dann nach Hause. Oma stand hier in der Stube, die wusste gar nicht, was sie sagen sollte.

Seit der Zeit bin ich noch zwei Mal untersucht worden und zwar das erste Mal 1944, im Spätherbst. Muss Ende Oktober, November gewesen sein, in Celle, nicht wahr. Ich wusste ja nun haargenau: Dann kommst du ran, dann musst du...

Da hat der Arzt wortwörtlich zu mir gesagt: »Gehen Sie sofort zu Ihrem Arzt, Sie wissen gar nicht wie krank Sie sind.«

Ich sage: »Jawoll, Herr Oberstabsarzt!«

Da bin ich nach Haus gegangen. Fertig.

Und nun kommt der Clou. Die Amerikaner sind schon weit hinter Köln, nicht weit von Bielefeld entfernt, oder die Engländer. Da fanden die Kämpfe, dies Geplänkel schon statt. Da kriege ich ein Schreiben, hier von der Partei aus, von dem... Weiß ich jetzt nicht mehr. Diese braunen Onkels, die hier über den Kreis Burgdorf... Weiß nicht mehr, wie die hießen.

Gauleiter ja wohl nicht?!

Nein, Gauleiter nicht. Kreis, Kreis, Kreis... weiß ich nicht, egal. Da kriegte ich ein Schreiben: »Sie haben sich zu melden, hier in Burgdorf. Mitzubringen: Zwei Decken, Lebensmittel für zwei Tage...«

Also den anderen Tag musste ich hin.

Und da sind 'ne ganze Menge eingezogen, von meinen Jahrgängen und Ältere noch. Davon sind viele nach Berlin gekommen, und davon ist ein ganzer Haufen gefallen, noch vor Berlin. Stell dir das vor: die Amerikaner sind schon bei Bielefeld, und ich kriege dies Schreiben. Musste am anderen Tag hin.

Weißt du, was ich gemacht habe, wie ich dieses Schreiben gekriegt habe? Ich ging hier zur Ortswehr, oder wie die sich nannte, nicht wahr. Die sollten hier so ein bisschen aufpassen, kleine Märsche machen. Aber das war ganz unbedeutend. Nicht der Volkssturm, sondern das nannte sich anders. Dann bin ich einfach nach Burgdorf gegangen. Der Kreisarzt, der war dafür zuständig.

Da kommt dies Mädel raus und sagt: »Der ist jetzt nicht mehr zu sprechen.«

Ich sage: »Wollen Sie nicht mal, bitte...«

Da hatte ich dies Mittel schon genommen, wirkte sich auch schon aus. Und das merkte..., sah sie wohl auch.

Ich sage: »Ich muss da den Dienst in Uetze mitmachen. Und ich kann diesen Dienst nicht mitmachen, bin doch nur 'ne Belastung für die.«

»Tja, ich will mal sehen.«

Ich habe zwei-, dreimal »Bitte, bitte« gesagt.

»Ich will mal versuchen, ob ich ihn dazu bewegen kann.«

Und dann kam sie wieder.

»Ja, er kommt gleich.«

Da kam er und hat mich untersucht.

»Nein«, sagt er »melden Sie ihrem Truppführer – das war der Lehrer Klages –, dass Sie ab sofort vom Dienst befreit sind. Sie brauchen keinen Dienst mitzumachen. Morgen bekommt er von mir die schriftliche Bestätigung.«

Gut. Und dann bin ich hingegangen zu meinem... Kreisleiter! Siehste, jetzt weiß ich's: Kreisleiter war das. Warum nicht gleich?

Und da saß einer aus Hänigsen.

»Was wollen Sie?«

»Ja, ich bin hier eingezogen. Ich bin ja noch nicht mal für den Trupp in Uetze geeignet. Und ich soll jetzt... Das ist doch ganz unmöglich. Ich kann überhaupt gar nicht mehr gehen. Ich bin froh, wenn ich hier herkomme, ohne vielleicht noch was zu schleppen oder sonst irgendwas. Ich muss ja sofort ins Lazarett.«

»So, ja, nehmen Sie das Schreiben mit, gehen Sie rein.«

Der Kreisleiter macht erst mal: »Heil Hitler«. Dann: »Bitte, was wünschen Sie?«

Ich sage: »Herr Kreisleiter, ich bin selbst für den Trupp in Uetze nicht mehr brauchbar. Ist doch unmöglich, kann das doch nicht mehr mitmachen.«

Und er geht an das Telefon ran.

Ich denke: Jetzt pass auf, der Kreisarzt wird jetzt...

»Ja, hier ist... der Herr Amme gibt an, dass er unfähig ist...«

Dann war Stille.

Dann nimmt er den Hörer und haut ihn so auf die Gabel, dass ich denke, er will das ganze Telefon kaputthauen. (Lacht).

Er ist dann am Schreiben. Und ich sitze vor ihm. Ich existiere nicht mehr. Er hat gar keine Notiz von mir genommen. Ich war null, war nichts.

Ich habe mir das zwei oder drei Minuten angesehen, dann habe ich meinen Zettel, der auf dem Tisch lag, genommen und bin rausgegangen.

Da sagt der, der da saß: »Ja, und was sagt er?«

»Gar nichts. Der hat den Kreisarzt angerufen, und das war's gewesen.«

»Ja, Herr Amme. Dann ist für Sie die Sache erledigt.«

Da bin ich nach Haus gegangen. Und darum möchte ich heute sagen: Ich danke meinem Vetter Willi. Wenn es oben, da in den Gefilden, etwas gibt, wovon die Religion spricht, dann würde ich ihm heute noch meinen Dank aussprechen. Wer weiß, was sonst mit mir geschehen wäre.

Das ist alles, was ich dazu sagen kann.

FILMTHEATER, PRALINEN UND ELEKTRONIK

Du hast doch während der Kriegszeit auch noch eine Ausbildung gemacht, oder?

Ja, 1940 war das, muss im Januar gewesen sein, wie ich bei dem Generalarzt als DU {dienstuntauglich}bezeichnet wurde. Ja, da bin ich zu Haus gewesen. Kino kam allmählich auf. Da wollte ich ein Kino einrichten, hier in Uetze. Hier war noch kein Kino.

Kurbelbruder Rudi Feix, Juli 1943

1941 bin ich nach München gefahren, und da habe ich den Vorführschein gemacht für Filmtheater. Da habe ich Rudi Feix kennen gelernt. Der Rudi Feix, du, ich wünschte mir nur, seinen Witz hätte ich. Das war so ein witziger Kerl. So was habe ich noch nicht kennengelernt. Er war auch bei der SS, war Rottenführer oder so was. Er war Sudetendeutscher. Er ist auch ein paar Mal hier gewesen, hat Gisela kennen gelernt. Ich wusste, was für ein Filou er war.

Er suchte immer rum, und ich habe gesagt: »Du, hör zu Rudi, meine Tochter ist tabu! Damit du gleich klar siehst.«

Das habe ich ihm deutlich gesagt. Was hat er gesagt?

»Kommt nicht in Frage, Frauen und Mädchen meiner Freunde sind tabu für mich.« So ungefähr.

Und wie ich den Vorführschein hatte, habe ich mich gemeldet und bin 1942 in Berlin gewesen, ein Vierteljahr auf der Filmakademie. Da waren nur Theaterbesitzer, deren Frauen oder Töchter. Und einige Soldaten waren da in grauen Uniformen, das waren schwer Verwundete.

Achtundvierzig waren wir bei der ersten Zusammenkunft. Wir wurden alle mit Namen aufgerufen, nicht nach ABC oder Alter. Ich nehme an, so wie die sich angemeldet haben: Fritz Meyer, Karl Schulze und so weiter, wie die Liste so war.

Dann mussten wir aufstehen, auf dieser Filmakademie, und Stellung nehmen: Wieso, warum? Wie wir zu Führer und Volk standen und so weiter. Wir waren doch damals alles Idealisten. (Lacht) Und dann kam Amme ran. Na ja, ich habe auch meinen Sermon hingesagt. Und ich war der einzige Außenseiter, das heißt, der Mann, der noch nie was mit Film zu tun gehabt hatte.

Da sagt er zu mir: »Ja, Herr Amme, wissen Sie, dass Sie besonders scharf unter die Lupe genommen werden?«

Und dann in den ersten Antrittsreden, die da gefallen waren, merkte ich, das waren alles hochintelligente Leute. Ich habe noch das ganze Schriftzeug liegen.

Da hieß es dann: »Also wir haben Krieg, und wir können uns nicht erlauben, dass Leute die gesund sind, hier die Zeit vertrödeln. Wenn Sie merken, dass Sie nicht mitkommen, sollen Sie die Konsequenz daraus ziehen und andere Arbeiten tun, als hier zu sitzen.«

Das ist mehrmals angedeutet worden, und mehrere sind freiwillig abgegangen. Ich fühlte mich da nicht angesprochen. Elektronik war mein bestes Fach. Wenn ich heute sage, ich glaube, ich war der Beste, dann kann ich das leicht sagen. Aber es ist wohl bestimmt so gewesen, denn Frauen und Mädchen waren ja auch mit da, und die kamen und fragten mich um Rat, wenn die was nicht kapiert hatten. Das fiel mir so zu, das war ganz angenehm. Sonst wären die doch nicht zu mir gekommen. Darum glaube ich, dass ich das mit Berechtigung sagen kann, dass ich wohl so ziemlich der Beste war. Oder der Beste. Na ja, ist ja auch egal.

Was mir schwer fiel, Volkskunde und dieser Kram, vor allen Dingen die Bücherei. In kaufmännischen Fächern gehörte ich lange nicht zu den besten. Lange nicht. Da gehörte ich eher zur Mitte, obwohl ich ja ein Kaufmann war. (Lacht) Das ist mir schwer gefallen.

Das habe ich auch nur mit einer »Drei« gemacht. Das war noch das schlechteste. Du musstest ja über sämtliche Fächer... Das war ja ein Meisterbrief. Ein Meisterbrief!

Also kurz und gut, ich saß da in der Butze, in so einem Zimmer, wo ich wohnte, und eines Tages sagt einer: »Herr Amme, ich kapiere das nicht. Können Sie nicht mal so ein bisschen helfen, dass ich da weiter komme?«

Und dann sage ich: »Ja, ja, das mach ich.«

Da kam ich dann hin. Mensch, der wohnte in einem Hotelzimmer an der Hauptverkehrsader, nicht weit von der Gedächtniskirche. Mensch, wie heißt das noch mal?

Ku'damm.

Am Ku'damm, ja. Von da zur Meinekestraße. Da hatte der ein Bett und 'ne Chaise. Joisten hieß er. Jetzt fällt mir der Name wieder ein.

»Och, Herr Joisten«, hab ich zu ihm gesagt.

»Wie? Haben Sie das nicht so schön?«

Und das stinkt so erbärmlich. Als ob drei Wochen immer gefurzt wird, und Fenster und Türen nicht geöffnet sind, so stank das, als ich reinkam. Lüften tat er nicht.

»Oh, passen Sie mal auf! Wissen Sie was, ich sage dem Ober hier... Sind Sie mit der Chaise zufrieden?«

»Ja, och...«

»Denn bleiben Sie hier. Das ist noch besser, dann sind wir dauernd zusammen.«

Ich sage: »Ja, ich kann das doch nicht. Ich bin nicht gut betucht.«

»Das ist meine Sache«, sagt er.

Da sind wir drei oder vier Wochen gewesen, dann sagt er: »Herr Amme, hier aus dem Hotel will ich raus. Das kommt mir doch ein bisschen teuer. Ich habe da eine Pension in der Meinekestraße, wollen wir da nicht hin?«

Ich sage: »Aber ganz gewiss.«

Und dann sind wir da gewesen. Von da ab habe ich für mich bezahlt. Das war kein schlechtes Haus. Da waren wir nur noch drei, vier Wochen. Der Lehrgang dauerte ein Vierteljahr: Januar, Februar, März, das steht ja alles zu Papiere.

Dann haben wir beide zusammen gemimt, und da konnte er das

so einigermaßen. Mehrere mündliche Prüfungen waren ja gewesen und schriftliche Prüfungen. Er konnte mir auch helfen. In der Buchführung war ich, na, sagen wir mal, nicht so 100%ig. Da habe ich nur Dreien geschrieben. Eine Drei ist ja auch immer noch genügend. In Elektronik hatte ich eine Eins. Also das hat mich hauptsächlich durchgetragen, würde ich sagen.

Dann eines guten Tages sagt er: »Herr Amme, Übermorgen ist unsere große, schriftliche Prüfung und zwar in Elektronik.«

»Oh«, sag ich »das ist ja schön.«

»Ja, Sie sagen schön, und was machen wir jetzt?«

Da wir uns vorher noch nicht kannten, saß er weit von mir ab, so dass es ganz unmöglich war, ihm irgendwie zu helfen. Was ich getan hätte.

Da sagt er: »Herr Amme passen Sie mal auf...«

Er hatte eine Schokoladenfabrik. Pralinen futterte er so weg, wie wir heute. Mehr wie wir heute. Seine Frau war die Tochter eines Mühlenbesitzers in Bayern. Dem gehörten da sieben oder acht Mühlen. Der war einer der reichsten Bayern. Der hatte zwei Kinder – einen Jungen und ein Mädchen. Der Junge bekam die Mühlen, und das Mädchen hatte Joisten. Nun kannst du dir vorstellen, der hatte eine Villa im vornehmsten Viertel Kölns. Ich bin ja ein paar Mal da gewesen. Ich glaube Gisela ist auch einmal da gewesen.

Da kam er an und hatte Schokolade und Pralinen und brachte das so mit. Na ja, da waren so verschiedene Sachen. Er schmuste sich da auch rum.

Da kam er an: »Herr Amme, ich kann nicht weg. Hier haben Sie zwei Theaterkarten. Bitte, da wird eine Dame kommen, neben Ihnen sitzen, bitte, unterhalten Sie die doch. Bringen Sie die nach Haus. Ich kann nicht kommen.«

Ob er die abservieren wollte, weiß ich nicht mehr. Ich wollte ihn ausfragen, er wollte so recht nicht. Ja, und dann sind wir im Theater gewesen. Ich habe neben ihr gesessen. Dies war zwei Abende vor der Prüfung. Und am Abend davor kommt er an. Es ist zehn Uhr. Ich will zu Bett gehen.

»Herr Amme«, sagt er, »gucken Sie mal hier.« (Freudestrahlend)

Da hatte er zwei Exemplare von diesen Prüfungsgeschichten in Elektronik, mit den Fragen. Nicht ausgefüllt, aber die Prüfungsbögen, die wir am anderen Tag kriegen sollten, die hatte er da.

»Donnerwetter«, sage ich, »ist denn das echt? Wie kommen Sie denn da ran?«

»Ja, Herr Amme, das ist meine Sache«, sagt er.

Nun haben wir das ausgefüllt.

Ich sage: »Hören Sie mal zu, wir müssen ab und zu... Sie dürfen nicht dasselbe schreiben, was ich schreibe. Sonst könnte das eventuell...«

»Ich glaube nicht«, sagt er dann.

Der hatte da irgendwelche bestochen – durch Schokoladen und Pralinen. Kurz und gut, wir haben das von A-Z ausgefüllt, krickelig unterschrieben und damit fertig.

Am anderen Morgen wurde dann ausgeteilt. Ich hatte ja meine Fragebögen fertig und habe dann angefangen, die auszufüllen. Auf einmal stand der Prüfer dabei und guckte. Der ging immer rum und hatte immer alles im Auge. Aber einer war dabei, ein Soldat, der hatte ein ganzes Bein und einen Arm verloren. Dem hat der Prüfer ganz stark geholfen. Das hörte man. Aber der hatte sich ganz nach oben gesetzt. Und wie der Prüfer oben war, blinzelte ich bloß, und auf einmal – Dschups! – riss ich dieses, welches er mir gegeben hatte runter. Zerknüllt. Weg. Das waren vier Seiten. Und dann hatte ich ja mein Dings und tat nur so mit der Schrift. So ähnlich hat das Joisten auch gemacht. Na ja, das war dann klar.

Von den achtundvierzig sind achtundzwanzig durchgekommen, die die Prüfung bestanden haben. Und Amme war mit dabei. Ich habe den Meisterbrief, der liegt oben zusammengerollt in der Hülle.

Joisten ist nachher gefallen. Seine ganze Villa ist weg. Ich habe ihn zweimal besucht. Drei oder vier Kinos hatte der in Köln. Vielleicht hätte er die Prüfung bestanden, aber weil er nun bestochen hat, weiß ich es nicht.

Dann hatten wir noch die mündliche Prüfung, und da hab ich Glück gehabt. Wenn ich richtig an Gott glauben könnte – ich wollte, ich könnte es –, dann würde ich sagen: Gott hat in deinem ganzen Leben seine Hand über dich gehalten und dich mehr oder weniger beschützt.

Gucke mal, ich heiße Amme. Wir kommen zur mündlichen Prüfung. Da ging's immer nach dem ABC. Da war eine Frau, die hieß Aberl. Und das war schön. Die kam vor mir. Aberl – und dann kam Amme. Fräulein Aberl war die Tochter eines Filmtheaterbesitzers.

Die kriegte nun die Fragen und sollte antworten. Da saß die ganze Kolonne, sechs oder sieben Herren, die prüfen. Jeder in seinem Fach. Alle hören zu. Und wir saßen so. Vier Personen kamen immer rein. Wir saßen 1, 2, 3, 4. Fertig.

Wenn die raus waren, kamen vier neue. Da kam Fräulein Aberl. Und sie war nicht besonders gut. Nun hatte ich ja Zeit, während die rumdruckste, zu überlegen. Eine Zeitlang wurde gewartet.

Dann: »Wissen Sie nicht? Der nächste: Amme!«

Bubs! Wie aus der Pistole geschossen kam es heraus. Weil ich ja Zeit hatte zum Nachdenken. Sie aber nicht. Gut, sie kriegte die zweite Frage. Sie hat mehrere Fragen gekriegt, jedenfalls zwei Fragen, die sie nicht beantworten konnte. Und die Folge war, drei oder vier Fragen hab ich noch so gekriegt. Automatisch.

Und die konnte ich auch zufällig 1a. Schriftlich hatte ich sowieso mit »Gut« bestanden. Das wusste ich. Weil ich in der Elektronik sehr gut gewesen war, das stand wohl da schon fest. Ich war da fertig. Dann kam der Nächste.

Aber ein Doktor war auch dabei. Fast alle, wie wir da waren, sagten wir »Du« zueinander, nicht wahr.

Ich sag: »Mensch, ich bin so aufgeregt jetzt bei der Prüfung.«

Da sagt der: »Ja, das ist ganz klar«.

Da ist er mit mir zu einer Apotheke gegangen und hat für mich ein Beruhigungsmittel geholt. Ich bin der erste gewesen, der abgegeben hat, weil ich den Zug nach Uetze noch erreichen wollte. Und wie ich im Zug bin: Menschenskind, auf einmal wird mir so schlecht. Da habe ich mich doch übergeben müssen im Zug. Ich habe die Hand vor meinen ganzen Mund genommen, konnte gar nicht sprechen. Ich muss wohl weiß ausgesehen haben. Die Leute sahen das, die machten alle freiwillig Platz, nicht wahr. Züge waren ja noch voll bis zum Gehtnichtmehr. Ich weiß nicht, wieso? Ich nehme an, von diesen Pillen ist das gekommen.

Nein, da war noch etwas anderes. Da bin ich von abgekommen. Und durch Joisten habe ich Herbert Dilthey kennengelernt. Und dadurch sind Käthe und die Kölner hierher gekommen. Die waren da ausgebombt. Und wie Herbert Dilthey es fertiggebracht hat, kein Soldat zu werden, nicht einen Tag, das ist mir heute noch ein Rätsel. Mein Rätsel kenn ich ja, aber seins... Ob der vielleicht dasselbe Rätsel gehabt hat, ich weiß es nicht.

Er war weg von Köln, damit war die Sache fertig. 1944 musste ich doch noch mal nach Celle hin. Der brauchte überhaupt nicht. Wieso, warum? Und bei seinem Bruder war's genau dasselbe. Der war Heilkundiger. Soll 'ne bombastische Firma gewesen sein. Soll immer voll gewesen sein in seiner Sprechstunde. Ja, das war so der Krieg.

Und du wolltest also nach dem Krieg, so Anfang der 50 Jahre, eigentlich ein Kino aufmachen.

Kino Uetze wollte ich haben und habe es auch eingereicht, über unser Landratsamt an die Engländer. Die Engländer waren noch hier. Und das kriegte ich über das Landesamt wieder zurück – fast wörtlich: »Die Ermittlungen haben ergeben, Sie haben ein Lebensmittelgeschäft, Sie haben eine Apfelsaftfabrik, Sie haben eine Sirupfabrik, Ihr Unterhalt ist mehr wie ausreichend gesichert. Aus diesem Grunde sehen wir uns veranlasst, Ihre Anfrage verneinend zu beantworten.«

So war das.

REICHSFILMKAMMER

Herr Adolf Amme hat in der Zeit vom 5.1. bis 27.3.1942 am Ausbildungs-Lehrgang der Reichsfilmkammer für Filmtheater-Besitzer teilgenommen und die Abschluß-Prüfung am heutigen Tage bestanden.

Berlin den 27.3.1942.

DER PRÄSIDENT DER REICHSFILMKAMMER

NACHKRIEGSZEIT – SCHWARZE GESCHÄFTE UND SAUBERE BAHN

Dann erzähl doch was von der Nachkriegszeit. Wie habt ihr euch denn da hier durchgeschlagen?

Ja, die Nachkriegszeit, die war doch so leicht für mich, wie nur was. Da hätte ich x-facher Millionär sein können, wenn ich noch ein bisschen intelligenter gewesen wäre. Ein bisschen intelligenter. Erstmal hatte ich 'ne Mosterei. Ich hatte 'ne Rübensaftherstellung. Und dann hatten wir den Laden hier. Nicht wahr. Und ich habe immer schwer gemogelt.

Ob's beim Militär war, für empfangenen Urlaub oder als ich krank war oder sonst wo. Ich habe Soll und Istbestand immer ausgeglichen. Da hab ich's nie so genau genommen. Immer großzügig!

Du hast hier ja auch mal Schnaps gebrannt.

Ganz gewiss. Das ist im Oktober gewesen. Das erste Marktfest, das nach dem Krieg hier überhaupt in Uetze stattgefunden hat. Günter Bostel hatte die Gastwirtschaft, den »Deutschen Kaiser«. Ursel war seine Frau, die Inhaberin, von der er später geschieden ist. Seine Frau hatte den »Deutschen Kaiser« von ihren Eltern geerbt.

Und dann hatte ich doch den Destillierapparat eingerichtet auf dem Taubenschlag. Ich hatte viele Tauben damals. Vierzig, fünfzig Tauben hatte ich immer. Im Herbst aßen wir bald jeden Sonntag Tauben. Jeder kriegte 'ne Taube.

Na ja, und dann hatte ich diese Vorrichtung eingerichtet. Ernst, der war Schweißer. War von der Firma hier gewesen. Wir duzten uns, waren dicke Freunde, und der trank auch gerne einen.

Ich sage: »Mensch, wir müssen hier mal was zurechtbauen.«

Ich war in Magdeburg gewesen und wollte eine Maschine für Siruperstellung kaufen.

Im Kriege musste ja Munition hergestellt werden. Wenn du ankamst und sagtest, ich will das und das haben, so war das nicht.

Ich fuhr nach Magdeburg. Da war ein ganz großes Lager, und ich suchte da zwischen den Altbeständen rum. Dabei stieß ich auf eine Destillationsanlage, hundert Liter, die als Versuchslabor gedacht war – mit Rektifizierapparat und allem Drum und Dran. Also für große Betriebe.

Ich sage: »Donnerwetter, noch mal!«

Und es fingen ja alle an, Schnaps zu brennen. Ich stellte Rübensaft her, stellte Apfelwein her, mehrere tausend Liter.

Ich sage: »Hier, was ist damit?«

»Ja, mit Rektifizierapparat. Komplett.«

So konnte ich 96%igen Alkohol herstellen und nicht den Fusel, den die hier herstellten, mit diesen primitiven Dingern. Das war ja handwerksmäßig gemacht.

Ich sage: »Was kostet der denn?«

Ich weiß es nicht mehr, also ein Butterbrot für mich.

Ich sage: »Ja, ja, kaufe ich. Ist gekauft.«

»Sie müssen das aber beim Zoll anmelden. Das wissen Sie doch?«

Ich sage: »Ja, selbstverständlich weiß ich das«. (Lacht)

Habe das gekauft, habe das auch bezahlt. Und dann hatte ich noch so 'ne Anlage gekauft, wie soll ich das bezeichnen? Einen Elevator, um die Rüben hochzubringen. Weißt du, was ein Elevator ist?

Ein Lift.

Ja, nein. Da sind immer so Fächer. Da ist ein Kettenband, das so breit ist, und da sind so 'ne Art Schaufeln dran, die so reinfassen. Und die laufen immer durch, kippen oben aus – die Rüben – und kommen dann leer zurück. Unendliches Band, so will ich's mal bezeichnen. Vorher mussten wir das mit dem Fahrstuhl machen. Und dann wurde das mit elektrischem Strom hochgebracht. Das Gerät sah ich da, das konnte ich auch gebrauchen. Und eine andere Maschine noch.

Vor allem aber dieses Destilliergerät. Das war ja eher durch Zufall. Und dann hatte ich einen Bekannten, der beim Militär war und noch viel umherfuhr in Deutschland. Der war hier gewesen, und dem hatte ich schon mal Schnaps gegeben.

Da sag ich: »Du, hör mal zu, Mensch, du hast doch hier die Möglichkeit, von Magdeburg...«

»Mensch, Magdeburg liegt 'n bisschen außerhalb«, sagt der. »Wenn's woanders wär, wär's kein Problem.«

Ich sage: »Sieh doch mal zu, kriegst auch 'n paar Pullen extra. Kriegst auch noch 'n bisschen Wein.«

Und eines guten Tages sagt er: »Tja, ich will mal sehen, wenn's sich machen lässt. Aber hundertprozentig versprechen kann ich's dir nicht.«

Ich sage: »Na ja.«

Da war 'ne kurze Zeit vergangen. 14 Tage später, auf einmal hielt er hier mit seinem Militärfahrzeug. Da waren noch ein paar mit drauf – das war noch vor dem Umsturz.

Welcher Umsturz?

Na ja, als der Krieg vorbei war.

Der war Unteroffizier. Und dann lud er hier den ganzen Krempel ab. Hohoho! Und da hatte ich meine Destillieranlage.

Und die hat Ernst Linthorst mir zurechtgemacht. Dann haben wir von dem Dampfkessel aus, 'n großes Ding, 20 qm groß, eine Geheimleitung gelegt, die vollständig versteckt war, wo der Dampf durchkam. Dann Wasserleitungen gelegt – auch zur Tarnung. Alles das konnte der. Der konnte schweißen, also ich habe so was noch nie gesehen.

Ich hatte einen großen Taubenschlag, und da hatte ich eine aufklappbare, doppelte Wand gemacht, so 'n Stück abgeteilt, und da war die Apparatur drin. Ich konnte nicht drin sitzen. Ich saß immer im Taubenschlag bei den Tauben. Nur der Apparat war drin versteckt, wohlverstanden: nur der Apparat!

Dann hatte ich Dampf, da hatte ich Hitze. Das waren 10 ATÜ, das sind immer 186 Grad. Du weißt ja, je höher der ATÜ, wird der Dampf immer heißer. Beim halben ATÜ ist er 112, 113 Grad warm und steigt peu à peu mit dem Druck. Je größer der Druck wird, umso höher steigt die Temperatur.

Ich hatte das so gebaut, dass ich das zustellen konnte, wenn ich Feierabend machte. Da saßen dann die Tauben davor. So sah das aus, wenn einer kam. Wenn er mit einem Zollstock beiging und nahm Maß, das Außen- und das Innenmaß, dann konnte er sagen: »Ja, hier erscheint eine Differenz von 60, 70 cm. Hier muss 'ne Hohlwand sein.«

Aber auf die Idee ist ja keiner gekommen.

Ich hörte das Gedudel vom Markt her und habe die ganze Nacht aufm Hocker gesessen und immer nur Schnaps gebrannt. Ich konnte beinah gar nicht so viel herstellen...

Da kam Günters Mutter, Martha, meine direkte Cousine, die pendelte hin und her, die kam immer an: »Odolf, Menschenskind, de wütt noch Schnaps hebben (die wollen noch Schnaps haben)«.

Dann holte sie den und brachte ihn zum Festplatz. Der musste noch ein wenig gekühlt werden. Und ich hab auf meinem Taubenschlag gesessen.

Die haben Günter Bostel immer gefragt: »Günter, segg mal, wo hest du düssen Schnaps here? Hest du denn so viele lagert hat?«

Die glaubten alle, das wäre Vorkriegsware. Denn die anderen schmeckten ja alle nach Rüben, meiner, durch die Rektifizierung...

Wenn ich zu Berkefeld kam, wenn ich zum Maschinenpark MAN nach Braunschweig kam, da war ich zu Hause. Da kam ich hin: »Ach, guten Tag, Herr Amme.«

Ich hatte immer einen Eimer Rübensaft dabei – im Kriege. Was meinst du, was die huppten in der Zeit, wenn es Rübensaft gab. Dann sprangen sie hoch – und wenn es die Direktoren waren.

Wie der Krieg vorbei war – um nur ein Beispiel zu sagen: Als der Diesel kaputt war. Wie das Licht ausging. Auf einmal geht der Strom weg. Das ging doch nicht bei meiner Geschichte.

Ich hatte Pumpen, große Behälter, die waren aufgeladen. Die waren so hoch, bis hier unter die Decke.

Da waren immer so 14–16 Zentner Rüben drin. Oder der Saft, der läuft ja immer kontinuierlich durch, die Geschichte. Jetzt ist der Strom weg. Die Hitze! Ich kann den Dampf abstellen, ja. Kommt keine neue Hitze dazu, aber die Hitze die drin ist, die kann ich ja nicht wegnehmen. Das verbrannte...

Jetzt ging das Licht immer aus. Ich denke: Mensch, du musst einen Diesel haben, Adolf. Ich fuhr zu den Deutz-Werken, die Vertretung in Hannover. Habe einen Eimer Rübensaft mitgenommen.

Ich sage: »Ja, ich wollte mal zu eurem Chef hin.«

»Ja, was wollen Sie denn? In welcher Angelegenheit?«

Ich sage: »Ich möchte den mal sprechen.«

»Kennen Sie ihn denn?«

Ich sage: »Ja, so halb und halb«.

Kurz und gut, ich sage zu ihm: »Ich habe Ihnen hier was mitgebracht.«

Er guckt groß.

»Ja, wer sind Sie denn?«

»Hören Sie zu, ich brauche einen Dieselmotor.«

Generator hatte ich. Steht noch hinten in der Werkstatt. Hat damals 800,– Mark gekostet. Was der heute kostet, weiß ich nicht. Hat acht KVA (Kilovoltampere), damit kannst du hier die Osterstraße mit Strom versorgen, also Licht erzeugen, so stark ist der.

»Ja, Herr Amme, da können wir nichts dran machen.«

Das war gleich so halb und halb, als wenn wir per Du waren. So waren die Zeiten.

Ich schwenke den Rübensafteimer: »Nun hören Sie mal zu, dies soll nur eine Probe sein.«

»Herr Amme, ich freue mich drauf, ganz gewiss, aber ich kann das nicht machen. Das geht von den Engländern aus. Es dürfen keine Motoren ausgehändigt werden. Die kommen alle nach England oder sonst wo hin. An Deutsche darf keine neue Maschine abgeliefert werden.«

Ich sage: »Darf nicht abgeliefert werden?«

»Nein«, sagt er.

Ich sage (laut werdend): »Und was ist mit meinem Motor, der jetzt kaputt ist? Soll ich das jetzt darum still legen?«

Da fing er an zu lachen.

»Herr Amme, bei Ihnen kommt die Bauernschläue durch«, sagt er wortwörtlich zu mir. »Passen Sie mal auf, Sie haben mir ein Stichwort gegeben. Fahren Sie nach Köln.«

Herr Direktor Sowieso, die und die Straße, in Köln.

»Fahren Sie da hin. Er ist empfänglich für gute Zigarren, wenn Sie die haben. Selbstverständlich auch für Rübensaft. Aber er ist sehr zugänglich, wenn Sie gute Zigarren haben.«

Ich sage: »So? Ja, gut. Und?«

»Das andere, das machen wir dann schon hier«, sagt er.

Ich habe mich in den Zug gesetzt, bin nach Köln gefahren. Käthe und Addi waren schon wieder in Köln.

Ich sage: »Addi, komm her, wir wollen mal in die Straße da. Weißt du, wo das ist?«

»Nee, weiß ich nicht.«

»Mensch...«, sagt Käthe.
Käthe war ihm geistig überlegen. Das ist doch da und da.
»Das ist eine ganze Ecke hier raus. Du, das ist aber eine vornehmende Gegend. Was willst du denn da? Da wohnen nur die oberen Zehntausend.«
Ich sage: »Ja, da will ich ja auch grade hin.« (Lacht)
Dann sind wir da hingefahren. Nun musstest du draußen klingeln. Die Sprechanlage – so was hatte ich noch nie gesehen.
Ich klingele. Zu. Ja, können nicht rein. Ich klingele. (Lacht) Auf einmal..., ja so dumm waren wir. Ich stand da. Ja, ja, was denn?
Da ist ein Mädchen: »Wer ist denn da? Ja, nun antworten Sie doch.«
Ich stottere. Was genau, weiß ich nicht mehr.
Kurz und gut: »Ich möchte gerne Herrn Direktor sprechen.«
»Ja, wer sind Sie denn? In welcher Angelegenheit?«
Ich sage: »Ich habe eine persönliche Botschaft an ihn auszurichten, und ich kann Ihn nur persönlich, direkt sprechen. Anders muss ich wieder umkehren.«
»Jaaa...«
Ich höre das noch so im Ohr klingen.
»Ja, ja, Moment«, sagt sie. Und auf einmal: »Sind Sie noch da?«
Ich sage: »Jawoll«.
»Drücken Sie jetzt drauf. Ich drücke auf den Knopf und dann können Sie reinkommen.«
»Sss«, fängt's an zu summen, und ich konnte rein gehen.
Addi ist gar nicht mit reingekommen, der ist draußen geblieben. Hatte ich ihm aber, glaube ich, auch gesagt.
Dann komme ich rein. Kommt mir ein älterer Herr entgegen, in den 50er Jahren.
»Bitteschön, was wünschen Sie?«
Ich sage: »Amme heiß ich, Herr Direktor...«
Das war im Flur. Der Flur war 'ne Halle, die war so groß wie dieses Zimmer hier, wenn nicht noch größer. Geweihe und so weiter – sehe ich noch alles hängen.
Ich sage: »Ich habe eine besondere Angelegenheit, die ich nur unter vier Augen ausrichten darf.«
Guckt mich noch mal an. Besinnt sich einen Augenblick...
»Ja, kommen Sie mit rein.«

Wir gingen in ein Nebenzimmer. Ich gucke rum. Da kriege ich meine Kiste Zigarren her, schöne Zigarren, die ich gespart hatte, und lege die auf den Tisch. Hatte meinen Eimer Rübensaft da.

Bist du so reingegangen?

Ja, ja, eingepackt. Das war nicht zu sehen.

»Ja, also Herr Direktor, so geht mir das. Jetzt ist mir in Hannover gesagt worden...«

Ich hatte den in Hannover, der da die Führung hatte, gefragt: »Darf ich Bezug auf Sie nehmen?«

Das war kein richtiges Ja und kein richtiges Nein.

»Herr Amme, das weiß ich nicht. Das ist so eine Angelegenheit. Aber ich denke doch, dass Sie das hinkriegen«, sagt er zu mir.

Ich sage: »Ich habe einen Betrieb, und ich kann nicht mehr weitermachen.«

Habe ich ihm wahrheitsgemäß geschildert, wie es war.

»Ja, Herr Amme, Sie wissen doch, wir dürfen das nicht.«

»Ja, Herr Direktor, das ist richtig. Aber ich habe ja einen Deutz, nicht wahr. Aber der funktioniert nicht mehr. Und jetzt hat mir jemand in Hannover gesagt: ›Zumindest, wenn Sie keinen Neuen kriegen können, dann könnten wir doch die Ersatzteile kriegen.‹«

»Ach so, ja, die Ersatzteile. Ja, ja, das wäre dann...«

Ich sage: »Ich bin gern bereit...«

Weiter nichts gesagt. Er nickte bloß.

»Ja, also ist gut Herr Amme. Bestellen Sie Herrn..., von dem Sie ja meine Adresse haben...« sagt er zu mir.

Ich stand da, habe wohl erst eine Sekunde gezögert, wusste nicht genau: Darfst du's nun zugeben? Und da hab ich das bejaht.

»Ja, sagen Sie mal, morgen, übermorgen ginge schon eine kleine Sendung ab, für die Reparatur des Deutz Diesels, damit Sie weiterkommen können.«

Er hat aber sofort gewusst, in vier oder fünf Sätzen ist der Motor von A-Z komplett zusammengesetzt gewesen.

Und eines Tages hieß es aus Hannover: »Herr Amme, Sie können Ihren Diesel abholen«.

»Ja, läuft der denn?«

»Und wie! Das ist ein funkelnagelneuer. Das ist der erste jetzt seit Jahren, den wir abliefern.«

Ja, dann bin ich hingefahren, habe den Diesel geholt.

Der Rübensaft eignete sich ja wunderbar für die Schnapsgewinnung, denn durch diese übermäßige Erhitzung findet ja eine Umwandlung in Zucker statt, nicht wahr, verliert damit auch gewissermaßen den Rübengeschmack. Das kommt noch dazu. Durch diese Rektifizierung. Dadurch kam das alles.

Ich kriegte die ganzen Gefäße und alles. Ich brauchte nur Sirup zu drehen oder Wein mitzubringen. Dann hatte ich alles. Das war die Währung.

Schwarzmarktgeschichten!

Ja, also Geld hatte ich im Überfluss. Ich brauchte nichts schwarz zu verkaufen. Ich hatte alles. Ich hatte gar keine Sorgen.

Im Juni 1948 hatten wir die Deutsche Mark, wie sie wieder auf den Markt kam. In der Zeit, kurz danach, kam die Elisabeth an und sagte: »Herr Amme, Sie müssen aber das Geld aus der Kasse nehmen, ich kriege die Kasse nicht mehr zu«.

Da waren da über 1000,- Mark drin. Siehst du, was hier einmal los gewesen ist. Also wenn ich noch in der Lage wäre... Ich habe noch Teile davon. (Wütend) Bloß Mutti und Oma, die sind dabei gewesen und haben oben sauber gemacht und haben Teile davon weggegeben. Rektifizierteile liegen noch oben, die kannst du dir noch angucken. Der Behälter, das war ja alles Kupfer. Edle Teile. Und die haben das für 'n Butterbrot weggegeben. Weißte, wenn die Schrottfritzen kamen, haben sie das als Schrott weggegeben. Weil sie saubere Bahn haben wollten.

RAUSCHGIFT

Dann kam Dr. Pfaff. War ja entlassen, war ja Chef der Gasolin in Dollbergen. Mit dem Reich, das war ein Halbjude, mit dem stand ich auf Du und Du. Der hatte doch auch so viele Freundinnen. Und dann haben wir gebaut. Du hattest Freunde, auf die du dich verlassen konntest.

Ehe die DM kam, war da Dr. Pfaff, und da war noch einer. Wir hatten vor, diese Rauschgifte herzustellen. Nicht als Rauschgift so zum Verteilen, sondern Rauschgifte wie beim Apotheker, also nicht heimlich, sondern offiziell. Und wir brauchten natürlich die Genehmigung der Engländer dazu.

{*Diese Genehmigung wurde nicht erteilt. Aber jahrelang lag noch eine Schachtel mit Morphium-Ampullen in einer kleinen Schublade.*}

AHNUNGSVERMÖGEN

Im Juni 1979 während des Mittagessens auf Kassette aufgenommen. Geschirr- und Besteckklappern ist zu hören. Meine knapp dreijährige Tochter singt und isst Erbsen. Ich soll sie zählen. Danach hält sie ihren Mittagsschlaf.
Für den Nachmittag kündigt sich Besuch an, darunter auch Lene Schmidt.

Wenn ich an Schmidts Lene denke, dann seh ich immer ihren Mann. Also 'n Ahnungsvermögen. Mag einer denken, wie er will. Ich weiß, im 1. Weltkrieg – 1916 bin ich eingezogen – bin ich 'n paar Mal im Urlaub gewesen und hatte Gelegenheit, dass ich hier Uhren zur Reparatur bringen konnte. Vom Balkan, von Mazedonien her.

Jedes Mal, wenn ich wegmachte, dann weinte meine Mutter.

Ik segge: »Mutter, du brukst keine Bange to hebben (du brauchst keine Angst zu haben). Ik kome weer (Ich komme wieder). Wi seihet üsch weer (Wir sehen uns wieder).«

(Jammernd): »Ja, ja, ja.«

Ik segge: »So sicher, wie ik hier vor jük stahe (wie ich hier vor dir stehe).«

So sicher war das. Das hatte ich am eignen Leibe gespürt.

Jetzt wird Heinrich Schmidt eingezogen und muss weg. Lenes Mann, die jetzt kommt. Eingezogen war er schon, und hatte jetzt noch mal Urlaub gekriegt und war hier zum Beispiel, im Laden.

Da waren wir beide, der Heinrich und ich, alleine da. Und dann hat Heinrich geweint wie ein kleines Kind.

Ich sage: »Heinrich, Menschenskind noch mal. Jede Kugel trifft ja nicht. Kieke mal an, ich bin im vorigen...«

»Jau, jau.«

Ich wollte ihn trösten. Er war untröstlich. Und schließlich hatte ich ihn so weit, dass er folgendermaßen sagte: »Adolf, ja, das mach ja ween (mag ja sein), aber wenn ik nach Russland kome, denn seih ik Uetze nich weer (dann sehe ich Uetze nicht wieder). Frankreich mach ja ween, mach ja ween. Aber nach Russland, oder wenn ik wo anders hinkome...«

Das waren so ungefähr seine letzten Worte zur Verabschiedung. Und den andern Tag – da waren seine paar Tage Urlaub vorbei – mussten sie weg zur Front. Das wussten sie.

Jetzt ist er weg. Nun kommt die Lene – acht Tage später oder so.

Ich sage: »Lene, hat Hanrich schon geschräben (hat Heinrich schon geschrieben)? Wo is Hanrich?«

»Tja, Adolf, hat noch nich geschräben.«

Vierzehn Tage.

»Hanrich hat noch nich geschräben.«

Nach drei Wochen ungefähr kommt sie extra an. War Post gekommen.

»Du, Adolf, ik hebbe grade de Karte eben gekreegen (gekriegt). Von Breslau. Hanrich schrifft (schreibt) von Breslau.«

Keine großen Geschichten. Nur 'n Gruß. Das Erkennungszeichen. Und fertig.

Wie sie weg war, bin ich zu Oma gegangen.

Da hab ich zu Oma gesagt: »Nu bin ich gespannt, was is. Ob an dem Ahnungsvermögen was dran is. Breslau heißt Russland.«

Heinrich ist Soldat geworden. Das ging erst gut. Er schrieb und schrieb. Und auf einmal hörte das auf. Keine Nachricht. Das ging noch und nöcher. Keinerlei Nachricht.

{Während er erzählt, klingelt das Telefon.}

Kam keine Post mehr, nichts, gar nichts mehr. Alles still.

Der Krieg geht vorbei. Alle kommense. Heinrich kommt nicht. Keine Nachricht. Kein gar nichts. Vollständig verschwunden.

Jetzt sind Oma und ich in den fünfziger Jahren, also nach dem Kriege, mit dem Wagen irgendwo. Ich weiß aber nicht mehr, wo das gewesen ist.

»Woher kommen Sie, von Uetze?«

»Ich sage, ja. Uetze bei Hannover.«

»Ach, da hatte ich auch einen Kameraden«, sagt der.

»So«, sag ich. »Wie hieß der denn?«

»Heinrich Schmidt«, sagt der.

Ich sage: »Heinrich Schmidt aus Uetze?«

»Ja.«

Ich sage: »Wissen Sie auch die Straße?«

»Osterstraße. Aber die Nummer weiß ich nicht mehr.«
Ja, Jürgen, du lachst.
Ich sage: »Was ist mit dem?«
»Ja, der ist tot.«
Ich sage: »Was ist... Ist der gefallen?«
»Nein. Wir waren in russischer Gefangenschaft.«
Und da war das so, wenn welche vollständig auf dem Nullpunkt waren, dann kamen sie 'ne Zeitlang in die Küche. Also wenn sie kaum noch kriechen konnten.

Und den Tag ist Heinrich – der runtergekommen war bis dorthinaus, dreiviertel verhungert – in die Küche gekommen.

So hat der mir das erklärt. Dann hat es Erbsen gegeben. Und die sind wohl noch nicht richtig gar gewesen – und Heinrich hat sich vor lauter Hunger den Bauch vollgeschlagen. Von Erbsen.

Nun musst du bedenken, wenn du am Verhungern bist, dann hat das ganze Gedärme kein Fett mehr. Ist ja alles schon verbraucht. Zwotens kommt dazu, der Magen ist eingeschnürt gewesen durch diese magere Kost. Er sagte mir, sie hätten teilweise Baumrinde gegessen, Moos gegessen, Gras gegessen. Abgerupft das Gras, um ihren Hunger zu stillen.

Und dann hat er sich den Bauch vollgeschlagen. Dann sind die Erbsen natürlich gequollen, und daran ist Heinrich elendlich zugrunde gegangen.

Er ist also nicht gefallen. Er ist in Gefangenschaft gekommen. Durch diese Geschichte...

Ich komme wieder nach Haus.

Ich sage: »Du, Lene, weißt du, wo Heinrich ist?«
»Nee, Adolf, weißt du was, hast du Nach...?«
Ik segge: »Heinrich is im Himmel, wenn't 'n Himmel gifft und du dran glöbest (wenn's einen Himmel gibt und du daran glaubst).«
»He is dote (tot)?«
Ik segge: »Ja, is dote.«
»Und woher...?«
Ik segge: Da und da. Die Adresse hatte er mir gegeben.
Ich hatte ihn gefragt: »Hören Sie mal zu, kann die Frau kommen? Die hätte Interesse dran.«
»Ja, ganz gewiss.«
Ich sage: »Komm, hier ist die Adresse. Kannste sümst hinfeuern

nah dem Mann (Kannst du selbst zu dem Mann hinfahren). Dat is 'n Freund vonne ween (der ist ein Freund von ihm gewesen).«

Siehste, da hatte der Mann das gesagt: »Tja, mach ja ween, Adolf. Aber ik seihe Uetze nich weer, wenn ik nach Russland kome.«

Und für mich war sicher... Ich weiß noch F. A. im Schünebusch, der hatte noch 'n Bruder. Der war in Frankreich, bei der Infanterie. Da waren wir hier. Der hatte Urlaub. Und ich musste weg. Dann waren wir nach Hannover gewesen. Ins Mellini hieß das. (Varieté und Operettentheater)...

{Unterbrechung durch meine hereinstürmende Tochter, die ihren Mittagsschlaf beendet hat.}

Also ich glaube daran, dass es doch so etwas gibt.

CABARET oder EIN HALBER JUDENFREUND

Also von der Chronologie her sind wir jetzt schon nach dem zweiten Weltkrieg angelangt. Und wir haben bestimmt auch die eine oder andere Geschichte vergessen. Vor allem diese eine Geschichte hab ich noch in Erinnerung. Die hat etwas damit zu tun, dass du – wie du jetzt gerade beim Mittagstisch wieder erzählt hast – dass du so 'n halber Judenfreund gewesen bist.

Wenn du jetzt vielleicht darauf noch mal zurückkommen kannst, wie das eigentlich gekommen ist, woher das rührt?

Ja, in Benrode waren ja zwei ganz große Höfe. Und die Besitzer kauften bei uns hier im Laden ein. Und da kamen normalerweise immer die Frauen. Die brachten, wenn sie nach Uetze kamen, einen Laufzettel. Das, was sie haben wollten, war darauf geschrieben. Und ich schrieb dann den Preis dahinter. Und monatlich wurde immer abgerechnet. So war das.

Und eines guten Tages kommt so 'n junger Mann mit.

»Ja, bitteschön?«

Von Adenau hieß der Betrieb damals. Dann haben wir uns etwas unterhalten, und da sagt er zu mir: »Gott sei Dank treffe ich jetzt mal einen Menschen, mit dem man sich 'n bisschen vernünftig unterhalten kann, Herr Amme.«

Ich sage: »Ja, wieso? Das können Sie doch in Benrode auch.«

Da sagt er: »Mit diesen Weibsen da? Und sonst – mit dem Chef?«

Er ist dann länger geblieben, so dass die Frauen wiederkamen und ihn abholen mussten. In der Zwischenzeit haben wir uns was erzählt, und dann sagt er: »Herr Amme, wollen wir nicht mal nach Hannover fahren?«

Ich sage: »Ja, Hannover, ja. Herr Schlichte, sehen Sie mal, Sie sind Kapitalist, und ich bin das Entgegengesetzte.«

»Nein, nein, so schlimm ist das doch nicht. Ja, die Fahrkarte...«

Ich sage: »Ja, die Fahrkarte, ja.«

»Ja, ansonsten lade ich Sie ein«, sagt er zu mir.

Ich sage: »Tja, ich weiß nicht, ob ich das annehmen kann.«
»Selbstverständlich können Sie das annehmen, wenn ich Sie einlade. Gut, wir verabreden uns, wir fahren am Sonntag hin und dann ins Cabaret.«
»Reichshof« hieß das, war dicht am Bahnhof. Da an der rechten Seite gleich, wenn du auf die Georgstraße guckst.
Wir sind den Nachmittag nach dem Essen weggefahren, nicht wahr. Nachmittags um Vier fing das an, und das Cabaret dauerte bis um Sieben oder halb Acht. Haben uns das Cabaret angesehen.
Er hatte die Billette schon.
»Kommen Sie mal her, Herr Amme.«
Das hatte ich überhaupt nicht mitgekriegt, weil ich noch nie da drin gewesen war. Ich wusste nicht, wie das vor sich ging.
Wie das vorbei war: »Oh ja, sehr nett, schön. Jawoll.«
»Tja«, sagt er, »jetzt müssen wir 'n kleines bisschen essen, wissen Sie. Ich habe ein wenig Hunger.«
»Jawohl«, sage ich, »ja, machen wir, essen wir 'n bisschen. Kann man hier 'ne Bockwurst...?«
»Ach, Herr Amme. Bockwurst, nee, die essen wir nicht, um Gottes Willen! Nein, wir lassen uns 'n richtiges Abendessen geben.«
»Tja, tja.«
»Herr Amme, Sie sind eingeladen. Das habe ich Ihnen schon zwei oder drei Mal gesagt«.
»Ja, ist gut.«
Dann hat er Kotletten bestellt, Koteletts oder wie die heißen.
Wir haben schön gegessen. Mittlerweile war es schon acht Uhr geworden…

Weißt du noch irgendwas, was damals im Cabaret gezeigt worden ist?

Nein, nein. Ja, doch eins. Es war ein Kartenspieler da, der hat verschiedene Sachen mit den Karten gemacht. Dann trat er vor, und sagte zum Publikum ganz allgemein: »Zwei erstklassige Skatspieler wollen hier bitte raufkommen. Ich spiele mit Ihnen Skat.«
Und nun weiß ich nicht mehr ob er 50,– oder 100,– Mark sagte, also jedenfalls war das für mich 'ne immense Summe, die er da aussetzte, wenn er verlieren würde. Und da meldeten sich gleich mehre-

re. Dann hat er ausgesucht: »Ja, kommen Sie her, kommen Sie rauf. Ja, Sie!«

Schließlich standen drei da. Aber insgesamt, mit ihm, waren es ja vier. »Ja, einer kann hier beobachten, damit ich nicht mogele«, sagt er zu dem.

Schön. Dann haben sie gespielt, und der hat jedes Spiel gewonnen. Und ich habe schon mit guten, sehr guten Schachspielern hier in Uetze, die wirklich auch Preise gewonnen haben...

Skatspielern!

...ähm, ja, habe ich schon gesprochen. Und die haben gesagt:

»Adolf, so was gibt es nicht. Dann hat der immer die Karten gegeben.«

Ich sage: »Nein. Das ging ganz akkurat zu, so wechselseitig.«
»Nein, das gibt es nicht«, haben die behauptet.

Ich weiß es nicht. Ich bin kein Skatspieler, nur 'n ganz lüttjer, und kann darum darüber nicht viel sagen. Ich habe das gemacht mit Kötz Karl und jawohl mit mehreren, mit Karl Depenau und so weiter. Und wenn wir zusammen waren – ich verlor immer. Und dann hab ich immer gesagt: »Eine Mark, ob ich gewinne oder verliere. Seid ihr damit einverstanden? Sonst nicht, sonst spiele ich nicht. Eine Mark, gut, die habt ihr gewonnen.«

Ich konnte also nie mehr verlieren als eine Mark. Und wir hatten immer viel Spaß.

Das ist eins, was mir zu dem Cabaret einfällt.

Also weiter. Wir haben da Abendbrot gegessen und nach dem Abendbrot sagt er: »Ja, Herr Amme, jetzt wollen wir mal oben hingehen.«

Und wie ich oben hinkomme – (Stoßseufzer), da saßen die Dämchen alle. Mensch, ich gebe ehrlich und offen zu, dass ich Bammel hatte – oder mich nicht wohl fühlte. Die waren alle so nobel angezogen. Ich hatte zwar auch meinen besten Anzug an, das wohl, aber trotzdem stellte ich fest, dass ich doch bei der ganzen Kolonne... Auch beim Schlichte konntest du sehen, das war ein Schneideranzug, während meiner von der Stange war. Also kurz und gut, wir waren aber nun da. Er bestellte eine Flasche Wein. Und dann haben wir getrunken. Tja, und wenn ich ein paar Glas Wein habe, dann verliert sich meine Schüchternheit, wenn ich das mal so nennen darf. Ja, da bin ich dann auch mutiger geworden. Und dann kamen zwei Damen, die setzten sich zu uns, nicht wahr. Schöne Mädchen, Donnerschlag noch mal! Ich denke: Adolf, Mensch, was machst du jetzt? Ja, er konnte da schon wunderbar seine Reden halten, na ja, ich teilweise auch selbst, weil ich ja, wie gesagt, mutiger wurde. Und so wurde es Klocke Elfe und Zwölfe, und da merkte ich dann, dass das gar nicht alles so vornehme Damen waren.

Was war das noch? Die hatten einen Fünfzig-Mark-Schein, und den knickten sie so zusammen. Und wenn du den zusammendrückst, dann konntest du den so hinhalten: F...IG, also Fick.

Mensch, Adolf, denk ich. Verflucht! (Lacht).

Ich habe dann mitgemacht. Die eine, die neben mir saß, tja, Gott noch mal... Ich meine, bange war ich nicht und brauchte ich auch nicht zu sein. So ist der Abend dann vergangen. Wunderschöner Abend! Es wurde dann Klocke Eine. Ich denke: Menschenskind, der Zug ist ja weg.

Ich sage: «Herr Schlichte, unser Zug ist weg.»

»Ja, wir machen durch bis morgen früh«, sagt er.

Also ich will es kurz sagen: Dazu ist es nicht gekommen. Und das habe ich eigentlich als peinlich empfunden. Dieses Mädchen oder diese Frau war so alt wie ich, vielleicht ein Jahr älter.

Ja, wann ist das gewesen? Das muss 1921 gewesen sein, denn '22 lernte ich Oma kennen.

Die kam und sagte »Addi« zu mir und redete mich nur so an. Das ging da schon per Du. Dann haben wir uns geküsst und so weiter. Ob die andere mit ihm, die noch dabei saß, das habe ich gar nicht mitgekriegt. Ob er da abgewunken hatte oder ob die abgewunken hatte, das weiß ich nicht.

»Ja, wollen wir mal schlafen gehen.«

Oh, mein Gott, musst du die bezahlen? So viel Geld hast du ja gar nicht, denk ich. Was machst du denn bloß? Er mag ja genug haben. Dann ging er mit. Und es gingen Schlichte, Adolf Amme und dieses Mädchen oder Frau. Wir kamen rein in so 'n Hotel oder was das war. Auf einmal: Ruckzuck!

»Ja, kommt mal her.«

Wir gingen rauf. Ich habe nichts unterschrieben, ich habe kein Geld gehabt, nichts gemacht. Das hatte die Frau gemacht. Die hatte das erledigt. Ja, und nun kamen wir aufn Zimmer. Zwei Zimmer, nebeneinander. Er in ein Zimmer und da rein. Nun wollte er noch mit rein in dies Zimmer, das wollte die aber nicht. Dann musste er ins andere Zimmer. Und da hat er mir, offen gesagt, leid getan. Und er hat mir das übel genommen. Obwohl ich, ich will mal sagen, aus Dummheit da gar nichts zu konnte, denn ich habe das ja nur so schemenhaft mitgekriegt. Ich war doch zu dämlich für alle diese Sachen. Ich war ja nie in dieser Gesellschaft, ich war ja vom Dorf. Na ja, wir waren drin, sie schloss ab. Da zog sie sich splitternackend aus. Ich denke: Tja, dann muss ich mich ja auch ausziehen.

Da sagt sie zu mir, so wahr wie ich hier sitze – dreht sich so rum von allen Seiten: »Na, Addi, gefalle ich dir?«

Ich sage: »Ja«.

Bei kleinem, wie ich das alles so sah, da bin ich dann auch wild geworden. Ich hab's denn gemacht, wollte gleich draufgehen. In Nullkommanix war ich auch nackend und wollte gleich anfangen. (Lacht)

»Nein, nein«, sagt sie.

Dann fing sie erst an zu spielen, was ich von hier gar nicht kannte. Da hat die mir das beigebracht. Überhaupt, dass es nicht nur zum Reinstecken ist, dass es auch noch andere Zonen gibt, die sehr, sehr empfindlich sind – bei ihr und bei mir. Aber wovon man heute so hört, das ist nicht geschehen. Also in Paris sind wir nicht gewesen und im Mundverkehr auch nicht. Das will ich nur dabei sagen, aber alles andere so ungefähr, glaube ich, das ist durchgeblättert worden. Und die Nacht bin ich fünfmal rübergeklettert. Und beim fünften Male machte sie so: »Puuhhh«.

Da habe ich gesagt – oh, da hatte ich schon wieder Mut: »Ja, das ist was anderes, als wenn die Herren hier kommen in ihrem Anzug und »Häh häh häh« machen. (Keucht)

»Verdammt«, sagt sie »das kann man wohl sagen.«

Ich habe mich mit der verabredet.

Ich wollte sie nach Haus bringen, und dann sagte sie: »Nein, Addi, wir treffen uns immer hier. Und du darfst niemals, niemals meine Schritte verfolgen.«

Nicht wissen, wohin.

»Ja, ich wohne weiter weg. Und das ist die einzige Bedingung, die ich stelle.«

Na ja, ich habe das gemacht, ich bin zum Bahnhof gegangen. Und ich weiß gar nicht so genau, wir haben uns dann acht oder zehn oder zwölf Mal getroffen.

Was ist denn aus dem Herrn Schlichte geworden?

Das weiß ich nicht. Der ist allein nach Haus. Ich habe ihn nicht mehr gesehen. Und seit der Zeit – die Firma ja – ist er selber nicht mehr gekommen. Also durch diese Sache ist eine Entzweiung von Schlichte und mir zustande gekommen, nur durch dieses Mädel. Damals glaubte ich ja, es wär ein Mädel.

Also wir waren so aufeinander eingestimmt, ich sage dir, ich wusste, was sie wollte, und sie wusste, was ich gerne hatte. Also ich möchte sagen, da habe ich zum ersten Mal in meinem Leben überhaupt das empfunden, wie ich's schöner in meinem Leben bald nicht gehabt hab. Doch ein einziges Mal. Auf meiner Silberhochzeit! Aber das liegt noch weiter zurück. Das ist über fünfzig Jahre später.

So haben wir uns also getroffen. Und schließlich war ich doch direkt verliebt, wollen wir mal sagen, ich wollte die heiraten. Ich hätte sie geheiratet.

Dann sagt sie zu mir: »Addi, das geht nicht. Ich bin verheiratet. Ich habe einen lieben, netten Mann. Er ist aber wesentlich älter wie du, und er kann mir das nicht geben, was du mir geben kannst. Aber auf keinen Fall lass ich mich scheiden und noch dazu: Ich bin Jüdin, und mein Mann ist auch Jude.«

Und seit der Zeit war das die Hauptursache. Ja, ich hatte vorher schon ein paar Gspusi gehabt, so ist das nicht, aber noch nicht so in dem Maße. Ich weiß nicht, wie ich mich da ausdrücken soll.

Nun wollte ich das wissen, obwohl sie mir sagte: Du darfst nicht!

Da habe ich sie doch verfolgt, und sie kam dahinter. Und damit ist Schluss gewesen. Weil ich sie verfolgt hatte. Ich weiß nur noch, da wo Hindenburg wohnte, hinten, in der Nähe des Zoos. Und da war damals die Hautevolee zu Hause. Ist das heute noch so? In der Gegend da, wohnen da noch vornehme Leute? Wenn man hinfährt, vom Bahnhof kommend, und man geht dann so eine große Allee runter und kommt dann auf so 'ne Querstraße. Und dann ist der Zoo rechter Hand. Die große, breite Straße, 'ne Doppelstraße.

Also da wohnte sie. Soweit bin ich gekommen. Aber ich weiß

nicht mehr, wo in der Straße. Rechts geht's..., nein, zum Zoo geht es ja geradeaus. Da geht es zu dieser Stadthalle, kurz davor. Das ist mein Erlebnis. Darauf basierte das.

Ganz abgesehen davon, hier kam eine jüdische Firma aus Hannover, die hieß Reich. Die verkaufte nur Spirituosen. Das war dann später. Da hat dieser Verkäufer, den ich nun sehr gut kannte... mittlerweile, nein, in der SS war ich noch nicht. Also jedenfalls stand ich so zwischen Fell und Fleisch. Die beobachten alles hier rum, die Firmen. Und ich wusste nicht was, und ich habe immer noch von ihm gekauft und habe mit ihm gesprochen. Ich weiß nicht mehr, wie der hieß. Ich komme gerade nicht auf den Namen. Der hieß nicht Reich, sondern die Firma hieß so.

Ja, da habe ich das zum ersten Mal empfunden, das Üble, dass man Firmen, die reell bedienten, die also Ware lieferten, die in keiner Weise schlechter war wie andere und trotzdem, wenn auch um wenig, aber günstiger war, für mich. Und da habe ich den Nationalsozialismus das erste Mal von der nicht guten Seite angesehen. Ich bin lange, lange Zeit Gegner, auch von Hitler, gewesen. Lange, lange Zeit.

SO KAM VATI HIERHER

Du hast vorhin mal erwähnt, dass es 'ne Phase gab, wo du mit deiner Tochter {meiner Mutter} im Streit gelegen hast, als sie {mit meinem Vater} in Hamburg war.

'ne Farbe?

'ne Phase.

Ja, ja.

Wie ist es dazu gekommen?

Ja, das ging hauptsächlich um Vati.

Wie ist der überhaupt hierher nach Uetze gekommen? Wie hat das angefangen?

Ja, wie der hier hergekommen ist, das will ich dir sagen.
 Mutti sagte eines guten Tages zu Oma und mir: »Du, ihr wolltet doch immer schon mal nach Peine, zu Tante Lenchen und Tante Lisa, und habt so viel davon geredet und denen erzählt, ihr wolltet da mal eine Nacht bleiben und euch mal was erzählen. Warum tut ihr das eigentlich nicht?«
 Deine Mutti ist nämlich genauso wie ich. (Lacht)
 Ich gucke Oma an, Oma guckt mich an.
 »Tja, das wollten wir, tja, tja.«
 »Tja, hat ja nicht unrecht.«
 »Ja, wann wollen wir denn mal?«
 Gut, wir sind hingefahren. Und das war von Mutti in Szene gesetzt worden. So kam Vati hierher.
 Ich hatte doch einen Lothar Neumann als Mitarbeiter, der war hier zu Schumachers als Leutnant gekommen. Und dein Papa war auch Leutnant gewesen. Schumachers hatten ja mehrere heiratsfähige Töchter.

Lothar Neumann, Mai 1949

»Ja, Herr Leutnant!«
Und nun kam er zurück als Flüchtling. Lothar kam von Königsberg her {mein Vater aus Stettin}. Die beiden waren zusammen gewesen. Und da war er mal nach Hamburg gefahren, Lothar Neumann. Und dein Papa ist da Chauffeur gewesen – für die Engländer.
Und dann hatte Lothar wohl angedeutet: »Oh ja, eine Tochter!«
Und Papa ist da wohl aufmerksam geworden. Dann hatte deine Mutti das in Szene gesetzt, dass wir nach Peine fuhren. Und die sind die Nacht hier gewesen. Das bin ich aber erst später gewahr geworden.

{Durch Lothar Neumann lernten meine Eltern sich kennen. Dabei war er wohl selbst in meine Mutter verliebt. Ich erinnere mich, wie er in den 50er Jahren öfter noch mit einem Roller zu Besuch kam. Bald darauf hat er sich das Leben genommen.}

EIN WUNDERBARER MANN

Gisela hatte einen wunderbaren Mann.

Briefe, Pakete, war für mich alles tabu. Wenn da der Name drauf stand, sowieso. Was mir nicht gehörte, das habe ich nie in meinem Leben angerührt. Gesehen – das ist der? – geht dich nichts an, Adolf!

Oma war entgegengesetzt. Die war neugierig, wie Frauen so sind. Die wusste so ungefähr über alles Bescheid und hatte nicht alles, aber jedenfalls viel gelesen. Und in der Heide, wo man durchkommt... Soltau nicht, sondern davor...

Hermannsburg?

Nein, nein, direkt wenn du diese Hauptstrecke fährst. In...

Walsrode?

Nein! Die Hauptstraße, die nach Hamburg führt... na ja, ist egal, ich komm... Bergen auch nicht, sondern...

Lüneburg?

Da hatte dein Vater nachher auch eine Annahmestelle für die Wäscherei gehabt. Also kurz und gut, da hatte deine Mutter einen kennen gelernt, der war Soldat, und zwar Flugzeugführer.

Und seine Eltern belieferten das... sag mal... Ber... nein... wo... Belsen, Bergen-Belsen. Doch, ist doch in Bergen gewesen. Lieferten für dieses Gefangenenlager da, wo die Juden und alle so waren, nicht wahr. Hatten da Himmel über. Nun hatte der Liebesbriefe geschrieben, und Oma hatte viel davon gelesen und erzählte mir das.

Was hatten die dahin geliefert?

Der Junge, der Flugzeugführer, war im besten Alter, Soldat an der Front zu sein. Aber der ist nie an der Front gewesen. Der ist immer da geblieben, weil die Oberen doch von dem Vater gespickt wurden. Fleischerei Großbetrieb! Nach dem Kriege flog er ein eigenes Flugzeug, fuhr überall nach den Inseln hin, in Urlaub. Der fuhr nicht mit dem Auto. Damit fährt jeder Hanokel (Tölpel), nein, er flog mit dem Flugzeug dahin. Schwer reich war er. Die Eltern haben sich da ja beräubert. Und wie der Umsturz kam, haben sie beide, seine Eltern, sich das Leben genommen. Er war der einzige Sohn, soviel ich weiß, und hat dann, wie geordnete Verhältnisse gewesen sind, den Betrieb übernommen.

Was haben die denn nun geliefert?

Fleisch! Lebensmittel. Fleisch von der Fleischerei! Nicht wahr. Und dadurch ist der nicht in den Krieg gekommen.
 Der hat wunderbare Liebesbriefe geschrieben. Der wollte Mutti gerne als Frau haben. Er war direkt verliebt, nicht wahr. Dann hätt'st 'n andern Vater gehabt. Aber Mutti wollte das nicht so recht.
 Oma sagte zu mir: »Mensch, geh doch mal hin. Er will. Sie soll 'ne Entscheidung treffen. Und nun rede, dass sie das tut.«
 Denn die Briefe waren wirklich... zeigten sehr viel Liebe, vor allen Dingen auch Liebe zur Natur. Wenn ich das mal als Aufsatz bezeichnen würde, wunderbare Aufsätze zum Teil. Also der war nicht dumm. Ich hätte die so schön nicht schreiben können, obwohl ich auch meine vielen Liebesbriefe noch da habe {s. Seite 285}. Wundere mich heute überhaupt noch darüber. Ohne vier Seiten, unter vier Seiten ist da nichts mehr zu lesen. Aber das nur nebenbei. Die sind noch da.

Den wollte sie also nicht.

Sie wollte ihn nicht. Ich bin dann eines morgens bei ihr ins Bett reingekrochen, um Sechse rum, nicht wahr, und habe versucht, sie zu bereden, was standesgemäß wäre. Aber sie wollte nicht. Wir beide habe da nicht direkt drüber gesprochen, aber ich glaube, gefühlsmäßig war es Folgendes: der war wohl sexuell sehr rege. So nehme ich an. Und das hatte Mutti wohl nicht so gepasst. Genau weiß ich das nicht. Also dass da Schluss ist. Durch ihre Schuld. Wenn sie gewollt hätte, wäre sofort Hochzeit gewesen.
 Und da muss ich dir sagen, wie sie verheiratet waren, da haben deine Eltern sie dann auch besucht in Bergen. Bergen ist es gewesen,

Bergen-Belsen, jawohl. Mitten an der Straße war da so ein großes, pompöses Haus. Was meinst du wohl?! Und hat acht oder neun Zweigstellen noch mit seiner Fleischerei. Überall! Auch in Celle hat er ein oder zwei. Ein großer Mann!

Aber Mutti, da entsinn ich mich, hat vor einigen Jahren mir gesagt: »Du, er hat nebenbei immer andere.«

»Och, Gott noch mal«, sag ich »das haben die meisten. »Das ist doch nicht schlimm.«

»So viel wie ich gehört habe, will sie sich sogar scheiden lassen. Siehst du, dann wären wir das.«

So in der Form hat Mutti mir das mal angedeutet. Ja, siehst du, und so ist das gekommen. So ist dein Vater hergekommen.

DIE 50ER JAHRE

Aus der Zeit nach dem Krieg, so bis 1950, fällt dir da noch etwas ein? Wir haben da ja schon ein bisschen gehört. Sonst aus den 50er Jahren.

Ja, die 50er Jahre. Also ich muss ehrlich sagen, diese Zeit ist bei mir im Gleichmaß verlaufen. Alle diese Jahre.

Ja, aber da war doch das deutsche Wirtschaftswunder. Also warst du vorher mit deinem Wunder da.

Ja, das war eine Linie, die ist ohne – wie möchte ich das ausdrücken – Eruptionen vergangen für mich. Ich konnte jeden bezahlen. Weiteres wollte ich nicht. Und wir konnten uns die vielen Reisen erlauben, das heißt, Oma wollte das. Darüber freue ich mich insofern, dass ich Oma immer nachgegeben habe.

BEHÖRDEN UND FREUNDSCHAFTEN
(1. Finanzangelegenheit)

Jetzt ist der Krieg längst vorbei. Da kommt eines guten Tages ein Flüchtling an, von Oberschlesien, Herr Konetschny. Das war ein feiner, vornehmer Mann.

Der sagt zu mir: »Herr Amme, ich habe einen Betrieb gehabt, ähnlich in der Form wie Sie, nur etwas größer, und habe Alkohol hergestellt, das heißt Schnäpse, Liköre, alles dies. Herr Amme, Sie haben die Gelegenheit, Sie haben ja all die Vorrichtungen, die ich dazu brauche. Lässt sich das wohl machen, haben Sie hier Raum für mich?«

Ich sage: »Tja, ja, ich weiß nicht.«

»Wir machen Halbe-Halbe, also jeder die Hälfte.«

Ich sage: »Ja, machen wir.«

»Aber eins muss ich dazu noch sagen: Ich habe kein Geld. Wir müssen ja den Alkohol kaufen. Sie müssten das Geld erst mal auslegen. Sie bekommen's dann wieder.«

»Ja, ja, machen wir, Herr Konetschny.«

Ein Kaufmann alter deutscher Art, sag ich dir, 100%ig, wie sie nicht besser zu finden sind. Ehrlich bis in die Fingerspitzen hinein. Leider ist er an Krebs gestorben. Seine Tochter war Ärztin in der DDR und ist da auch geblieben. Das nur nebenbei.

Wir hatten dann ein Kompaniegeschäft. Das ist ungefähr ein Jahr so gegangen, und dann kam er mit der Abrechnung. Er hat von A-Z immer alles ganz genau gemacht.

»Tja, Herr Amme«, sagt er, »wir könnten mehr verdienen.«

Ich sage: »Ja, und warum tun wir das nicht?«

Da sagt er: »Herr Amme, das ist 'ne Geldangelegenheit. Sehen Sie an...«

Diese Zahlen kann ich jetzt nicht mehr genau angeben. Also kurz und gut: »Wir können jeder noch eine Mark pro Liter mehr verdienen, wenn wir jetzt die vierfache Menge an Alkohol kaufen könnten.«

»Ja«, sage ich. »Und?«

»Ja, dann brauchen wir aber über 4.000,- D-Mark dafür.«

Sonst waren es nicht ganz 1.000,- DM. Also das richtete sich nach den Mengen. Wer groß einkaufen kann und so weiter.

Nach der Währungsreform lag der Stundenlohn bei 50, 60 Pfennig. Damit du weißt, was eine DM damals wert war. Elisabeth hat hier für 50 und 60 Pfennig die Stunde gearbeitet und war noch nicht die Schlechtbezahlteste. Kannst sie fragen. Nur um zu sagen, was 'ne Mark damals wert war.

»Tja, wenn wir das könnten.«

Ich sage: »Ja, Herr Konetschny, dann machen wir das doch.«

»Ja, können Sie mir...?«

Ich sage: »Ja, ganz gewiss, dann kriegen Sie das Geld von mir. Ich gebe Ihnen das aber schwarz«.

»Ja, ja, schwarz? Aber ich muss doch auch die Buchführung machen«, sagt er. »Wie machen wir denn das, Herr Amme? – Na ja, erstens bin ich Flüchtling, und zweitens: so 'n kleiner Betrieb, da nehme ich nicht an, dass da gleich das Finanzamt kommt«.

Ich sage: »Och, nee, das glaub ich auch nicht. Ich habe schon seit über drei Jahren keine Überprüfung gehabt.«

Also gut. Er macht das. Und das ging gut. Das ist über ein Jahr gut gegangen.

Jetzt sind zwei Jahre vergangen, auf einmal kommt er ganz aufgeregt an. Ich sehe ihn noch auf den Hof kommen.

Die Haare stehen hoch, aufgeregt, er zitterte: »Herr Amme, ich habe die Steuerfahndung. Die sind bei mir gewesen, und die wollen wissen, wo das Geld herkommt, diese 4.000,- Mark. Ich musste doch Ihren Namen angeben. Herr Amme, nehmen Sie mir das bitte nicht übel.«

Er war ja Flüchtling und hatte irgendwas beantragt. Und die Zollbehörde und das Finanzamt müssen zusammengesteckt haben, denn anders ist das nicht möglich: »Wo hat dieser Mann über 4.000,- Mark her?«

Denn er war ja ein kleiner Wicht, ein ganz kleiner Wicht in dem Geschehen. Zwei Mann sind da gewesen, und er kam nun her.

Ja, was nun? Ich saß nun im Höllendruck. Mensch, Adolf, was machst du? So eine verfluchte Scheiße!

»Herr Amme, ich könnte, ich weiß nicht... Also wenn ich tot wäre, mir wär's auch egal. Ich weiß nicht, dass ich Sie...«

Ich sage: »Nee, da können Sie nichts gegen machen.«

Bei mir war es schwarzes Geld. Ich habe rumgesucht. Ich hatte hier einen, der so ein bisschen Buchführung bei mir machte. Ich denke: Der hat gar keinen Zweck! Ich denke an einen Finanzbeamten, der Uetze unter sich hatte, Bütehorn hieß der.

Dann bin ich erst mal zu Bütehorn, der für uns zuständig war. Den kannte ich durch einen Freund, durch einen Flüchtling, dem ich Gutes getan hatte. Na ja, das führt jetzt zu weit. Jedenfalls war das eine ganz große Nummer. Der war Sekretär an der deutschen Botschaft gewesen. Eines Tages kommt er an, wir waren gerade beim Mosten.

»Guten Tag, Herr Amme. Ja, mir ist vom Arzt verordnet, jeden Tag mindestens einen halben, bis einen Liter Apfelmost zu trinken. Lässt sich das wohl möglich machen?«

Wo sollte er das herbekommen? Und dann kam er hierher. Er hat auf der Oberförsterei gewohnt. Da hatte er sein Zimmer.

Ich sage: »Selbstverständlich. Kommen Sie her, und dann trinken Sie so viel, wie Sie wollen.«

Was war ein Liter Apfelsaft? Das war weniger, als wenn du jetzt mal in den Wind spuckst. Für mich!

Ich sage: »Wenn Sie einen Tag mal drei Liter trinken wollen, dann trinken Sie die. Und wenn Sie fünf Liter trinken wollen, dann trinken Sie fünf. Spielt keine Rolle. Da ist der Zapfhahn, da zapfen Sie ab, und dann trinken Sie.«

»Jawohl.«

Dann kam er jeden Tag. So ist das eine ganze Zeit lang gegangen. Eines guten Tages musste ich zum Finanzamt. Ich habe ja 24.000,- DM im Anfang der Zeit bezahlt, wie wir noch knapp waren. Mensch, was musste man da bezahlen. Notopfer Berlin und der ganze Kram für die Flüchtlinge. Da mussten die, die keine Schädigungen gehabt haben, mussten dafür zahlen. Mensch, wie hieß das denn nun, diese Abgabe? {Lastenausgleich}

Ich hatte das Formular für meinen Bestand ausgefüllt und wollte das überbringen und besprechen. Darum wollte ich nach Burgdorf zum Finanzamt.

Da sagt dieser Herr nun: »Ach, Herr Amme, jetzt noch weg? Störe ich?«

»Nein, stören tun Sie nicht. Trinken Sie mal. Ich will nur nach Burgdorf. Ich muss da zum Fluchhafen hin«, habe ich gesagt. »Aber mit CH geschrieben. (Lacht) Nicht vom Fliegen.«

»Ja, wo wollen Sie denn hin?«

»Zum Finanzamt. 'n sauren Gang«, sag ich.

»Ach so, Sie wollen zum Finanzamt? Wer ist denn ihr Sachbearbeiter?«

»Ach, den kennen Sie nicht. Ich muss mit einem Herrn Bütehorn sprechen.«

»Ach, Herr Bütehorn.«

»Kennen Sie den?«

»Das ist ja bei mir, Herr Amme. Wollen Sie mich nicht mitnehmen?«

»Ja, wieso? Haben Sie auch was?«

»Nein, aber Herrn Bütehorn kenne ich persönlich«, sagt er zu mir. »Ich könnte ihm wenigstens mal ›Guten Tag‹ sagen. Fahren Sie alleine?«

Ich hatte ja einen Wagen. Das war der Wagen, den ich durchgeschleust habe, mein neuer Opel.

»Fahren Sie mit dem Wagen?«

»Ja, selbstverständlich. Wenn Sie mitkommen wollen.«

Und dann fuhren wir zum Finanzamt. Er geht zuerst herein. Ach, du liebe Güte. Die nehmen sich bald in den Arm und begrüßen sich und duzen sich.

»Und Sie, Herr Amme? Was wollen Sie denn?«

Ich sage so und so.

»Hör mal zu, das ist ein ganz liebenswerter Mensch. Kennst du den noch nicht?«

»Ja, ich kenne ihn«, sagt Herr Bütehorn. »Och, so liebenswert ist er auch wieder nicht.«

So ungefähr. Dies ist nicht wortwörtlich, aber sinngemäß so.

»Du, hör mal zu. Diesen? Den musst du so anständig behandeln, wie er auch ist.«

So habe ich den Finanzbeamten näher kennen gelernt.

Ich hatte das ja gleich spitz. Ich bin zu Bütehorn gegangen.

»Herr Amme«, sagt er, »bitte, bitte, bitte, Ihre Sache, Ihre Sache! Nix! Gar nichts, will ich gar nichts von hören. Ist Ihre Angelegenheit. Lassen Sie mich zufrieden, habe nichts damit zu tun. Sie haben ja Ihre Auflage. – Bitte, haben Sie was anderes?«

»Nee.«

»Ja, also schön. Wiedersehen!«

So sagte er mir das, obwohl ich doch sonst eine ganz gute Nummer bei ihm hatte. Das fiel also weg. Ich hatte das Schreiben bekommen und musste Stellung dazu nehmen, wo das Geld her wär.

Was machst du? Drüber nachgegrübelt. Ich wusste von Heinz, von Margas Mann, dass sie den halb arm gemacht hatten. Der hat auch so eine Rollüberprüfung gehabt. Zu der Zeit war das viel schlimmer als heute.

Schließlich fiel bei mir der Groschen: Menschenskind, Emma! Emma Buchholz aus Meinersen, wo ich damals in Berlin mit dem D-Rad gewesen war. Der war doch auf dem Finanzamt. Und der ist jetzt in Braunschweig. Sie wollte hierher, er wollte in Berlin bleiben. Aber sie wollte hierher, und er hat nachgegeben und sich versetzen lassen. Und jetzt war er in Braunschweig auf dem Hauptfinanzamt. Ich denke: Mensch, den kennst du ja. Also hingefahren zu Emma.

»Na, Adolf, das ist aber schön, dass du mal kommst. Siehst du, ich wollte grade Kaffee trinken.

»Tja«, sag ich, »mein Kommen hat einen besonderen Grund.«

»So, so. Ich dachte, du wolltest mich mal besuchen?«

»Ja, das wollte ich auch. Aber ich möchte auch gerne mal deinen Mann sprechen.«

Mit dem war ich per Sie. Da war auch von keiner Seite Widerspruch erhoben worden, obwohl die ja älter waren.

Ich sage: »Wo ist er denn?«

»Der kommt. In einer halben Stunde. Ja, denn warte man noch. Wir trinken erst mal Kaffee.«

Schön. Wir haben gewartet und Kaffee getrunken. Wir haben erzählt von früheren Zeiten und so weiter.

»Was hast du denn? Hast du was auf dem Herzen?«

Ich sage: Ja, so und so geht mir das.

»Ja, mal sehen. Ihm sind ja auch Grenzen gesetzt. Aber was er machen kann, das tut er. Da sorge ich für«, sagt sie noch.

Na, und dann dauerte das gar nicht lange und schließlich sagt sie: »Siehst du, jetzt kommt er schon.«

»Ach ja, Herr Amme. Woher...? Ich habe Sie doch schon mal gesehen.«

»Ja«, sage ich »in Berlin.«

»Ach ja, richtig, das Motorrad, das D-Rad. Ja, ja. Ach, das ist aber nett. Freut mich. – Hast du noch 'n Kaffee für mich?«

»Ja, natürlich«, sagt sie.

Dann haben wir Kaffee getrunken, noch Kuchen gegessen, eine viertel oder halbe Stunde – ich habe nicht auf die Uhr gesehen – geredet, so über belanglose Sachen.

Schließlich: »Ja, was hast du jetzt vor?«

»Du, pass mal auf, Adolf wollte mal mit dir sprechen. Der hat da 'ne Finanzangelegenheit. Davon verstehe ich nichts. Ich gehe raus. Das machst du mal alleine mit ihm. Im freundschaftlichen Sinne«, sagt sie zu ihm. »Wenn du ihm irgendwie helfen kannst, tu mir den Gefallen und hilf ihm.«

»Ja, also was ist denn?«

Da habe ich gedacht: Adolf, Verschleiern in irgendeiner Form ist nicht. Entweder oder! Wort für Wort ehrlich so gesagt, wie's war. Nichts beschönigt, nichts unterlassen, haargenau erzählt. Schwarzgeld, all die Dinge, auch nicht das Geringste habe ich ihm verschwiegen. Ich denke: Nun ist es eh egal. So oder so, du musst jetzt die Wahrheit sagen.

Dem anderen hier, diesem Oberregierungsbaurat hatte imponiert, dass ich die Schuld auf mich nahm. Ich sage immer: In gewissen Dingen zählt so was. Dann sagen die sich: Halt Stopp! Das ist ein anständiger Mensch. Denn sonst wird immer gesagt: Ich habe keine Schuld. Die Schuld habe ich – die wenigsten sagen das. Die fangen an zu drucksen. Und ich bekannte mich. So kam das hier auch. Haargenau alles so gesagt, wie es war.

Er unterbrach mich nicht eine Sekunde, hat sich das alles angehört.

»Böse Sache, Herr Amme, böse Sache.«

Er sagte ja *Herr* Amme zu mir – sie ja nicht.

»Ja, das ist eine verteufelte Angelegenheit«, sagt er. »Mmh, wie machen wir denn das?«

»Tja«, sagt er. »Ihre Tochter war damals in Hamburg. Sie hatten ja Knies gehabt, mit ihrer Tochter und Ihrem Schwiegersohn. Tja, Herr Amme...«

Ich merkte, dass er überlegte. Da war es einen Augenblick her, auf einmal fing er an zu reden, als wenn ich sein Tippmädchen war.

»Ja, Herr Amme, passen Sie mal auf, da schreiben Sie Folgendes...«

Und dann fing er an und babbelte daher. (Lacht) Da sage ich zu ihm: »Herr Buchholz, das behalte ich nicht. Da habe ich das erste schon wieder vergessen, wenn Sie das letzte gesagt haben. Das geht in mein Gehirn nicht hinein. Das ist eine Nummer zu groß.« Habe ich ihm wortwörtlich gesagt: »Das ist eine Nummer zu groß für mich. Und wenn Sie mir eine Million bieten, kriege ich das nicht fertig. Schreiben Sie mir das auf.«

»Nee«, sagt er, »das tu ich nicht.«

Ich sage: »Dann aber in langsamer Form wiederholen, dass *ich's* aufschreiben kann. Das machen Sie doch, oder?«

»Ja, das mach ich«, sagt er.

Das hat er dann gemacht. Ich konnte von früher her sogar noch die Debattenschrift. Ich bin ja früher in der Kirche gewesen – ob es Ostern oder Pfingsten war – und habe meiner Mutter die Predigten vorgelesen, die der Pastor gehalten hat. Das hatte ich mir selber angeeignet. Das heißt, ich bin mal ein halbes Jahr bei Buhmann {Dr. Buhmann-Schule, Hannover} gewesen, und da hatte ich die gewöhnliche »Stolze-Schrey« gelernt {Stenografie-System}. Die konnte ich gut, und ich hatte auch Spaß dran. Und dann die sogenannte Debattenschrift mit weiteren Kürzeln, das hatte ich intus. Damals fiel mir das leichter, wie's mir heute fallen würde.

Und dann habe ich das zu Hause abgeschrieben. Gisela hat's abgetippt, deine Mutti.

Ich hatte einen Termin beim Finanzamt, der war noch lange nicht abgelaufen. Den andern Tag schon bin ich nach Burgdorf gefahren.

Jetzt bin ich wieder bei Bütehorn.

»Ach, Herr Amme. Na, wie weit sind Sie?«

Ich sage: »Ja, ich habe die Begründung hier. Schriftlich.«

»So? Dann geben Sie mal her.«

Und das ist so wahr, wie ich hier sitze. Ist nicht eine Silbe dran gelogen. Da sagt Herr Bütehorn wortwörtlich zu mir: »Herr Amme, ich bin 38 Jahre hier auf dem Finanzamt.«

Ich denke: Nanu, was will er denn jetzt?

»In diesen 38 Jahren habe ich so ein Schriftstück noch nicht zu sehen bekommen. Sagen Sie mir, wer hat das geschrieben?«

Ich sage: »Ich.«

»Och, Herr Amme«, sagt er. »Nein, nein, das haben Sie nicht geschrieben.«

Ich hatte damals Herrn Sander, den Buchprüfer.

»Und das hat auch Herr Sander nicht geschrieben. Ein ganz hochintelligenter Mann ist dies, der das geschrieben hat. Unmöglich. Nun sagen Sie's.«

Ich sage: »*Ich* hab's geschrieben.«

»Also Sie wollen's nicht sagen.«

Ich sage: »Ich hab's geschrieben.«

»So. Ja, ist gut.«

Ich habe nie wieder was davon gehört.

In der Zwischenzeit bin ich gewahr worden: Emmas Mann war der stellvertretende Chef, der zweite Mann am Braunschweiger Finanzamt. Siehst du, solche Leute musst du haben, dann kannst du was werden. Dann kannst du vorankommen.

Du musst immer zusehen, dass du Freunde oder Bekannte hast, wenn mal irgendwo was brennt. Und du musst dann ein kleines bisschen Geschick haben. Ich habe dir schon mal gesagt, wenn ich zum Finanzamt oder zu Behörden gegangen bin – heute habe ich's ja nicht mehr nötig –, dann nannte ich das »die Mütze untern Arm nehmen«. Das heißt, diese Leute sind dir gewaltig überlegen, geistig. Das habe ich auch zu verstehen gegeben. Das lag bei mir drin, dass ich gesagt habe, dass ich der Dummitz war. Na ja, bis Fünfe zählen konnte ich auch, aber dann bei kleinem hört's auf. So in diesem Sinne. Das bewies sich wiederum bei meiner zweiten Finanzangelegenheit.

DIE WÄSCHEREI

Oma und ich, wir waren erst nicht – muss ich offen und ehrlich sagen – erfreut. Denn was Vati hatte, das war 'n Persil-Pappkarton. Und da war vielleicht 'n bisschen Unterwäsche drin, das weiß ich nicht, ich habe nicht reingeguckt. Letzten Endes, du hast nur eine Tochter, und dann sagst du, wenn die sagt: »Ja, ich liebe den...«
Du kennst doch diesen Witz, den Bauernwitz, kennst du den?

Nee.

»Kommt ein Bauernmädchen zu Vater und Mutter. Die sitzen abends so in Ruhe. Er raucht seine Pfeife. Und dann sitzen die beiden am Tisch, die Eltern. Da kommt das Mädchen an.
›Na, wat hast du denn, Line?‹
›Ja, Papa, ik woll den Heinrich frien (ich will den Heinrich heiraten).‹
›Wat den Heinrich? Weken (Welchen) Heinrich denn?‹
›Ja, *den* Heinrich.‹
›Wat *den* Heinrich? De is nix und hat nix. Und de...? Kummt nich in Frage!‹
Da sagt sie: ›Ja, Papa und Mama, ik liebe ühn aber ja.‹
›Liebe? Schiete wat in Liebe (Scheiß auf die Liebe)! Mutti, hebbt wie üsch 'eliebet (haben wir uns geliebt)?‹«
(Lachen)
Das nur nebenbei gesagt. Oma, sowohl wie ich, haben dann gesagt: »Na ja, was sollen wir uns da entgegenstellen?«
Und haben Ja und Amen gesagt.

Ja, aber so ganz einfach ging das doch nicht? Also Mutti ist doch erst mal nach Hamburg gezogen.

Ja, da waren sie doch schon verheiratet. Glaube ich.

Nee, das war schon bevor sie verheiratet waren.

Oder war das bevor? Ja, also das habe ich nicht mehr so gut in Erinnerung. Da müssen die doch schon verheiratet... Oder waren sie das noch nicht? Er ist dann hier gewesen. Da waren wir noch am Rübensaft machen. Irgendwie ist da was gewesen, ich weiß aber nicht mehr was. Das wird Mutti besser wissen. Und da sind die nach Hamburg, jawohl. Und Mutti ist dann bei dem einen großen Blatt da gewesen.

Hamburger Abendblatt.

Ist also beim *Hamburger Abendblatt* gewesen. Und dann hat Papa wohl wiederum in Hamburg gefahren, als Chauffeur. Der kannte sich in Hamburg ja gut aus. Ich weiß, wir sind dann zu guter Letzt, Oma und ich, weil Oma – nicht ich – sagte: »Adolf, hör mal zu. Ein Kind haben wir, und das sitzt da hinten in der Gegend.«

Dazumal hatte ich grade hier hinten, diese ganze Vorderfront vom Haus machen lassen. Mit diesen Klinkersteinen. Eisensteine sind das ja. Die sind in tausend Jahren noch so wie jetzt. Wenn sie nicht kaputt geschlagen werden.

Also da sind wir nach Hamburg gefahren und haben da auch eine Nacht übernachtet, bei deiner Großmutter väterlicherseits und bei Bernhard, deinem Stiefopa.

Und dann ging das noch einige Wochen.

Oma hat immer gesagt: »Lass sie doch.«

»Ja, meinetwegen. Gott ja, ich habe ja nichts dagegen. Meinetwegen.«

Das hing doch auch mit der Gründung der Wäscherei zusammen.

Ja, das war folgendermaßen: Oma hatte gehört, in der Zeit wären Wäschereien gefragt. Ich war mehr auf Kino aus. Ich wollte ein Kino haben. Ich bin ja auch ein viertel Jahr auf der Filmakademie in Berlin gewesen, weißt du ja. Ich habe den Meisterbrief für Kinotheaterbesitzer.

Ich hab den.

Wer? Du hast den?

Von dir.

So. Na ja.

Und dann kam also Omas Idee mit der Wäscherei?

Oma sagte: »Menschenskind, die müssen nun aber selber mal 'n bisschen Geld verdienen.«
Ich sage: »Ja, das ist auch richtig.«
Da ist Vati erst noch für diese Harzer Quelle, {Harzer Grauhof} rumgereist. Aber das haute nicht hin.

Als Vertreter oder als…?

Als Vertreter, ja. Das habe ich gleich gesagt. Davon sind diese vielen Flaschenöffner noch übrig. Das hatte ich aber gleich eingesehen. Ich habe zu Oma gesagt und habe das auch Jo, deinem Vater, gesagt: »Das ist nicht der wahre Jakob!«
Und dann sind wir in Celle gewesen, Oma und ich, haben uns da eine Wäscherei angesehen. Oma war darauf versessen.
Siehst du, deine Oma hat dich ganz besonders ins Herz geschlossen. Ich weiß noch, sie hatte einen Brief verfasst. Und da hatte sie wohl erst mal so 'n Entwurf gemacht. Den habe ich mal gelesen. Aber der ist wohl verloren gegangen. Jedenfalls hat Oma sehr viel für dich übrig gehabt.
Also kurz und gut, da sind wir in Celle gewesen, Oma und ich, haben uns das angesehen.
»Tja, wenn du das meinst.«
Also ich muss sagen, Oma konnte schneller irgendetwas erfassen. Wenn die ein Junge gewesen wäre, hätte sie Architekt werden müssen. Farbenmäßig war ich 'ne Null.
Anziehen, da kümmerte ich mich gar nicht drum. Wenn was war, da lag der Anzug, da lagen die Strümpfe, da lagen die Schuhe, da lag der Schlips, alles passend, alles so wie es sein muss.
Wenn ich hinkam, sagte ich: ‹Ja, is' was?«
»Ja, weißt du denn nicht. Mensch, wir müssen doch…«
Da und da hin.
»Ach so. Ja. Dann ist ja gut.«

Ich brauchte kein Geschenk. Das war alles von Oma erledigt. Diese vielen positiven Seiten hat deine Oma gehabt, nicht wahr. Das muss ich sagen.

Dazumal hatten wir den Gemischtwarenladen noch. Der Laden war immer noch sonntags zwischen elf und zwölf Uhr geöffnet. Ja, dann war das Essen fertig. Entweder sie bediente und ich aß, oder umgekehrt. Wenn das zwölf Uhr oder viertel nach Zwölf war, dann wurde abgeschlossen. Und dann Motorrad her, und – Jups! – wie ich die BMW, die 750er mit Beiwagen hatte, waren wir eine Stunde später oben, hoch im Harz. Immer so 130/140 Km/h gefahren.

Einmal sind wir in Hamburg gewesen, mit der BMW mit Seitenwagen, da haben wir von der Elbbrücke bis nach der Kirche in Celle keine Stunde gebraucht! Heute ist das schwieriger. Da ist ja heute alles voll.

Wie ich das D-Rad hatte – das ist 1928 gewesen, im Juni oder Juli –, da haben wir eine Fahrt zur Schweiz gemacht und sind vierzehn Tage unterwegs gewesen. Auf ihre Initiative, nicht auf meine. Sie hatte eine Cousine am Bodensee. In Bregenz war das. Diese Cousine hatte sie eingeladen. Uns, also natürlich auch mich. Wir standen im Verkehr, also im Briefverkehr.

»Ja, dann führe uns doch deinen Mann mal vor.« So ungefähr. »Adolf, lass uns doch mal hinfahren.«

Ich sage: »Och, Mensch, hinten in die Schweiz.«

»Du, dann können wir die Berge...«

Oma war doch für die Berge. Ich war für die See.

Komm doch erst mal auf die Wäscherei zurück! Also warum damals Wäscherei?

Ja, also Oma hatte, wir haben uns entschlossen: entweder machen wir das, oder deine Eltern machen das nun. Und wenn die beiden nicht wollen, dann machen wir die Wäscherei. Da ist was zu holen. Das war unser Ergebnis. Zwischen Oma und mir. Darum passten Oma und ich ja in diesen Punkten zusammen, wie die Faust aufs Auge. Leider nicht in dem Maße, wie soll ich sagen, sexuell. Darum tut mir das heute leid, dass ich nicht 100%ig treu gewesen bin. Aber so wie sie heute sind, sind wir trotzdem nicht gewesen. Trotz alledem, wenn ich das ungeschehen machen könnte, da würde ich viel für geben. Das belastet mich heute, muss ich dir offen sagen. Innerlich. Es ist ja ein Vertrauensbruch.

Ich will aber nicht abschweifen. Wir kommen wieder zur Wäscherei. Siehst du, da habe ich zu Vati und Mutti gesagt: »Also passt mal auf! Wir wollen eine Wäscherei einrichten. Wie ist das, wollt ihr das machen?«

»Ja...«

Jein, so ungefähr.

Ich sage: »Ja, also dann machen wir's. Und wenn wir's nicht machen, dann macht es Marga in Celle.«

Meine Cousine Marga Bruns – mütterlicherseits von meiner Seite. Und da haben sie sich entschlossen.

»Ja.«

Da habe ich zuerst den ganzen Maschinenpark gekauft. So 10.000,- DM. Aber damals waren 10.000,- DM mehr wie heute. Ich würde sagen, so viel wie heute mindestens 50.000,- DM, wenn ich die Löhne berechne und dementsprechend auch die Produkte.

Dann war der Vertreter da. Ja, und dann hat Vati die Maschinen ausgesucht.

Und dann: »Ja, ja, ich bezahle.«

Habe die dann auch alle bezahlt. Eine Zeitlang ist das gegangen, dann sagte Vati zu mir: »Du, hör mal zu, das ist zu eng.«

Das ging sehr gut, war ständig besetzt.

Da hieß es: »Ist nicht groß genug. Wir müssen das vergrößern.«

Und da habe ich hier diesen Wäscheanbau – den hat Stolte gemacht – habe ich dann bezahlt. Nicht wahr.

Gegründet 1953.

Das weiß ich nicht mehr genau.

Und der Anbau muss dann so drei, vier Jahre später...

Ich weiß nicht. Du bist '49 geboren?

Ja.

Na ja, das muss wohl so gewesen sein. Und dann war irgend 'ne Summe, fällt mir jetzt ein, 15.000,- DM waren das.

Vati kriegte ja keine Mark. Wenn er was haben wollte, musste ich bei der Bank gutsagen. Da habe ich einmal für 15.000,- DM gutgesagt, bei der Kreissparkasse. Die 15.000,- DM hat er gebraucht. Versteh! Aber auf meinen Namen, auf Adolf Amme. Und er hat die 15.000,- DM zurückbezahlt. Das geht aus den Papieren hervor, die noch liegen.

Zwotens, deine Eltern hatten sich damals 'n Mercedes gekauft. Die hatten ja den Freund da, den Eggers.

Das war aber schon viel später, oder?

Ja, das war viel später. Aber wenn wir nun mal gleich dabei sind. Ich will auch mal ein paar positive Seiten sagen. 'n wunderschöner Mercedes, der kostete zwischen 5 und 6.000,- DM. Der Vertreter und er waren befreundet. Also der hatte auf keinen Fall betrogen, sondern dein Vater hat den spottbillig bekommen. Wie ich den gesehen habe, hab ich mit den Augen geschlackert. Dann ist der Eggers zu mir gekommen. Vati hatte mich gefragt: »Papa, würdest du das wohl bezahlen? Ich gebe dir das Geld zurück.«

»Ja, ja, ist gut, mach ich.«

Dann hab ich ihm das bezahlt, und er hat's mir auch zurückgegeben, auf Heller und Pfennig. Ich habe keine Zinsen verlangt. Wollte ich auch nicht. Aber jedenfalls hat er nach 'ner Zeit den Mercedes voll und ganz bezahlt.

HITLER WAR SCHULD

Also er war ein intelligenter Mann, er war nicht dumm. Ich würde sagen, in Redepunkten war er mir überlegen. Worin er mir nicht überlegen war, das war im Kaufmännischen. Er war kein Kaufmann. Konnte er aber auch nicht sein.

Es gab einmal eine Zeit, wo ich Christine gesagt habe: »Das, was dein Vater getan hat, grenzt an das Verbrecherische.«

Hält Christine mir heute noch vor. Aber die Zeit, sagt man, heilt alle Wunden.

Gucke mal an: Vati ist zur Schule gegangen, wie Hitler an der Macht war. Er hatte keine Sorgen, seine Eltern bezahlten alles. Wie die Schule vorbei war, kam er zum Arbeitsdienst, Reichsarbeitsdienst. Jeden 1., 10. und 20. war Geld da. Gut. Wir haben ja wieder Geld. Na ja.

Er ist grade in dieser unglücklichen Geschichte gewesen. Darum gebe ich heute Hitler die Schuld, und verfluche darum Hitler mit. Der Polenfeldzug war vorbei. Dann wurde er eingezogen als Soldat. Was war da? Jeden 1., 10. und 20. war wieder das Geld da. Er hat gar nicht zu rechnen brauchen.

Ich bin in Holzpantinen zur Schule gegangen. Ich habe rechnen müssen. Ob ich's konnte oder nicht. Vielleicht liegt das in dem Ammeschen Geschlecht drin, denn ich bin nicht der Einzige. Die Ammes sind alle sehr sparsam. Denke mal zurück, 1696 oder 97, kurz vor dem 17. Jahrhundert, ist ein Amme von Beedenbostel nach Uetze gekommen, hat die Mühle hier gepachtet, hat gespart, hat gearbeitet, hat dann die Mühle von dem Gutsbesitzer gekauft. Der älteste Sohn. Dadurch hängen wir alle zusammen. Der erste Amme, von dem wir abstammen, kam von Beedenbostel. Das ist dein Urururur-Großvater. Musst du vier oder fünf Mal Ur vormachen.

Also diese Art liegt drin. In gleicher Form wie bei mir hat's auch Elfriede in Dedenhausen. Die ist genauso. Aufheben, was andere wegschmeißen. Wir suchen's raus. Ich weiß es, ich bin mit Oma in Urlaub gefahren.

Dann sagt sie: »Na ja, dann geht's Sparen wieder an.«

Ich sage: »Nein, jetzt in diesem Urlaub wollen wir aber mal, wollen wir's mal vergessen.«

Zwei oder drei Tage ging das gut, und dann kam bei mir die Frage: »Du, muss denn das sein?«

»Ja, das muss sein!« (Lacht)

Ich weiß noch das eine Mal, als Oma richtig wütend wurde.

»Ja, das muss sein! Ich muss jetzt Kaffee trinken und Kuchen dazu essen, und das will ich auch.«

»Mensch, sollst du ja auch.«

Ja, da hab ich Eis gegessen. Das sind so Szenen, nicht wahr, die so im Gehirn noch haften geblieben sind.

TRAURIGER ANFANG UND ENDE

Was wolltest du nun noch fragen, was war das?

Mutti hat mir zum Beispiel mal erzählt, dass sie in der Zeit, in der sie mit mir schwanger war, oft traurig war und nicht so genau wusste, was sie eigentlich machen soll. Womit, glaubst du, hing diese Traurigkeit zusammen? Da muss es doch ziemliche Spannungen gegeben haben.

Ja, das hat auch 'ne Zeit lang Spannungen gegeben. Das kam aber nicht durch Mutti, sondern nur durch deinen Vater. Spannungen mit Mutti hat es nie gegeben – direkt wegen Mutti. Das hing immer mit deinem Vater zusammen.

Weil sie sich 'n Mann ausgesucht hat, der nicht den Vorstellungen entsprach, die ihr damals hattet.

Genau. Ja, so müssen wir's nennen. Trotz alledem hatten Oma und ich das so empfunden. Vati war ja Offizier gewesen, hat sich vielleicht auch gesagt: »Na ja, was will dieser Mann da? Der ist ja vom Dorf kaum runtergekommen.«
So ungefähr. Das behaupte ich nicht, ich stelle das nur in Erwägung. Ich weiß nur, dass die dann weggemacht sind. Einfach weggemacht.

Von einem Tag auf den anderen.

Ja, ja. Sie haben gepackt und hauten ab. Sie wollten nach Hamburg.
»Gut«, hab ich gesagt, »dann haut ab nach Hamburg, wenn ihr wollt.«
Was, wie und warum?, da müsste ich lügen. Er konnte nichts und hatte nichts und hatte dann, wie gesagt, diese enormen Schulden.

Ja, das war dann das Ende.

Das war das Ende. Und wenn Oma und ich nicht gespart hätten, dann wäre es zum Konkurs gekommen. Dann wär alles verloren gewesen. Siehst du.

Und dann ist der Punkt gekommen, da hab ich zu Gisela gesagt, wie dein Vater gestorben war: »Gisela, jetzt müssen wir beide zusammen arbeiten. Wir beide. Und sparen. *Die* Zeitung, *die* Zeitung, *die* Zeitung, die verschwinden erst mal. Das und das, das sind unnötige Ausgaben. Ohne die können wir leben. Um die Schulden zu bezahlen, brauchen wir Geld.«

Ja, na ja, klar. Und dann kannst du dir denken: ich habe nie in meinem Leben Schulden gehabt. Ich meine, außer, wie ich die NSU gekauft habe, da habe ich mal Schulden gehabt. Das waren aber keine 1.000,– Mark. Sonst hab ich nie Schulden gehabt und habe immer aus dem Vollen schöpfen können. Weil wir auch entsprechend gespart haben. Geschenkt hat mir keiner was. Es gibt nicht einen einzigen Menschen, von dem ich sagen könnte: »Ja, Adolf, der hat mir da mal was geschenkt.«

Das hab ich mir alles erarbeitet – Oma und ich.

Dein Vater hat dir dein Haus hier geschenkt.

Was?

Dein Vater hat dir dies Haus hier geschenkt.

Ja, natürlich. Selbstverständlich. Also, bitteschön, da sind die Fotografien. Da kannst du dich überzeugen. Da kannst du sehen, wie's war, und teilweise hab ich's sogar noch dazugeschrieben. Da ist eine Fotografie, wo steht, wie ich es empfangen habe. Siehst du den Hochbau hier? Dies vorne hier, über dieser Decke, über den Fenstern – das waren lüttje Fenster – darüber ging das Dach hoch. Nur hier der Erker, der war oben das Zimmer, und das andere waren alles schräge Zimmer.

Wie erklärst du dir denn heute, wie das zu dieser Schuldenentwicklung hat kommen können?

Da steh ich heute noch vorm Rätsel.

Uetze, Osterstr. 3,
wie es Adolf Amme von seinen Eltern übernommen hat

Karl Depenau {Bankangestellter, Freund und Berater} sagt zu mir: »Adolf, Mensch, wie konnte das zu diesem gewaltigen Schuldenberg kommen?«

Ich sag: »Ich weiß es nicht.«

Ich habe zu Karl Depenau fast wörtlich gesagt: »Karl, er nahm es mir nicht weg, er nahm es seinen eigenen Kindern weg. Nicht mir!«

Und dein Vater war in den Punkten klüger. Der konnte reden, wenn der 'ne Rede schwingen sollte, da war er besser wie ich. Da kam ich nicht mit ihm mit. Könnte ich nicht, so reden. Nicht wahr. Ist mir doch niemals eingefallen. Dass er 140.000,- DM Schulden hatte, das habe ich noch akzeptiert. Ich habe mehrere Male unterschrieben und habe da gar nicht weiter dran gedacht, nicht wahr, wie diese Sachen zusammenkamen. Da kam ja meine Unterschrift zum Teil auch mit. Da hatte ich 50.000,-, da 60.000,- DM unterschrieben.

»Ja, was? Na ja, gut.«

Wie das kam? Das ist das, was ich dir sagte: Hitler! Dein Vater hat niemals gelernt, mit Geld umzugehen. Und die Schuld hat Hitler. Er hatte niemals sparen brauchen, es war immer da.

Ich will dir ein Beispiel sagen, eins von vielen, wie großzügig er war. Der Wagen stand in Kellenhusen.

Der Wohnwagen.

Ja.
»Du, Papa, wir wollten den Wohnwagen holen. Alleine können wir das nicht. Willst du mit, oder soll ich Hoppes Bescheid sagen?«
Ich sage: »Och, nee.«
Oma war dabei.
»Pass auf, fahren wir beide doch mit, oder?«
»Ja«, sagt sie »ist gut.«
Dann sind wir dahinten bei Bismarck, weiß nicht wie der See da heißt, da wo der Achter trainierte.

Ratzeburg!

Es war Mittagszeit.
»Du, jetzt wollen wir aber mal was essen.
»Ja, ja, essen müssen wir ja.«
Er steuert zum Hotel hin, das direkt vorm See liegt. Die anderen liegen alle abseits. Wenn du mal nach Ratzeburg kommst, dann siehst du das. Den schönsten Blick! War nicht stark besucht, waren wenige Leute da.
»Mensch«, sage ich zu Jo, als wir davor stehen, »hier stehen die Ober, siehst du, mit Verbeugung und so, aber das Essen schmeckt mir auch ohne Verbeugungen. Lass uns woanders hin. Das ist hier doch zu teuer.«
Da sagt er: »Papa, wenn wir schon einmal hier sind, dann können wir uns das doch wohl erlauben«.
Ich sage: »Mensch, ich sehe nicht ein, dass ich hier zehn oder zwanzig Mark mehr dafür bezahle, wo ich für dasselbe Geld genauso gut essen kann und satt werde.«
Da sagt Oma: »Ach, Adolf, stell dich nicht an. Nun lass ihn mal.«
Ich habe stillgeschwiegen.
Und wie wir da reinkamen, waren zwei Ober da.
»Hier rüber, bitteschön!«

Jo tat so, als ob ihm das ganze gehörte, als wenn er der Kaiser von China war.

Jetzt bringen sie die Speisekarten. Jo schaute die durch, Preise dreißig, vierzig Mark, ganz unten natürlich. Ich habe ganz oben angefangen. Vati hat dann Fisch gegessen, irgend so eine Fischart. Was das war, weiß ich nicht. Mensch, wie viel hatte er denn bezahlt? 63 oder 64,– Mark hat Papa bezahlt, für Mutti mit. Ich habe etwas über die Hälfte bezahlt, für Oma und mich.

Das hat aber in der Familie gelegen. Die waren damals alle großzügig. Die sind doch in Magdeburg gewesen, oder?

In Halle. An der Saale.

Ja, in Halle. Stimmt. Da haben die und deine Großmutter väterlicherseits, die haben immer aus dem Vollen geschöpft. Dazumal konnten die das {als Inhaber der Saaleschlossbrauerei}.

Aber jetzt hatten wir andere Zeiten. Ich kann das heute auch. Wenn ich in das feinste Hotel reingehen will, dann brauche ich nicht »Bitte, bitte« zu sagen, dann gehe ich da rein – und wenn es tausend Mark kostet. Da fall ich nicht von um. Aber das ist meiner Seele zuwider. Also ich glaube, das Essen käme wieder raus, ohne dass ich's wollte, vor Ärger, wegen des weggeworfenen Geldes.

Also die Menschen sind verschieden. Und ich bin zu der Erkenntnis gekommen, und das habe ich auch vielen anderen später immer gesagt: »Jo ist da weniger Schuld dran. Schuld dran ist Hitler!«

»Ja, wieso? Was hat Hitler damit zu tun?«

Durch das, was ich vorhin schon gesagt habe. Also da sind so viele Momente. Und diese Großzügigkeit ist auf jeden Fall da. Und die Sparsamkeit, die bei mir vorhanden war, die war bei deinem Vater nicht vorhanden. Ich spreche kein böses Wort über ihn. Ich habe alles entschuldigt, alles entschuldigt mit dieser Begründung. Weil er sonst ein sehr guter Ehemann, sehr guter Vater war und vor allen Dingen, auch nicht dumm war. Nicht wahr.

Wenn er nicht dumm war... Also wenn du heute 200.000,– Mark Schulden hast und sollst die verzinsen, da sind die Zinssätze ja niedrig. Jetzt. Aber dazumal waren die ja auch höher. Nun fange mal an zu rechnen. Und wenn es dann nach 300.000,– Mark geht und noch drüber: Was macht das im Monat? Da verdient einer akkurates Geld, was so einer nur an Zinsen bezahlen muss. Der gehört dann schon mit zu den Spitzenverdienern. Was muss so 'n Mann an Zinsen zahlen, da kommt es automatisch zur Explosion. Ob er will oder nicht, kann er nichts gegen machen.

Und ich bin fest davon überzeug, dass dein Vater heute noch leben würde, wenn diese Schuldenlast nicht gewesen wäre. Denn Paul Ström hat mir gesagt, er wäre bei ihm gewesen, und er hätte geweint wie ein kleines Kind.

Paul Ström stand damals auch unter Druck. Ich weiß noch, ich kriegte von ihm Geld. Ich hatte ihm diesen Diesel zusammengebaut verkauft, und er konnte mir das Geld nicht geben, wie es vereinbart war.

Da bin ich hin gewesen und dann sagt er: »Onkel Odolf, ik hebbe over fiefundrittig (35.000,–) Mark Schulden. Und ik kann et dik nich geben, Onkel Odolf.«

Und das ist nun acht oder neun Wochen oder noch länger hin, schließlich sage ich: »Ik mott mien Geld hebben (Ich muss mein Geld haben).«

»Tja, wenn du dat meinst und wutt mik den Strick taudreien (und willst mir den Strick zudrehen), ik kann da nix dran moken.«

Ich bin nach Hause gekommen und habe das Oma gesagt.

Da sagt Oma zu mir: »Mensch, geh doch mal zur Kasse hin«.

Ich sage: »Die Kasse sagt doch nichts. Die darf nichts sagen.«

»Tja, kannst du doch mal versuchen.«

Ich bin hingegangen zur Kasse. Und da habe ich zum Kassenmann gesagt: Hören Sie mal zu. So und so.

»Ja, Herr Amme, wir dürfen Ihnen nichts sagen. Das wissen Sie doch.«

»Ja, Herr Ström hat mir gesagt, er hätte über 35.000,– Mark Schulden.«

»Wenn Herr Ström zu Ihnen gesagt hat, er hätte hier über 35.000,– Mark Schulden, dann wird das auch wohl stimmen, Herr Amme. Wenn Herr *Ström* das gesagt hat.«

Also ich brauchte gar nicht mehr weiter zu fragen. Da war mir alles klar. Da hab ich mir gesagt: Nun lass es in Gottes Namen. Es waren nur 2.000,– DM oder etwas darüber. Und da habe ich gar nichts gemacht und dann war das 'n viertel Jahr oder was weiß ich später und dann sagte er: »Onkel Odolf, mik daht dat leid (mir tut das leid), dat ik dik dat Geld nich geben kunt, aber du treckst doch immer Swiene (ziehst doch Schweine auf). Ik hebbe doch immer Farken (Ferkel). Denn nimmste de Farken von mik, un denn trecket wie dat... (dann ziehen wir das – in Raten)«

Ik segge: »Paul, is in Ordnung.«

Also kriegte ich zwei Ferkel jedes Jahr, bis die Summe dann erledigt war. Ich habe auch keine Zinsen genommen. Aber so war das, siehst du.

Ja, damals ist es wohl mehreren Leuten nicht so gut gegangen.

Ja, ja, das ist so wie jetzt auch. Wie viel Pleiten hast du?!

Damals lag's wohl auch an der Ölkrise. Das war ja kurz vorher gewesen.

Ja, ja. Zu Kaisers Zeiten war das eine generelle Linie. Da hattest du Schulden – meine Eltern mussten 4% bezahlen, und diese 4% galten heute, und die galten in fünf Jahren auch noch. Da kostete das Pfund Salz aber 13 Pfennig, und das kostete in fünf Jahren auch noch 13 Pfennig – um ein kleines Beispiel zu sagen.

Da gab's keine Gewerkschaften, die kamen und sagten: »Ja, jetzt müssen wir aber...« und die Klappe soweit aufreißen, ohne zu denken, dass sie die ganze... Na ja, das führt zu weit. Ich weiß, du bist entgegengesetzt. Aber trotz alledem. Das verdanken wir nur den Gewerkschaften, dass wir die Arbeitslosen haben. Hätten die nicht die große Klappe, nicht wahr, dann könnten alle unterkommen. Es gibt eine ganze Menge, die das nicht wollen. Aber da wollen wir gar nicht drüber reden, nicht wahr. Nein, weiter. Was wolltest du noch wissen?

BEHÖRDEN oder MIT EINEM LÄCHELN
(2. Finanzangelegenheit)

Wenn ich zu irgendeiner Behördenstelle komme, dann bin ich der höflichste Mensch. Bin ich aber immer. Aber dann versuche ich, die menschlich zu erfassen. Die sind ja meist alle erst mal kategorisch eingerichtet auf Stur. Dann fange ich das anders an. Ich bin mal beim Finanzamt gewesen. Das ist noch gar nicht so furchtbar lange her, ja, kurz vor Omas Tod {21.10. 1975}. Die ist elf Jahre tot, also das sind jetzt ungefähr 13, 14 Jahre her. Da mussten wir immer noch diese Abgabe für die Flüchtlinge leisten.

Da las ich einen Artikel in der Zeitung, dass bei bäuerlichen Betrieben eine Kurzabfindung stattfinden könnte. Dass das dann nur noch ein Teil der Summe wäre. Das Grundstück, das Anwesen, das war alles geschätzt worden. Und da hieß es, ich glaube, 25% musst du abbezahlen. Das wär gewissermaßen eine Hypothek. Das hatte ich in der Zeitung gelesen. Mensch, denk ich, du hast ja auch Landwirtschaft. {Spargelanbau} Klar, Adolf, du bist Landwirt! Ja, ich bin nach Hannover gefahren zum Finanzamt. Da war Burgdorf schon aufgelöst.

Ich frage: »Uetze, wo muss ich da hin?«

Uetze? Ach ja, Zimmer sowieso.

Gut.

Ich sag: Adolf, du musst dich einstellen auf diesen Mann. Du musst erst mal sehen, was für'n Mann das überhaupt ist. Nun war ich als erster dran.

Da sag ich: »Haben sie's eilig? Sie können vor mir gehen.«

Er geht rein, und dann bin ich natürlich mitgegangen.

Er guckt mich an, ich sage: »Nein, Sie sollen gehen. Ich wollte nur den Mann mal sehen.«

Der machte die Tür auf. Ich sah den Mann hinterm Schreibtisch.

»Ja, einer«, sagte der »nur einer.«

Der glaubte, wir wollten beide rein. Ich bin wieder zurückgegangen. Das dauerte 'ne ganze Zeit lang. Da konnte ich überlegen.

Was ich gesagt habe, weiß ich nicht mehr. Ich weiß nur, es war ein schöner, strahlender Tag draußen. Er konnte aus dem Fenster gucken, in so eine Art kleinen Park. Und die Vögel sangen so schön.

Ich bin reingekommen und da sage ich: »Ach, was ist das? Hätte ich gar nicht so gedacht.«

»Bitteschön, was wollen sie?«

In seinem korrekten Ton. Er ist ja Beamter.

Ich sage: »Ach, was haben sie das schön hier! Der herrliche Sonnenschein und die Blüten. Diese wunderschöne Aussicht!«

So habe ich angefangen.

Und dann: »Ach ja, wenn man nun noch mal wieder jung wäre.«

So ein jüngerer Kerl war das, Mitte Vierzig schätze ich.

Die machen dann erst einmal ein völlig verdutztes Gesicht. Und dann, ja, dann gehen die auf diesen freundlichen Ton der Unterhaltung ein.

»Ja, ja, hab ich mich auch schon drüber gefreut«, sagt er.

Ich sag: »Das ist doch 'n erhebendes, wunderschönes Gefühl. Ja, so ein Leben müsste man immer führen können.«

So hab ich dann angefangen: »Ich denke immer wieder an meinen Vater. Zu Ostern, zu Weihnachten, zu Festlichkeiten trank er immer 'ne Flasche Wein. Und dann hab ich oft gehört als Junge, dass mein Vater zu mir sagte:« – das ist wahr, das war nicht gelogen – »»Ja, das müsste man sich jeden Tag erlauben können.«‹«

Da fing er an zu lachen.

»Ja«, sagt er »das ist wahr. Ja, sagen Sie mal, wer sind Sie denn, und was wollen sie denn?«

Ich sag: »Ja, Adolf Amme ist mein Name, und ich habe die Überzeugung, dass dieser Passus, der dort in der Zeitung geschrieben steht, auch für mich zuständig ist.«

»Ja, wie ist denn Ihre Nummer?«

Er suchte so rum, und dann kam er mit Akten wieder.

»Adolf Amme, Osterstraße 3?«

Ich sag: » Jawohl, das bin ich.«

Na ja, dann hat er erst mal rumgeguckt.

»Ach, Herr Amme, wie alt sind Sie?«

Damals war ich noch jung. Ich sage: So und so.

»Da sind Sie ja fast auf den Tag genau so alt wie meine Mutter«, sagt er.

Sehen Sie wohl, das habe ich vorher gewusst, wollte ich da schon zu ihm sagen.

Ich sage: »So?«

»Ja, zwei oder drei Tage jünger«.

»Sie könnten mein Junge sein«, hab ich da gleich gesagt.

Er lachte. Wir beide haben uns nun unterhalten.

Ich sage: »Ja, wie geht's ihr denn gesundheitlich? Wenn man älter wird... Es heißt immer: Die ersten 30 sind die Besten.«

Da war er schon wieder am Lachen. Als ob wir uns schon drei oder vier Tage kannten, so haben wir uns unterhalten.

»Tja«, sagt er, »nun müssen wir aber mal weitermachen.«

Schaut er auf die Unterlagen.

»Ja«, sagt er »Herr Amme. Die Mengen haben Sie da.«

Damals hatte ich ja noch den Laden. Dazu kamen die gesamten Ländereien, die ich verkaufen musste, die hatte ich ja alle noch. »Ja, Herr Amme, das ließe sich machen, ohne weiteres, ohne da anzustoßen. Füllen Sie dies hier mal aus.«

Ich sage: »Och, sehen Sie mal, Sie wissen ja, wie alt Ihre Mutter ist. So alt bin ich ja auch, wie zitterig die Hand, die will nicht mehr das schreiben. Würden Sie so lieb sein und das für mich machen?«

Er guckt noch. Das meiste hat er dann aus meinen Akten rausgeschrieben, nicht wahr.

»So, nun schreiben Sie Ihren Namen. Nun haben Sie aber viel getan.«

Ich habe meinen Namen geschrieben.

»Na, so zittrig ist die Schrift aber noch nicht.«

Das weiß ich noch, dass er das sagte.

»Tja, wie alt sind Sie?«

»Wie ihre Mutter«.

»Ja, ja.«

Fall erledigt. Sonst hätte ich noch bezahlen müssen. Ich brauchte nicht mehr bezahlen. Ich fiel unter diesen Passus. Die Summe – es waren, ich glaube, 24.000,– DM, so viel hatte ich bezahlt – 25.000,– oder 26.000,– sollte ich bezahlen. Also die Differenz muss er dann niedergeschlagen haben.

Siehst du, also diese Art Sachen, das möchte ich dir gewissermaßen, auch wenn du schon älter bist, für deinen Lebensweg weitergeben. Versuch nicht, wenn die stur sind, auch stur zu sein, sondern menschlich, freundlich, höflich. Was die nicht können, können sie natürlich nicht. Aber was im menschlichen Bereich steht, bitte, das kann man doch tun. Wir sind ja alle Menschen. Wir sind doch alle sterblich. Und wenn's geht, irgendwie was Lustiges heraussuchen – ganz gleich, was dir da einfällt. Denk daran, wie ich meine Papageien holen wollte. Das habe ich dir, glaube ich, mal erzählt, nicht? Nicht plump, niemals! Und wenn die dann kategorisch Nein sagen, dann nicht sich aufplustern, sondern dann: »Na ja, Sie können da ja nichts dran ändern.«

Wenn mich einer so anfassen würde, dann würde ich sagen: »Hören Sie mal zu, Ihre Gesundheit hält das aber nicht lange aus, wenn Sie so weitermachen.«

Das ist meine Erfahrung, die ich im Leben gemacht habe. Könnte dir noch Dutzende von Beispielen sagen.

Das siehst du bei der Ärztin.

Ich sage einfach zu ihr »Tja, altersmäßig könnten Sie meine Tochter sein.«

Ich habe schon mehrere Sachen von ihr sogar geschenkt bekommen. Einmal dieses Gestell für die Augeneinstellung und dann diese Tropfen, die ich kriege, die habe ich auch geschenkt bekommen.

Ich sage: »Da gibt es doch so 'n Augending«.

»Ja, ja. Haben wir da noch...?«

»Ja, eins ist noch da«.

»Ja, holen Sie mal her! Herr Amme bekommt das.«

So war das.

Und wo partout nichts zu wollen ist, das mit lächelndem Gesicht hinnehmen. Es gibt ja mitunter Situationen, wo die also wirklich nicht können, nicht wahr. Dann versuche ich nicht, die unbedingt zu überzeugen, wenn ich merke, dass das unmöglich ist. Was unmöglich ist, ist unmöglich! Die Leute können Ihre Position nicht aufs Spiel setzen. Die Waage muss zumindest immer so stehen. So muss es sein. Und lass dich niemals hinreißen, pampig zu werden. Immer freundlich, mit einem Lächeln, mit einem Lachen.

Wenn du aufstehst: »Schönen guten Morgen, das ist ein herrlicher Tag!«

Wenn du das zu deiner Mutti sagst, die guckt dich erst komisch an und fängt dann auch an zu lachen. Nicht wahr. Das nur als simples Beispiel.

DIE LETZTEN JAHRE

BEHÖRDEN UND SEXUELLER NOTSTAND
(3. Finanzangelegenheit)

Ich sage immer: »Wer mit Behörden zu tun hat – die Mütze untern Arm nehmen.«

Ich hatte doch die vielen Vögel. Das sind auch zwölf, dreizehn Jahre her. Jetzt wollte ich Papageien haben. In Holland kannst du die für den vierten Teil kriegen. Da kriegst du einen Papagei, für den du hier 700,– Mark bezahlst, für 200,– Mark. Nun stell dir das mal vor. Also wer sich drauf einstellt und versucht Tricks – und ich wüsste Tricks –, der kann da sein Brot mit verdienen.

Ich denke: Du gehst hin und willst eine Einfuhrgenehmigung haben. Wo kriegst du die? Ja, das macht das Ministerium in Hannover.

Ich weiß nicht, Goethestraße, irgendwo in der Ecke bin ich gewesen. Also direkt hin zum Ministerium.

Kommt da so 'n älterer Knabe, der war bald so an die Sechzig: »Was wollen Sie? Sie wollen Papageien haben? Sind Sie denn Händler?«

»Nein, Händler nicht, ich bin Liebhaber«.

Da poltert der rum: »Ja, kommt sowieso nicht in Frage. Nein, nein. Ausgeschlossen!«

Er hatte »Nein, nein« gesagt. Ich hab da gestanden und getan, als ob ich das nicht gehört hätte.

Ich sage: »Sehen Sie mal an, in Holland sind sie billiger. Mir die hier zu kaufen, dieses Geld auszugeben, kann ich nicht. Da bin ich nicht in der Lage dazu. Von der einen Sorte habe ich ein Weibchen über, das braucht einen Mann, und umgekehrt ist da ein Mann. Nun will ich die von Holland holen, weil mir das anders finanziell nicht möglich ist.«

Alles wahrheitsgemäß.

»Nun stellen Sie sich mal vor, Sie wären jetzt dreißig Jahre jünger, Sie sitzen und Ihre Frau ist gestorben. Jetzt hätten Sie keine Frau und warteten immer auf eine Frau. Und Sie können keine Frau kriegen. Stellen Sie sich mal vor, was das für Gefühle sind. Können Sie sich diesen sexuellen Notstand vorstellen?«

Da guckt er. Auf einmal fängt er an zu grienen, dann lacht er. »Kommen Sie mal mit.«

Da ist er mit mir zum Minister gegangen, der Oberste, der in Hannover sitzt, die oberste Stelle, bei dieser Tiergeschichte. Minister oder vielleicht sein Stellvertreter.

Ich musste erst mal draußen bleiben.

»Einen Augenblick, Herr Amme.«

Er nannte meinen Namen schon. Er erzählte dem Obersten irgendwas.

»So, Herr Amme, kommen Sie bitte mal rein.«

Der saß hinter so einem breiten Schreibtisch. Pompöses Zimmer. Gut so groß wie dieses hier. Schön, auch wunderbar eingerichtet.

»Herr Amme, wollen Sie das noch mal wiederholen, was Sie mir gesagt haben?«

Ach so, denke ich, das muss dem gefallen haben.

»Ja«, sage ich, »von der Sorte, da fehlt ein Männchen, kann ich hier trotz aller Bemühungen nicht kriegen. Da fehlt ein Weibchen. Und die sind in ihren besten Jahren. Und der sexuelle Notstand...«

Da haben die sich den Bauch gehalten vor Lachen.

»Ja, gut. Schreiben Sie Herrn Amme eine Genehmigung. Dem sexuellen Notstand wollen wir abhelfen«, sagt er.

»Zwei«.

Ich sage: »Nee, ich habe drei.« (Knöpft sich den Hosenstall zu.)

»Sie haben vorhin von zwei gesprochen.«

Ich sage: »Ja, aber drei sind es. Den andern habe ich noch gar nicht erwähnt. Soweit bin ich doch gar nicht gekommen.«

»Schreiben Sie auf: Drei.«

Ich hab's noch oben liegen. Vom Ministerium. Irgendwo in den Papieren liegt es noch. Ich kann sie dir zeigen, die Genehmigung:

Adolf Amme, Uetze, Osterstr. 3, darf drei Papageien von Holland einführen. Hauptzollamt Hannover.

Nun hatte ich also meine Bescheinigung und bin von da aus gleich hingefahren zu einem Reisebüro. Die hatten eine Hollandfahrt ausgeschrieben für acht Tage. Fünf oder sechs Tage später sollte es losgehen. Ich weiß nicht, 200,- oder 300,- DM hat das gekostet. Ich habe das Geld gleich bezahlt.

»Die Abfahrt ist gegenüber dem Bahnhof«, hieß es.

Da ist doch dieses Kino, das teilweise auch Sex-Filme zeigt. Wenn du rauskommst bei Ernst-August, an der linken Seite. Da ist die Abfahrt.

»Sie müssen aber pünktlich sein. Der wartet nicht lange. Also wenn Sie nicht da sind, Herr Amme...«, sagt sie extra, »Sie müssen wirklich pünktlich sein.«

Ich sage: »Ja, ich werde pünktlich sein.«

Na ja, ich war da. Ich habe sogar noch etwas gestanden.

Wir sind abgefahren nach Holland. Ich habe die Fahrt und alles mitgemacht. Ich war ja allein. Habe dann da gegessen, getrunken und überall die Fahrten mitgemacht, weil es da billiger kam. Und eines Tages kamen wir nach Amsterdam. Ich habe die halbe Grachtenfahrt mitgemacht, und da bin ich zu meinem Busfahrer gegangen und habe zu dem gesagt: »Hören Sie zu: Ich habe Bekannte die wohnen in...«

Den Ort weiß ich nicht mehr. Durch ganz Holland musste ich mit dem Zug fahren. Und war gar nicht teuer.

»Warten Sie nicht auf mich, wenn ich nicht da bin.«

Um die und die Uhrzeit war ja Freizeit. Danach ging's zum Essen. Und ich glaube, da war 'ne Stunde oder 1½ Stunden dazwischen. Ich habe das Essen aber gar nicht mitgemacht, sondern ich bin gleich zum Bahnhof gegangen, direkt Amsterdam Hauptbahnhof, und habe da gefragt, ob sie Deutsch sprechen.

Schließlich sagt einer: »Ja, was wollen Sie denn?«

Ich sage: »Ich möchte gern ein Billet von hier nach...«

Ich habe die Adresse jetzt nicht.

»...und von da aus zurück.«

Dann bin ich hingefahren. Das war ganz im Norden. Jetzt komme ich auf dem Bahnhof an. Nun stehst du da, nicht wahr. Dann waren da so junge Bengels, 15, 18 Jahre oder so.

Ich sage: »Hörn Sie mal zu, können Sie Deutsch?«

»Ja, een bissche.«

Ich will nach da und da hin.

»Oh, das ist aber weit«, sagt einer.

Ich sage: »Ja, wie machen wir das denn?«

»Ja, also da müssen Sie auch einmal umsteigen. Das ist sehr, sehr weit.«

Ach so, ich musste zu einem bestimmten Zug wieder da sein.

»Ja, also ob Sie's schaffe?«, meinte er so. »Also ich würde raten, 'ne Taxe nehmen und sich hinbringen lasse.«

Also Taxe. Sieben Gulden habe ich dafür bezahlt. Da musste der erst selbst suchen, der Holländer. Schließlich fand er die Firma.

Diese Großhandlungen importieren die Papageien ja, die kommen aus Afrika, Kongogebiet. Die kosten hier fast 700,– Mark, und da kosten sie 190,– Mark. Kannste dir ja denken, was da für'n Geschäft drinsteckt.

Ich habe meine Papageien gekauft und wollte nun zurück.

Ich sage: »Wie komme ich wieder zum Bahnhof?«

»Da können Sie mit dem Bus fahren. Der Bus fährt günstig.«

Ich habe meine Papageien eingepackt, habe zehn Minuten gewartet, glaube ich, bin in den Bus eingestiegen, beim Bahnhof in den Zug gesetzt und kam dann wieder zu meinem Reisebus.

Jetzt fahren wir weg. Da denke ich: Mensch, nun willst du doch versuchen, ob du die Papageien wohl schwarz durchkriegst. Ich hatte ja mein Papier. Und ansonsten bist du ja dumm wie Bohnenstroh. Wenn du geschnappt wirst, sagst du, ja, das hast du nicht kapiert.

»Die Holländer lassen durch«, sagten mir die Vogelhändler, die mir die verkauften.

Jetzt sind wir ungefähr drei oder vier Kilometer vor der deutschen Zollstelle.

Ich sage zum Busfahrer: »Passen Sie mal auf, ich habe hier Papageien geholt. Ich möchte versuchen, die durch den Zoll zu kriegen. Sonst muss ich so viel Zoll bezahlen. Da habe ich ja nichts verdient. Und so habe ich doch wenigstens meine Fahrt bei raus.«

»So«, sagt er »von Papageien weiß ich nichts. Sie haben das Paket da. Das wollen Sie nicht mehr bei sich behalten.«

Ich sage: »Ja, so ist es.«

»Ja, dann packen wir es unten hin«, sagt er.

»Ja, ist in Ordnung«.

Da hab ich ihm fünf Mark in die Hand gedrückt.

Ich sage: »Aber nicht zu lange.«

»Hinter der Grenze müssen wir mal halten«, sagt er.

Kurz vor der Grenze hat er still gehalten. Da hat er mein Paket genommen, hat das unten reingestellt.

»Ich habe da nichts mit zu tun!«

Ich sage: »Ich weiß. Das bin alleine ich.«

Wenn die Vögel geschrieen hätten, dann wären die vom Zoll ja aufmerksam geworden. Da sind viele bei reingefallen. Ich bin nicht der einzige. Das haben Hunderte oder Tausende schon versucht und sind damit durchgekommen. Oder nicht.

Jedenfalls: »Was zu verzollen?«

»Nee, nichts zu verzollen.«

Durch. Fertig.

Wie wir fünf oder acht Kilometer auf deutscher Seite waren, hielt der Bus an.

»Holen Sie ihre Tiere, damit die nicht tot gehen.«

Dann bin ich hingegangen.

Zu den Leuten: »Ja, hier der Bekannte wollte sein Paket gerne haben.«

Da hat er mir mein Paket hingehalten.

Gott sei Dank war der Bus nicht ganz voll. Der war nur drei Viertel gefüllt. Zehn Plätze, so schätzungsweise, waren leer. Ich hatte zwei Plätze neben mir frei. Dann habe ich die an meine Seite gestellt. Ich hätte sie wohl vorzeigen müssen. Und die Leute, alle die mit waren, wollten sich diese Papageien mit ansehen.

Siehste, das sind so Züge, wo ich heutigen Tages innerlich drüber lächle und sage: »Ja, Adolf, der klügste biste nicht, aber bist auch nicht der dümmste. Bist immer noch ganz gut durchs Leben gekommen. Ja.«

OMAS TOD
(Kassettenprotokoll 1, Frühjahr 1981)

Da liegt Oma so bei mir und sagt: »Du, Adolf, ich freue mich jetzt aber doch, dass ich hier bin. Wenn du nach Haus kommst, kannst du Gisela das auch sagen.«

Da hing sie im Bett am Tropf. Und da musste ich so bitterlich weinen.

Da sage ich: »Lina, warum habe ich dich hierher gebracht? Warum wollte ich das gegen deinen Willen. Ich hab dich doch lieb. Und ich will doch, dass du bei mir bleibst.«

Und dann strich sie so über meinen Kopf und sagte: »Ja, Adolf, das weiß ich doch.«

Und 'n paar Minuten später war sie tot.

Sie hat doch vorher noch irgendwas gesagt.

Nein, das sind ihre letzten Worte gewesen.

Vorher kam noch die Schwester und sagte: »Herr Amme, wenn Sie jetzt wiederkommen...«

Ich sage: »Wiederkommen? Ich bin morgen wieder in der Besuchszeit.«

Jetzt war ich außerhalb der Besuchszeit. Da lachten wir ja noch. Oma war so, wie ich jetzt hier liege.

Sie hatte die Nacht zweimal 'n Herzinfarkt gehabt zu Haus.

Und dann hieß es: »Ihre Frau ist doch Prothesenträgerin?«

Ich sage: »Ja.«

»Ja, dann bringen sie doch die mit.«

Dann hatte sie noch die Akte durchgesehen.

Ich sage: »Jawohl, Schwester. Das wird gemacht. Warten Sie, das will ich mir notieren.«

»Och, Herr Amme, das brauchen Sie nicht zu notieren. Das sind ja nur zwei oder drei Sachen.«

Ich sage: »Ach so, ja, die behalte ich. Ich dachte, dass es noch mehr werden.«

»Nein«, sagt sie, »mehr nicht.«

Da war die Sache gut.

Und dann sag ich: »Du, wenn jetzt die Besuchszeit zu Ende ist, dann geh ich nach Haus. Und morgen bin ich in der Besuchszeit wieder da.«

Nun kam ja das, dass sie das so gesagt hat: »Adolf, ich freue mich jetzt aber doch, dass ich hier bin.«

Und da musste ich so bitterlich weinen.

Du hast mal gesagt, sie hätte gesagt, dass es so dunkel wird.

Nein, nein, nein.

GUTE VERHÄLTNISSE
(Kassettenprotokoll 2)

Nun stell dir mal vor, dies andere wär nicht gewesen, das Ganze wäre noch dagewesen. {Die Ländereien, die wegen der Schulden meines Vaters verkauft wurden}.

Das ist ja inzwischen müßig, sich darüber noch graue Haare wachsen zu lassen.

Nein, das ist ja auch vorbei. Ist auch für mich vorbei. Mutti kann jetzt ruhig schlafen. Und ich kann ruhig schlafen. Damals hab ich Angst um Mutti gehabt. Weil ich dann nicht schlafen konnte, ging ich oft mal runter, um mir was zu lesen zu holen. Und da war immer Licht.
    Eines Tages sag ich zu Mutti: »Du musst aber das Licht ausmachen. Du darfst doch das Licht nicht brennen lassen, kostet doch unnötig Geld.«
    »Papa«, sagt sie. »ich lass auch kein Licht brennen, aber ich kann nicht schlafen.«
    Ach, du lieber Himmel! Die war auch runter mit den Nerven. Das ist bei ihr ja auch so tief gesessen. Glaub sicherlich! Von der Stunde an hab ich nicht ein einziges Wort mehr gesagt.
    So, Schluss. Erledigt!, hab ich mir gesagt. Fertig.
    Darum verstehen Mutti und ich uns ja auch so gut. 'n besseres Verhältnis, glaube ich, gibt es nicht zwischen Tochter und Vater, wie es zwischen uns ist. Besser nicht, das glaub ich. Wir beiden sind ein Herz und eine Seele. Wir haben zwar mal 'ne verschiedene Meinung, dann wird der eine mal 'n bisschen lauter oder der andere, aber damit hat sich das. Das ist äußerlich, das geht nicht tiefer.
    Mutti hat viel von mir, das muss ich sagen. Auch dies Aufbrausende. Die ist geduldig bis zu einer gewissen Grenze, dann geht's aus ihr raus. Dann kann sie nicht anders, und so geht's mir auch. Sie hat viel von mir. Tja, das ist das schöne Verhältnis. Wenn das nicht wäre, dann hätt' ich schon 'ne Frau, muss ich dir offen und ehrlich sagen,

wenn das Verhältnis zwischen uns beiden nicht so prima wäre. Weniger hier..., sondern um 'n Menschen zu haben. Du weißt ja: Halb freut sich nur der Mensch allein.

Sie sagt mir alles genau, was sie macht, was sie tut, wo sie hingeht und was so los ist. Ich bin über alles im Bilde, und sie das gleiche von mir. Den Winter über, wie Eis und Schnee lag, musste sie immer mit dem Wagen herkommen. Da hab ich immer geguckt. Und die Sehnsucht...

»Ach, Gisela, Gott sei Dank, du bist heil da.«

Weil ich immer Angst hatte, es könnte was passieren. Nicht durch ihre Schuld, aber durch jemand anders. Das liegt doch drin.

Sie wird jetzt auch vollständig akzeptiert bei den Gleichaltrigen von mir. Das heißt, in der Verwandtschaft wird sie jetzt an Stelle von Oma eingeladen. Immer. Bei allen Geburtstagen ist sie mit dabei, gehört sie jetzt mit dazu. Das kommt eben durch die guten Verhältnisse.

BIENEN UND HONIG
(Kassettenprotokoll 3)

Ich bin ja sonst stark auf VW eingeschworen. Aber, wie gesagt, hinten die hohe Ladefläche. Da kann ich keine Kästen einladen, noch dazu, wo ich dieses Jahr eine ganz andere Betriebsweise vornehme. Da hat ein Lehrer – Stolz, das ist der Vorsitzende vom Imkerverein Celle-Stadt – der hat im Oktober oder November 'n Bericht rausgegeben. Da schreibt er darüber. Der war Oberlehrer. Ich bin jetzt mit Erich Engelbrecht hingewesen. Erst mal hab ich angerufen.

»Herr Stolz, hörn Sie mal zu, wie ist das. Ich möchte mir das mal ansehen. Kann ich mal kommen?«

Na ja, haben wir einen Termin abgemacht, und dann sind wir hingefahren.

Ich habe gesagt: »Das eine will ich Ihnen sagen: Ich habe schon viel gelesen und gehört, ich habe in den Zwanziger Jahren schon Bienen gehabt, aber das, was Sie jetzt geschrieben haben, diese Betriebsweise, das ist bislang das Beste gewesen, was ich gehört habe.«

Dazu kam, das ich mir das selber – nicht ganz so gut und nicht so ausführlich – schon ausgedacht hatte.

Wie wir da hinfuhren, erzählte ich Erich das, ehe wir da waren.

Da sagt er: »Mensch, Adolf, das ist ja fast dasselbe, wie du...«

Ich sage: »Jawoll. Nur dieser Mann hat es noch klarer, noch besser...«

Bei mir waren noch hier und da, sagen wir mal, Nebelflocken dazwischen. Das war noch nicht so richtig, so scharf gezeichnet. Aber der Gedankengang ging genau in diese Richtung. Und dieser Mann kam nun mit diesem Bericht raus, darum hat der mir so gut gefallen. Und das bau ich jetzt, muss ich schwer arbeiten noch. Da stehe ich morgens um Sechs auf, und dann arbeite ich bis abends um acht, neun Uhr. Tag für Tag. Um überhaupt erst mal sechs Kästen fertig zu kriegen. Die in den Verein bringen. Wir sind hier in Seesen gewesen, 'n paar Mal. Oh, da sind wir sechs, sieben Mal gewesen und haben uns da Zargen geholt. Früher hatte man ja alles aus Holz. Die Kästen. Und die Holzkästen sind starr. Das ist nicht mehr das Richtige. Heute hat man sogenannte Zargen. Die kann man aufeinandersetzen, und dann bildest du 'n Turm.

Und aus was für Material sind die?

Styropor. Das ist ganz leicht und hält die Wärme. Die Biene ist ja ein Wärmetier. Wenn du eine Biene jetzt eine Stunde bei sieben, acht Grad Temperatur lässt, da ist sie in 'ner Stunde tot. Selbstverständlich Plus. Nicht Minus, Plus. Bei sieben Grad ist sie in 'ner halben Stunde tot, die Biene. Und bei acht Grad, na, da mag sie 'ne Stunde aushalten. Erst bei neun und zehn Grad fangen sie an zu fliegen. Das sind Sonnentiere. Du musst ja so bedenken, 'ne Biene hat keine Fettreserven. Die Biene kann auch nicht hungern wie du und ich und Pferde und Hunde und andere Tiere. Aus dem einfachen Grunde, weil alle diese Tiere in guten Zeiten so genannte Fettreserven angesammelt haben. Wenn die hungern müssen, schaltet der Körper um und zehrt von diesen Reserven. Diese Reserve hat eine Biene nicht. Die Biene kann 'ne halbe Stunde, 'ne Stunde ohne Futter sein, dann muss sie wiederum Milli-Milligramm ja nur, winzige Spuren, aber dann muss sie die haben. Na ja, das führt zu weit.

Bienenzucht, wenn du ernten willst, dann ist das gar nicht einfach. Manche denken sich: »Oh, ich möchte Bienen haben. Oh, dann haben wir schönen Honig.«

Ja, Prost Mahlzeit! (Lacht) Ja, die machen alle so und wischen sich die Nase. Da gehört schon was dazu. Ich habe doch voriges Frühjahr erst angefangen und habe drei Völker gekauft. Ja, und ich habe Honig verkauft, 'n bisschen, nicht wahr, und gegeben. Mutti und ich, wir beide essen, na, jede Woche aber garantiert zwischen 'nem dreiviertel und 'nem Pfund Honig. Jede Woche. Mutti wollte ja erst nicht. Wir sind zusammen zum Arzt gewesen, nach'm Kriege war das. In Peine waren wir beide mal zum Arzt, und dann wurde das EKG gemacht. Weißt du, was das ist?

Mmh.

Elektrokardiogramm. Ja, dann kam das wieder, und da sagt er: »Ja, das eine ist gut. Aber das andere ist nicht besonders gut.«

Und da hab ich gedacht: Ja, na ja, das ist deins, und das gute ist Muttis. In Wirklichkeit ist's umgekehrt gewesen.

Nach'm Krieg?

Nach'm Krieg. Honig ist ja grade für Herzkranke und wenn du Wunden hast, ganz gleich welcher Art, ist der gut. Nimm 'n kleines bisschen nur, das braucht nur wie 'n Reiskorn so groß zu sein, reiner Bienenhonig, dass auch keine Spur etwas andres dran ist. Da sind sämtliche Wirkstoffe und Vitamine drin enthalten, in voller Lebensfähigkeit – ja, das ist etwas anderes!

Dieser Honig ist darum auch kandiert. Wenn du den flüssig haben willst, so dass er wie Sirup läuft, dann musst du 'n in'n Wasserbad stellen. Das Wasser darf aber nicht über vierzig Grad warm sein. Wenn das Wasser nur fünfzig Grad Wärme hat, zerstörst du schon Wirkstoffe. Die feinsten Vitaminstoffe tötest du ab bei dem Honig. Hier, das ist alles kalt gewonnen. Kalt. Verstehste richtig. Darum hat der die belebende Kraft. 'n großer Unterschied!

Da hast du oft welche aus dem Ausland, wenn du den bekommst: »Ja, user Honig, de loppt aber so schöne (Ja, unser Honig, der fließt aber so schön).«

Ich sage: »Und wie lange haste den?«

»Och, Odolf, de is schon 'n halbet Jahr olt.«

Ja, siehste wohl. Sowie du den jetzt auf siebzig Grad erwärmst, neunzig Grad, also unter hundert Grad, dann bleibt der Honig so wie Sirup.

Wenn du jetzt von diesem Honig bei vierzig Grad das Glas in ein Wasserbad stellst, dann wird es nie wärmer, sondern es kältet allmählich ab. Darfste nicht aufn Herd stellen. Von unten wird's dann zu heiß. Muss vollständig umschlossen sein, soeben dass das Wasser nicht reinläuft in den Honig. Dann wird der Honig wieder flüssig. Dann hat er dieselbe belebende Kraft. Aber nach drei Wochen fängt er wieder an zu kandieren. Honig, der nicht kandiert, kannst du jedem sagen, der taugt nichts. Der hat meinetwegen den Geruch, den Geschmack, und er hat die Süße. Das ist aber auch alles. Weitere Werte hat der nicht. Das ist der Unterschied.

Die großen Betriebe in Australien oder Amerika, die ernten an einem Tag mitunter zehn Pfund, zwanzig Pfund Honig, um nur ein

Beispiel zu sagen. Da haben die Zuckerrohrfelder. Da wird das Zuckerrohr abgeschnitten, mit Maschinen oder von Hand. Der Saft quillt aber noch raus, der süße Saft. Die Bienen holen sich den. Ist auch Honig. Dann haben sie natürlich auch Blüten, von denen sie holen. Und denn: »Ja, schmeckt nicht so schön.«

Schon für 'ne Mark achtzig, 'ne Mark neunzig, kannste 'n Pfund Honig kaufen. Also mir könnten sie den schenken, ich wollt' 'n nicht haben.

CREDO oder ES IST EINMAL IM LEBEN SO
(aus dem 1. Krankenhausbesuch v. 28.4.88)

Mein Großvater liegt wg. Prostatabeschwerden im Krankenhaus. Wir unterhalten uns über Krankheiten. Während des Besuchs zitiert er eine Stelle aus der Operette »Im weißen Rößl«. Der Spruch hing bei uns im Esszimmer eingerahmt an der Wand.

ES IST EINMAL IM LEBEN SO

Es ist einmal im Leben so,
Andern geht es ebenso,
Was man möcht so gern,
Liegt so fern.
Wenn man alles haben könnt,
Wenn man ohne Mühe fänd,
Was man nie erreicht,
Dann wär's leicht.
Doch man sieht allmählich ein,
Man muß hübsch bescheiden sein.
Schweige und begnüge dich,
Lächle und füge dich.
Es ist einmal im Leben so,
Andern geht es ebenso,
Grad der allerschönste Traum
Bleibt nur Schaum.

{Peter Alexander fügt im gleichnamigen Film noch an:
Das ist nur ein schwacher Trost,
Na, dann Prost!}

HERR, HAST DU MIR GENOMMEN MEIN KÖNNEN...
(Erinnerungsprotokoll vom 2. Krankenhausbesuch, am 5.8.88)

Der erste Anblick blieb mir erspart. Sein Bett war leer. Ich dachte schon, ich hätte mich im Zimmer geirrt. Dann sah ich ihn, ganz hinten in der Ecke, im Schatten versteckt, neben dem Fenster sitzend, das einen weiten Ausblick auf den angrenzenden Park mit sandigen Gehwegen, Bäumen und Rasenflächen bot.

Erst beim zweiten Hinsehen erkannte ich ihn, den rechten Arm auf die Stuhllehne gestützt, sein Gesicht halb von der Hand verdeckt, Zeigefinger über der rechten Augenbraue, Daumen überm Wangenknochen. Vor ihm stand ein Essenstisch, der Teller halb leer, etwas Fleisch, zwei Semmelknödel darauf. Daneben eine Flasche Mineralwasser und ein Plastikbecher. Verschluss und Trinköffnung so konstruiert, dass ein Verschütten vermeidbar war.

Die Wangen eingefallen – sein Mund bewegte sich kaum merklich beim Atmen. Er schlief.

Im zweiten Bett neben ihm keuchte ein alter Mann mit schlohweißem Haar. Er hatte den schönsten Platz, direkt am Fenster. Lächelnd versuchte der Dritte im Raum, sich etwas aufzurichten. Ich dachte daher käme das Keuchen, aber der Weißhaarige schnappte weiterhin nach Luft, die ganze Zeit während meiner Anwesenheit.

Ich setzte mich auf den freien Stuhl, meinem Großvater gegenüber, legte meinen Ellbogen auf den Tisch und betrachtete ihn in aller Ruhe. Ich versuchte ihn mir so genau wie möglich einzuprägen, jede Falte im Gesicht, die bleichen, teilweise abstehenden Haarsträhnen, die etwas groß geratenen Ohren.

Ich lehnte mich zurück. Unterm Tisch lugten seine dünnen Beine hervor, an mehreren Stellen zerkratzt, mit Blutergüssen übersät, wie auch der linke Arm, der jetzt reglos im Schoß lag. Nur hin und wieder gab ein Zucken des Körpers zu verstehen, dass noch Leben in ihm war. Ich versuchte die Haltung meines Großvaters zu imitieren, um sie mir besser einprägen zu können, gab mein Vorhaben aber schon bald wieder auf. Aus Scham.

Die Beine standen leicht versetzt, seine Füße steckten in bräunlichen Filzpantoffeln. Ich konnte nicht sehen, ob er eine Unterhose trug oder unter dem blau-schwarz gestreiften Bademantel nackt war.

Auf der Brust trug er ein beiges Netzhemd. Mit kurzen Ärmeln, wie ich vermutete. Weil ich ihn nicht beim Mittagsschlaf stören wollte, hatte ich genügend Zeit, mir über seinen Zustand Gedanken zu machen. Ich wusste lediglich, dass er einen Schlaganfall erlitten hatte.

Plötzlich klingelte das Telefon. Ich nahm den Hörer ab und meldete mich: »Hier bei Amme.«

Am anderen Ende der Leitung fragte sein Freund Hans Meier, ob Herr Amme zu sprechen sei.

»Er macht gerade ein Nickerchen.«

Herr Meier erkannte mich nicht.

»Dann will ich nicht weiter stören. Ich rufe nachher noch einmal an.«

Mein Großvater war weder durch das Klingeln, noch durch meine Stimme aufgewacht.

Ich setzte mich wieder an den Tisch, während draußen im Park einige junge Leute vorbeiflanierten – einer mit einem Gipsbein, ansonsten guter Dinge.

Neben dem Tisch hingen zwei Fotos an der Wand, die einzigen im gesamten Krankenzimmer. Beides waren Strandaufnahmen in Schwarz-Weiß, mit Passepartout im Glasrahmen. Das linke Bild zeigte einige Holztrümmer, die sich im Gegenlicht wie ein Kreuz ausnahmen.

Der Park leuchtete im frühsommerlichen Grün. Das Kippfenster war geöffnet, die Luft war schwül, wenngleich längst nicht so stickig und heiß, wie an dem Tag, an dem es passiert ist.

Während ich so saß und mir die Szenerie betrachtete, dachte ich, jeden Moment könne eine Krankenschwester hereinkommen, um das Essgeschirr abzuholen und mich in energischem Tonfall hinauszukomplimentieren. Ich hatte mir schon eine Ausrede zurechtgelegt, warum ich nicht zur üblichen Besuchszeit eingetroffen war, sondern mindestens eine Stunde früher.

Ein Grund mehr, dachte ich, sich ruhig zu verhalten, den gewohnten Ablauf nicht zu stören. Ich stellte mir vor, wie mein Großvater von einer resoluten Schwesternstimme geweckt werden würde, die umgehend versuchte, mich aus dem Zimmer zu weisen.

»Nun haben Sie ihn geweckt«, wollte ich sagen.
Aber niemand kam.
Stattdessen wachte mein Großvater von allein auf. Zunächst öffnete er, in seiner aufgestützten Haltung verharrend, die Augen. Dann strich er sich mit der Hand über die Stirn, als ob er eine Fliege vertreiben wolle, wischte aber nur eine Strähne beiseite. Ich lächelte ihn an – wie ich mir einredete, den Anblick einer außerirdischen Erscheinung annehmend. Er sah mich und stutzte.

Ich wollte ihn nicht länger auf die Probe stellen. Weil noch ein dritter Kranker im Zimmer lag und schlief, flüsterte ich: »Hallo, Opa.«

»Das ist ja... Jürgen«, erwiderte er, leicht ungläubig, mich bei meinem Kindheitsnamen nennend.

Er begann von seiner linken Hand zu erzählen, dass er keinen Tastsinn mehr habe, nichts mehr fühle. Seine Stimme war nicht wie früher. Er machte lange Pausen, suchte nach Worten. Immerhin hatte er mich erkannt.

»Ich habe oft an dich denken müssen, als ich da gelegen habe.«
Er deutete mit dem Kopf zum leeren Bett hin.
»Sag mal, was machst du, wenn du mal in mein Alter kommst? Bist du überhaupt versichert? Hast du eine Krankenversicherung?«

Ich beruhigte ihn, ohne zu erwähnen, dass meine Beiträge zur Zeit vom Arbeitsamt eingezahlt wurden. Warum ihn unnütz aufregen, dachte ich.

»Bekommst du denn auch eine Rente?«
Ich gestand, dass die zwar sehr niedrig ausfiele, aber auch dafür sei gesorgt. Was sollte ich ihn mit Fragen belasten, die ich selbst erfolgreich verdrängt hatte. Meine Auskünfte schienen ihn zu beschwichtigen. Auch fand er mit zunehmender Dauer zu seiner gewohnten Sprechweise zurück, was ich wiederum mit Erleichterung aufnahm.

Ein Adolf Amme, der nicht mehr reden konnte, wie ihm der Schnabel gewachsen war, wäre nur noch ein halber Mensch, dachte ich, mochten seine übrigen Körperteile noch so gesund sein – was sie nicht waren.

Völlig unvermittelt wechselte er das Thema.
»Seit meinem zwanzigsten Lebensjahr habe ich Probleme mit meinem Penis. Ich habe dir noch nie davon erzählt. Zwei, drei Mal am Tag muss ich ihn waschen, sonst bekomme ich Entzündungen.

Kurz bevor ich eingeliefert wurde, hatte ich wieder so eine Entzündung. Ich habe mir Essigsäure und Wasser gemischt und sie damit behandelt. Das war sehr schmerzhaft, kann ich dir sagen. Als ich nun ins Krankenhaus gekommen bin, haben mich die Schwestern jeden Tag geduscht. Aber ich mochte ihnen nicht davon erzählen. Irgendwie ging das nicht. Und am zweiten Abend fing das wieder an. Ich wusste, dass ich die Nacht kein Auge zutun würde, vor lauter Schmerzen. Die eine Schwester, eine jüngere, war so verständig und merkte, dass mich etwas bedrückte. Schließlich hab ich's ihr erzählt. So und so. Daraufhin hat sie einen jungen Arzt kommen lassen, und der hat mir gesagt, ich hätte eine Phimose.

»Herr Doktor«, hab ich gesagt, »ich weiß nicht, ob Sie ein Doktor sind, aber für mich sind Sie ›Herr Doktor‹. Können Sie mir erklären, was das ist, eine Phimose?«

Der hat gelacht und gesagt: »Eine Vorhautverengung«.

»Ach«, habe ich gesagt, »dann ist das wohl das, was die Juden mit Beschneidung beseitigen.«

»Ganz genau«, hat er gesagt.

»Na«, hab ich zum Doktor gesagt, »dann sind die Juden schon vor 2000 Jahren klüger gewesen, als die Ärzte zur Zeit meiner Geburt, also im Jahre 1897.«

Da hat er wieder gelacht.

Dieser junge Arzt schob die Vorhaut bei mir zurück, um sich die Entzündung anzuschauen. Dann bekam er die nicht mehr zurück.

»Sehen Sie«, hab ich gesagt, »sehen Sie?!«

Mit viel Mühe hat er's dann geschafft.

Ich sage: »Wissen Sie was, Herr Doktor, meine Frau konnte das besser.«

Da hat er wieder gelacht und gesagt: »Das glaube ich Ihnen gerne, Herr Amme.«

Die Krankenschwester, als sie hörte, dass ich das mit Essigwasser gemacht habe, sagte, da hätten sie etwas Besseres.

Ich sage: »Das soll mir nur Recht sein.«

Inzwischen war die offizielle Besuchszeit angebrochen und der Mann, der am Fenster lag, bekam Besuch von einer deutlich jüngeren Frau.

Mein Großvater hob an: »Jedes Mal, wenn ich Sie sehe, erinnern Sie mich...«

Weiter kam er nicht, denn sie ging nicht im Mindesten auf ihn ein, sondern humpelte, wahrscheinlich wegen eines Hüftleidens, direkt auf ihren Mann zu, den Greis im Bett, küsste ihn auf die Wange und sprach in mitleidig-wehmutsvollem Ton: »Hallo, mein Schätzchen.«

Danach berichtete sie von irgendwelchen Aufträgen, die erledigt worden seien. Offensichtlich führten sie gemeinsam ein Geschäft. Oder das Geschäft sie, wer weiß.

Die Krankenschwester, ein junges Mädchen, kam herein, fragte freundlich, ob noch jemand etwas zu trinken wünsche.

»Einen Kaffee, Herr Amme?«

»Nein, um Gottes Willen!«

Damit, so meinte er, hätte das ganze Malheur angefangen, mit einer Tasse Mocca, die er nicht vertrug. Bei einer Geburtstagsfeier in Dedenhausen hatte er sich in gehobener Stimmung – entgegen seiner sonstigen Vorsicht – zu einer Tasse überreden lassen. Also hatte das starke Herzmittel von einst doch noch seine späte Wirkung getan.

»Etwas anderes?«, fragte die Schwester. »Sie können sich wünschen, was Sie wollen.«

»Ja, dann wüsste ich etwas. Fahren Sie doch bitte nach München ins Hofbräuhaus und holen Sie mir zwei Maß Bier. Ich zahle Ihnen auch zehn Mark dafür.«

Er sah ein, dass das doch ein wenig viel verlangt war. Bevor sie reagieren konnte, fügte er an: »Zehn Mark für das Bier, meine ich natürlich. Aber damit kommen Sie ja wohl noch nicht mal hin.«

Sie räumte lächelnd den Tisch ab und machte das Bett zurecht.

»Das ist mein Großsohn«, stellte er mich vor.

Sie begrüßte mich, blieb aber geschäftig.

Nachdem sie das Zimmer verlassen hatte, kam er auf seine Prostatageschichte zu sprechen, und zwar so unvermittelt, dass ich nachhakte. Aber er wusste genau, was er sagte. Er holte nur weiter aus:

»Du weißt doch, dass ich im Celler Krankenhaus gefragt habe, was der Professor mir riete, wenn ich sein Vater und er mein Sohn sei, wenn es also eine Herzensangelegenheit zwischen ihm und mir wäre.

Darauf hat der Professor geantwortet: ›Ich habe meinen Vater an der Prostata operiert.‹

Da habe ich ihm wortwörtlich erwidert: ›Herr Professor, diese Antwort sagt mir gar nichts.‹

Die anderen Ärzte haben sich angeguckt und gegrinst, und wie ich hörte, wohl noch auf dem Flur darüber unterhalten. Jedenfalls habe ich dort fünf Pfleger gefragt und alle haben mir von der Operation abgeraten.«

Er sah mich an und gab mir ein Zeichen: »Setz dich doch neben mich, dann brauchen wir nicht so laut zu sprechen.«

Ich ergriff einen Hocker und nahm neben ihm Platz. Nun konnte ich auch seine andere Hand sehen, sowie einen dicken Bluterguss am Unterarm.

Er trank den Becher mit Mineralwasser beinah leer.

»Soll ich dir noch etwas nachkippen«, fragte ich.

»Ja, aber vorsichtig, dass so wenig wie möglich Kohlensäure verloren geht. Das trink ich nämlich gerne. Sie wirkt so erfrischend.«

Ich bemühte mich, seine Anweisung zu befolgen. Außerdem las ich ihm die Zusammensetzung des Mineralwassers vor.

»Wenn mir einer eine Million dafür böte, dass ich das vorlese, ich könnte es nicht.«

Aber seine Geschichte war noch nicht zu Ende.

»Nun frage ich den Professor hier, was er mir raten würde. Ich sage: ›Sie haben doch einen Eid auf diesen Äskulap geleistet. Wenn Sie sich nun darauf besinnen, was raten Sie mir dann? Egal, was Sie mir empfehlen, das will ich tun. Wenn Sie mir sagen: Operation!, dann sage ich Jawoll!. Wenn Sie mir abraten, bin ich auch einverstanden.‹

Darauf wollte er wissen, wie ich mit dem Beutel ausgekommen sei.

›Gut bis sehr gut.‹

›Dann empfehle ich Ihnen, es dabei zu belassen. In Ihrem Alter, Herr Amme, ist das Risiko doch sehr groß.‹

Da hab ich den jungen Arzt angeguckt und hab zu dem gesagt: ›Dann machen Sie aber wenigstens diese Operation.‹

Er deutete mit der gesunden Hand nach unten.

›Dass ich nicht mehr diese Malessen mit der Vorhaut habe.‹

Darauf haben sich die beiden angeguckt, der Professor hat genickt, und so wird das also am Freitag gemacht.

Ich hab zum Professor gesagt: ›Ich komme mir vor, wie ein alter Jude.‹

›Wieso?‹, hat der gesagt.

Na, kennen Sie nicht diesen Spruch: ›Herr, hast du mir genommen mein Können, nun nimm mir auch mein Wollen!‹«

Dabei lehnte sich mein Großvater zurück, hob beide Arme beschwörend gegen die Zimmerdecke, als müsse er sein biblisches Alter zusätzlich unter Beweis stellen.

Dennoch: Hand und Sehnerven hatten gelitten. Er musste im Krankenhaus Übungen machen, z.B. die Fingerspitzen zur Nase führen. Er machte mir das vor. Dabei stellte ich keinen großen Unterschied zwischen der Zielgenauigkeit beider Hände fest. Ich lobte ihn dafür. Da drückte er mit der linken Hand gegen mein Bein und sagte: »Damit spüre ich einfach nichts. Ich merke nur den Widerstand.«

»Wie ist es zum Schlaganfall gekommen?«

»An dem Tag war es sehr heiß. Und im Bienenhaus herrschten bestimmt 40–50 Grad. Aber ich wollte den Honig doch fertigschleudern. Also bin ich zwischendurch ins Haus gegangen, habe mir ein Handtuch mit kaltem Wasser feucht gemacht und mir das um den Kopf gelegt. Dann hab ich noch Eiswürfel auf die Stirn gerieben. Wir haben in diesem Jahr ein gutes Bienenjahr. Letztes Jahr war ja gar nichts. Fünf Zentner hab ich dies Jahr geerntet. Als ich fertig war mit Schleudern, hab ich mich erst mal draußen ins Gras gelegt. Ich war doch ganz schön erschöpft. Wenn mich da einer gesehen hätte, der hätte gewiss gedacht, da liegt ein Toter.

Wie lange mag ich da gelegen haben? Ich weiß es nicht. Na, ich schätze eine dreiviertel Stunde. Da bin ich von der Sonne aufgewacht, wie sie mir ins Gesicht geschienen hat. Ich gucke so hoch, und da denke ich – lach jetzt nicht, wenn ich das sage – Menschenskind, die Ufos sind gelandet und die fahren dir im Gesicht herum. Aber dann denk ich, das ist ja eine menschliche Hand.«

Er machte die unkontrollierte Bewegung seiner Hand nach, wie sie über die Stirn fuhr, gleich einer riesigen Spinne, sich auf die Nase setzte und weiter auf dem Gesicht herumkrabbelte.

»Aber das kann doch nicht sein. Das ist ja unmöglich!«, fuhr er fort.

»So«, dachte ich bei mir, »das ist also der Anfang, wenn man verrückt wird.«

Dann bin ich langsam aufgestanden, hab meinen Eimer Honig genommen – das waren dreißig Pfund – und bin damit ins Haus gegangen. Dann wollte ich bei Mutti in Burgdorf anrufen. Meinst du, ich hätte die Namen lesen können?

Burgdorf hab ich gefunden, nach langem Mühen, aber die Namen konnte ich nicht entziffern. Dazu kam, dass mir die linke Hand immer das Buch runtergerissen hat. Ich konnte es nicht ruhig festhalten. Da hab ich's aufgegeben.

Ich bin an den Tisch, um mir was zu Essen zu machen, und da hab ich dann wohl den richtigen Schlag gekriegt. Jedenfalls muss ich wohl umgekippt sein. Dabei habe ich mir diese Blutergüsse zugezogen – er zeigte mit der rechten, gesunden Hand darauf – und eine Gehirnerschütterung.

Ich muss wohl ziemlich übel auf dem Boden aufgeschlagen sein. Halbwegs zur Besinnung kam ich wieder, als ich es an der Haustür klingeln hörte. Ich hab mich aufgerappelt und die Tür aufgemacht. Das war ein Bekannter von Hans Meier. Wir waren zum Essen verabredet, und er hatte versucht, mich anzurufen. Aber da war immer nur das Piepen. Ich hatte wohl den Hörer nicht richtig aufgelegt.

Ob alles in Ordnung sei?

Ich habe ihm gesagt, er solle mal Hans Meier anrufen.

Kurz danach waren so an die zwanzig Leute im Haus, alle um mich herum. Doktor Kobbe war auch dabei.

»Na, Herr Amme, was haben Sie denn?«, hat er gefragt.

»Ich habe einen Gehirnschlag.«

»Sie haben einen Schlaganfall gehabt.«

Ich sage: »Herr Doktor, ich habe kürzlich gelesen, dass es ein Mittel gibt, das diese Verstopfung im Gehirn wieder auflöst.«

»Das habe ich Ihnen gerade gegeben,« sagt er.

Davon habe ich gar nichts gemerkt. Ich muss also so einen kleinen Husch gehabt haben.

»Soll ich Sie denn ins Krankenhaus einliefern?«

Ich sage: »Och, nö, das ist wohl nicht nötig.«

»Wie Sie wollen«, hat er gesagt.

Später kam dann Mutti mit meinem Hausarzt, und die haben mich gleich ins Krankenhaus eingewiesen.

»Und wie lange musst du drin bleiben?«

»Also, die lassen hier niemand raus, wenn er nicht ganz wieder hergestellt ist. Ich nehme an, wenn die Operation vom Freitag wieder verheilt ist. Am 23. ist ja Silberhochzeit. Da möchte ich gerne dabei sein. Wenigstens für den einen Tag. Danach können Sie mich ja wieder reinholen. Das ist mir egal. Aber diesen einen Tag möchte ich gern dabei sein.«

Ein Blick auf die Uhr des Alten am Fenster zeigte mir, dass es an der Zeit war, meine Tochter von ihrer Paddeltour abzuholen. Auch dass sie Judo macht, wusste er noch. Mit welchem Erfolg, wollte er wissen.

»Sie hat schon viele Preise gewonnen.«

»Tüchtig«, sagte er, kramte umständlich in der Tasche seines Bademantels nach Geld – zur Belohnung. Vergeblich.

Danach erklärte er mir noch, wo der Honig steht – in einem blauen Plastikeimer.

»Der ist für euch bestimmt – ein halber Zentner, fünf Mark das Pfund. Aber den Eimer brauch ich wieder. Für nächstes Jahr. Wenn ich dann noch lebe.«

»Wir sehen uns bald wieder«, sagte ich zum Abschied, unbeholfen zwischen dem keuchenden Alten, dem tonlos schnarchenden Greis und vor dem leeren Bett stehend, mit Blick auf meinen Großvater, bevor ich mich umwandte zur Tür.

...NUN NIMM MIR AUCH MEIN WOLLEN!
(Erinnerungsprotokoll vom Besuch am 27.8.88)

Geweckt wurde ich vom Schlurfen auf dem Flur. Er ging auf die Toilette. Darüber bin ich wieder eingeschlafen, bis Betriebsgeräusche aus der Wäscherei mich endgültig weckten. Ich richtete mich im Bett auf, weil ich nicht wusste, wie lange ich nach dem ersten Wachsein geschlafen hatte. Saß er immer noch auf der Toilette? Schließlich zog ich mich an und öffnete die Tür, um selbst einem Bedürfnis nachzukommen.

Von irgendwo erklang Morgenmusik aus dem Radio. Ich klopfte an seiner Schlafzimmertür und öffnete, davon ausgehend, dass er mich erkennt, obwohl ich so meine Zweifel hatte.

Er bot mir einen Stuhl an, den ich erst von verschiedenen Papieren und Briefen freimachen musste. In der Zwischenzeit versuchte er vergeblich, das Radio auszustellen. Ich wollte ihm helfen, fand aber den Knopf nicht. Schließlich gelang es ihm selbst.

Ich erinnerte mich daran, dass es hieß, er liege zu viel im Bett. So kannte ich ihn gar nicht. Normalerweise stand er auf, wenn er wach war, wusch sich, zog sich an und ging in die Küche, um sich Frühstück zu machen.

Dies war ein völlig ungewohntes Bild für mich. Nach allem, was ich bereits am Vorabend von meiner Mutter und meinem Stiefvater gehört hatte, machte es keinen Sinn mehr, sich über seinen Zustand Illusionen hinzugeben. Mein Großvater war geistig noch so beieinander, dass er jede Schönfärberei durchschaut hätte.

Ich begrüßte ihn also mit einem Satz, den ich mir vorher zurechtgelegt hatte: »Na, Opa, du willst wohl allmählich ein alter Mann werden.«

Er lächelte.

»Ja, ja.«

Immerhin.

Zunächst wiederholte er einige Einzelheiten im Zusammenhang mit seinem Schlaganfall. Das meiste kannte ich. Einiges wurde revidiert, manches ergänzt.

Die Temperatur im Bienenhaus stieg auf knapp siebzig Grad: »Wie in der Sauna. Ich wollte nicht, dass mir der Schweiß in den Honig tropft. Deshalb bin ich in die Küche gegangen und hab Eiswürfel geholt und mir damit die Stirn abgekühlt.«

Im Garten liegend habe er zunächst noch die Schwalben beobachtet, wie sie auf Insektenfang gingen.

Dabei habe er gedacht: »Wenn die Nachbarin aus dem Fenster sieht, denkt sie, da liegt ein Toter im Garten.«

Auch diesmal wieder der Hinweis, ich solle ihn nicht für irre halten, wenn er von den Ufos anfange.

Der Freund von Hans Maier hatte ihn gefragt, ob er auf dem Fußboden frühstücken wolle.

»Wieso?«

»Alles war heruntergerissen. Das Brot lag auf der Erde. Die Kaffeetasse lag in Scherben, der Rest des Frühstücks daneben.«

Das Telefon, von dem aus er versucht hatte, meine Mutter anzurufen, stand auf dem Flur, so dass er sehen konnte, wie jemand an der Haustür klingelte.

Ich versuchte ihn zum Aufstehen zu ermuntern, indem ich vorschlug zu frühstücken. Erst wich er aus, dann verwies er auf den Pfleger, der bald eintreffen werde.

»Habe ich dir schon von der Operation erzählt?«

Doch bevor es dazu kam, sprach er von den Schmerzen und den unvorhergesehenen Widrigkeiten. Er beschrieb das Gefühl nach der Gehirnerschütterung: »Als wenn zwei Billardkugeln gegeneinanderstießen und je nachdem, ob ich den Kopf nach links oder rechts drehte, wie gegen eine Bande schlugen. Das dauerte ungefähr zwei Tage, dann war das vorbei.«

Er richtete sich im Bett etwas auf.

»Die Operation selber war ein Kinderspiel. Ich war der König. Der Kaiser, möchte ich sagen. Alle Ärzte und Schwestern standen um mich rum und wunderten sich, dass ich so guter Laune war.

›Haben Sie denn keine Angst, Herr Amme? Das ist schließlich eine mittelschwere Operation.‹

›Wieso denn? Ich habe vollstes Vertrauen in den Arzt.‹

So etwas hatten sie noch nicht erlebt. Ich habe Witze gemacht, so säuische. Und ich habe festgestellt, dass die Schwestern die sehr gern gehört haben. Wahrscheinlich, um sich von dem Leid, was sie tagtäglich zu sehen kriegen, abzulenken.«

Auch jetzt begann er Witze zu erzählen. Die Ärzte hatten ihn aufgefordert, den Witz mit dem Oberst zu wiederholen.

»In der Kompanie soll eine ärztliche Untersuchung gemacht werden.

Der Oberst kommt in die Kaserne: ›Achtung, stillgestanden! Soldaten! Morgen kommt der Garnisonsarzt. Da muss jeder seinen Schwanz vorzeigen. Um überprüfen zu können, ob eine Entzündung vorliegt, müsst ihr die Vorhaut zurückschieben. Damit ihr euch morgen nicht blamiert, üben wir das heute schon mal. Also Hosen runter und Vorhaut zurück! Und wieder vor!

Was ist das für ein lahmer Haufen! Vorhaut zurück! Und vor! Zurück! Vor und zurück!

– Was ist denn mit Ihnen los? Warum machen Sie denn nicht mit?

– Ich bin schon fertig, Herr Oberst.«

Oder folgender:

»Im Offizierskasino sagt ein General, wer ihm den schönsten Platz auf Erden nennen könne, der bekomme zehn Flaschen Schampus. Da stehen nun alle und erzählen vom Theater, Konzertsaal, Reisen und so weiter, bis ein junger Offizier an die Reihe kommt. Der sagt: ›Wenn ich ehrlich sein soll, Herr General, der schönste Platz auf Erden ist bei meiner Frau im Bett.‹

Alle gucken sich merkwürdig an. Aber der Mann ist jung verheiratet. Und nachdem sich alle beraten haben, kriegt er den Preis zugesprochen.

Als er nach Hause kommt, fragt ihn seine Frau, wo er den Champagner herhabe. Er erzählt ihr von der Wette, sagt aber, er habe als Antwort ›die Kirche‹ als schönsten Platz genannt.

Am nächsten Tag trifft die Frau beim Spazierengehen zufällig den General. Sie rennt auf ihn zu und erklärt, ihr Mann hätte den Preis zu Unrecht bekommen.

Dem General ist die Situation etwas peinlich. Er versucht, sich abzuwenden, aber die junge Frau bleibt ihm auf den Fersen.

›Erst‹, sagt sie, ›muss ich ihn eigenhändig reinschieben, und kaum ist er drin, schläft er ein‹.«

Als der Arzt mit einem besonderen Stift die Schnittstellen für die Operation anzeichnete, deutete mein Großvater auf seine Schamgegend und fragte: »Ist das denn bei mir da unten so interessant, dass Sie eine Skizze davon machen müssen?«

Später, als die Wirkung der schmerzstillenden Mittel nachließ und durch seinen Katheder zusätzliche Reibflächen für einen erschwerten Heilungsprozess sorgten, war ihm weniger zum Lachen zumute.

Obwohl die Operation drei Wochen zurücklag, war die Wunde noch nicht verheilt. Seitdem er einen Pfleger hatte, der sich mit dem Verbinden und Reinigen der Wunde besser auskannte, als meine Mutter, die zwei Wochen lang für ihn sorgte, machte die Heilung Fortschritte.

Der Pfleger klopfte an die Tür und trat beherzt ein. Mich sah er etwas erstaunt an. Als er erfuhr, dass ich sein Enkel bin, klarte sich seine Miene auf. Ich spürte die Routine bei jedem Handgriff, den er tat, und dass sein nächster Patient bereits wartete.

Der Pfleger zog meinen Großvater an, gab ihm Anweisungen, wie er sich zu verhalten habe, damit es schneller oder überhaupt ginge – etwa das Strecken der Beine, um die Hose hochziehen zu können.

Dabei sah ich auch seinen dick bandagierten Penis (»Pennis«, sagte er, als ob es sich um Geldstücke handelte), aus dem zwei Kabel herausführten, Anschlüsse für den Plastikbeutel, der seinen Urin auffing. Der Pfleger besorgte als erstes die Entleerung des vollen Beutels. Dabei wurde die Menge mit der gestrigen verglichen. Nachdem der Beutel abgelöst war, hatte mein Großvater ein Gefühl, als ob er zur Toilette gehen müsse. Das hörte aber nach einer Weile auf.

Nachdem der Pfleger gegangen war, meinte mein Großvater: »Er bekommt für jeden Hausbesuch acht DM. Alle halten sie die Hand auf, auch die Nachbarin, die mich mit Mittagessen versorgt.«

Anschließend frühstückten wir. Danach gingen wir in die Stube. Er vermisste seinen Atlas.

»Der hat einen Wert von 150,– DM.«

Ich suchte, fand ihn aber nicht. Dabei kam ich am Aquarium vorbei. Wir fingerten zwischen wuchernden Algen nach dem letzten Fisch, der darin verblieben war. Vergeblich. Wahrscheinlich war er tot, und die Schnecken hatten ihn gefressen.

Auf die selbst gebaute Dr. Böhm-Orgel legte ich den ebenfalls selbst gebastelten Staubschutz, der sinnlos an der Wand lehnte. Ich dachte, die Orgel könne er doch jetzt mir überlassen. Aber nachdem ich sah, wie er seine linke Hand wieder bewegen konnte, jedenfalls Zeige- und Mittelfinger, ließ ich den Gedanken fallen.

Er wiederholte nur den oft gehörten Spruch: »Die kriegst du denn...« »...wenn ich mal tot bin«, fügte er diesmal nicht hinzu. Also übernahm ich das in Gedanken für ihn.

Auffällig war, wie umständlich und vergesslich er in Alltagsdingen geworden war. Aus der Küche hatte er ein Tablett mitgenommen und auf einem Stuhl abgelegt. Er suchte eine ganze Weile danach, ehe er's wiederfand.

Später fuhr ich mit ihm ins Dorf, um eine neue Batterie für eine Uhr zu kaufen. Vorher stand er fünf Minuten lang vor dem Spiegel, schmierte sich Pomade ins Haar, kämmte mit Wasser hinterher, um dann im Auto sitzenzubleiben, während ich in den Uhrenladen ging.

Er hatte mir vier Uhren gezeigt, die alle nicht mehr liefen. Zwei Digitaluhren nahm er mit. Die bessere von beiden sollte eine Batterie bekommen. Er bestand darauf, dass die Uhr auf die Sekunde genau ginge.

Wozu?, dachte ich.

Die Angst, für seine Krankheiten nicht genügend Geld in Reserve zu haben, ließ ihn vor größeren Anschaffungen zurückschrecken. Wieder zu Hause, kramte er einen Brief von meiner Großmutter hervor, den sie 1968, während meiner Zeit als Austauschschüler in den USA, an mich geschrieben, aber nie abgeschickt hatte. Ich konnte die deutschen Schriftzeichen nicht entziffern. Er las sie mir vor, immer wieder durch Erzählungen unterbrechend – Erinnerungen an seine Frau, auch an meinen früh verstorbenen Vater.

»Er war ein wunderbarer Mann, ein guter Vater, ein treuer Ehemann, aber eins war er nicht: ein Geschäftsmann.«

Als hätte es einer weiteren Erläuterung bedurft, erzählte er die Geschichte vom Waschmaschinenkauf in Hannover.

»Vati fragte mich, ob ich mitkommen wolle. Die Maschine spare Energie, Waschmittel, Wasser, koste neu über 30.000,– DM und wäre für 10.000,– zu haben. Kurz und gut, wir fuhren zusammen hin. Ich sah mir alles an, ließ mir alles erklären und bemerkte, dass der Betrieb geschlossen werden sollte. Da war für mich klar, dass der Besitzer praktisch zu jedem Preis verkaufen würde, sobald er nur schnell genug an Bargeld herankäme. Ich bot ihm 5.000,– DM. Mehr hätte ich nicht. Dein Vater mochte die Summe nicht wiederholen. Das war ihm peinlich. Was soll ich sagen, der Mann ging auf mein Angebot ein und beglückwünschte Vati zu seinem geschäftstüchtigen Schwiegervater.

Auf der Heimfahrt habe ich ihn gefragt: ›Na, kann man schneller 5000,– DM verdienen?‹«

Danach erzählte er von den letzten Tagen und Stunden seiner Frau. Er musste immer wieder unterbrechen, weil die Trauer über ihren mehr als zehn Jahre zurückliegenden Tod immer noch in ihm hochstieg und ihm das Sprechen erschwerte. Die Tränen kullerten ihm die Wangen herunter. Ich strich mir mit dem Zeigefinger über den Nasenrücken, wandte mich hin und wieder zur Seite, um nicht mit feuchten Blicken in die verweinten Augen meines Großvaters sehen zu müssen.

Dazwischen wieder lustige Passagen, etwa als er mit meiner Großmutter im Krankenhaus eintraf und laut mit der Oberschwester stritt: »Sie sind nicht mein Feldwebel und ich nicht Ihr Spieß!«

Eine Etage darüber wurden die Halbtoten wach und erkannten die Stimme ihres Ortsmitglieds: »Das ist doch Adolf Amme, der da schimpft...«

Der Streit wurde zum Dorfgespräch.

Die Ärztin versuchte ihn zu beruhigen. Sie flüsterte fast: »Das EKG muss ohne den Ehepartner gemacht werden, um objektive Werte zu erhalten.«

Das sah er ein. Aber er hielt doch die Tür offen, misstrauisch und wohl auch aus schlechtem Gewissen. Schließlich war sie gegen ihren Willen eingeliefert worden. Sie hatte vorher gesagt, dass sie zu Hause sterben wolle. Er setzte wieder einmal seinen Willen durch und veranlasste ihre Einweisung. Es war nicht ihr erster Herzinfarkt gewesen, wie ich jetzt erst erfuhr.

Mein Großvater hatte bis zuletzt bei ihr gesessen und geweint.

»Ich brauche dich doch. Du sollst bei mir bleiben.«

Sie strich ihm übers Haar. Er machte die Geste nach.

Die Ärztin sagte später: »So möchte ich auch einmal sterben. Kann es einen schöneren Tod geben, als mit einem Liebesbekenntnis auf dem Sterbebett?«

Meine Großmutter hatte ihm zum Schluss noch verziehen: »Es war doch gut, dass ich ins Krankenhaus gebracht wurde.«

Dies alles erzählte er mir, während er ihren Brief im Schoß hielt. Die für mich unleserlichen Zeilen waren kurz vor Weihnachten '68 geschrieben worden und inhaltlich geprägt von dem Wunsch, Alltägliches aus Amerika zu erfahren. Er bestach durch Schlichtheit und eine Herzensgüte, die mehr erahnbar, als aus den Worten ablesbar war, die eher unbeholfen wirkten. Doch gerade das machte ihren Charme aus.

Mein Großvater, dem mit jeder Zeile seiner Frau Erinnerungen an vergangene, bessere Tage aufstiegen, wurde von schmerzlichen Empfindungen heimgesucht. Er schrieb es zunächst seinem Schlaganfall zu, dass seine Nerven darunter gelitten hätten, suchte nach Erklärungen, gab sich aber dann ganz seinen Gefühlen hin, die ihn schließlich völlig übermannten.

Da konnte ich mich auch nicht mehr zurückhalten, griff nach einem Taschentuch, um mir die Tränen abzuwischen.

»Nun reicht's aber. Lies weiter, Opa.«

»Das ist nichts, wofür wir uns schämen müssten«, sagte er und las den Rest der Zeilen.

Als er geendet hatte, überreichte er mir den Brief, zusammengefaltet, von Tränen feucht, wie eine Reliquie, kostbares Überbleibsel seiner geliebten Frau, zur ständigen Erinnerung und Mahnung, ihrem Gedächtnis die Treue zu halten.

Was bei mir endgültig die Tränen ausgelöst hatte, war der Bericht über das Sterben meines Vaters.

Nachdem dieser seine letzte Cortison-Spritze erhalten hatte, schnappte er plötzlich nach Atem: »Ich kriege keine Luft mehr!«

Sofort wurde die Alarmglocke geläutet und innerhalb kurzer Zeit standen vier oder fünf Ärzte um ihn herum. Er bekam reinen Sauerstoff. Alles, was getan werden konnte, wurde getan. Umsonst.

»Dein Vater duzte sich ja mit dem Chefarzt. Wie hieß er doch gleich?«

»Dr. Juchem.«

{Derselbe Arzt, der mich wegen meines Bronchialasthmas vom Wehrdienst freigestellt hatte.}

»Um dir zu sagen, was für ein enges Verhältnis die beiden zueinander hatten, muss ich dir noch eine Geschichte erzählen: Als die

Schwester rauskam, sagte sie zu mir: ›Was ist denn das für ein Mann gewesen? Ich kenne den Doktor jetzt seit zwanzig Jahren, aber noch nie habe ich ihn weinen gesehen‹.«

Während ich dies schreibe, kann ich, während mir selbst die Tränen in die Augen schießen, noch darüber rätseln, ob Weinen in diesem Zusammenhang groß oder klein geschrieben wird. Dazu frage ich mich, falls ich als Schauspieler einmal tiefe Trauer zeigen muss, ob es genügt, wenn ich mir diese Geschichte ins Gedächtnis rufe. Ja, vermute ich.

Ein anderer Gedanke geht mir durch den Kopf: Der bevorstehende Tod meines Großvaters macht es mir erst möglich, die anderen beiden Tode – den meiner Großmutter und den meines Vaters – jetzt, nach all den Jahren, vollauf zu empfinden, und zwar durch das jammervolle Bild das er selbst in diesem Moment abgibt.

Schließlich denke ich: Es ist wie das Sterben der heiligen Dreifaltigkeit: Gott (mein Großvater), Sohn (sein Schwiegersohn) und Heiliger Geist (meine Großmutter).

Doch Gottvater Adolf Amme lebt noch, sitzt mir gegenüber und gesteht, dass er nicht an Gott glauben könne, so gern er's auch täte.

Stattdessen schenkt er mir einen Eimer Honig, mit der Auflage, den Plastikeimer zurückzubringen. Im nächsten Jahr wolle er wieder Honig schleudern.

Für meine Kinder gibt er mir jeweils einen Zwanzig-Mark-Schein. 10,– DM extra sind für mich gedacht. Ich wünsche ihm »gute Besserung« und lasse mich an die Hoftür begleiten. Doch als ich mich ins Auto setze und langsam losfahre, winkt er nicht. Zum ersten Mal, solange ich denken kann, winkt er nicht zum Abschied, geht auch nicht auf die Straße, um Freie Fahrt anzuzeigen und lächelnd, mit gespieltem soldatischem Gruß, die flache Hand an die Stirnseite zu legen, wie sonst immer. Diesmal steht er nur unbeholfen in der halb offenen Tür, bleibt im Haus, sieht mir mit leeren Augen nach, Augen, die nichts Äußeres mehr wahrnehmen, sondern nach innen gerichtet sind. Hinfällig wirkt er und ungeheuer einsam.

GROSSVATERS GROSSMUTTER (28.4.88)

Es hieß, Großvater sei im Krankenhaus. Er sehe schlecht aus. Man müsse mit dem Schlimmsten rechnen. Aber schließlich sei er ja schon über neunzig. Da könne der Tod jeden Tag eintreten.
Gleich am nächsten Tag fuhr ich ihn besuchen. Trotz allem schien er guter Dinge. Er lenkte gerade zwei seiner Mitpatienten mit persönlichen Anekdoten und Wissenswertem aus der Astronomie von ihren Leiden ab.
»Ich habe keine Angst vor dem Sterben«, sagte er unaufgefordert, »einmal müssen wir alle abtreten.«
Er machte nicht den Eindruck, als ob der Satz auf ihn persönlich zutreffe. Jedenfalls nicht für die nahe Zukunft.
Nachdem sein erster Redefluss erschöpft war und unser Gespräch allmählich ins Stocken geriet, fragte ich ihn nach meiner verstorbenen Großmutter, also seiner Frau.
Er missverstand mich jedoch und erzählte stattdessen von seiner eigenen Großmutter: »Ja, von meiner Großmutter, die ist 86 Jahre geworden, da weiß ich nur, wie ich in den Ferien in ihr Haus kam und sie mir regelmäßig sagte: ›Adolf, wo kommst du denn her?‹
›Oma, wie het Ferien!‹
Und regelmäßig weinte sie.
›Oma, warum weenste denn?‹
›Die Jahre sind ook gar nich mehr so lang.‹
›Du, Oma, die Jahre sind genauso lang wie früher.‹
›Nee, dat sind se nich!‹«
Mit dem letzten Satz imitierte er seine Großmutter, indem er seine Stimme dermaßen ins Weinerliche steigerte, dass ich sie tatsächlich selbst zu hören glaubte.

KLAVIERSTUNDEN

Gisela, Ostern 1931

Ein Bild ist noch von Gisela da: »Mein erster Schulgang.« Kannst du da noch sehen. Hab ich auf die Tafel geschrieben.

Ja, wie sie dann zur Schule kam, gehörte sie immer mit zu den Besten. Da kam sie zur »gehobenen Abteilung.« Ja, das hat sie auch gut gemacht, und dann sollte sie... Ich wollte, dass sie Klavier spielt.

Ich bin nach Hannover gefahren und habe ein Klavier gekauft. Die Firma existiert noch. Ich habe die Annoncen oft noch gesehen.

Ja, hab ich 'n Klavier gekauft, das hat sie dann bekommen. Und bei Lehrer Klages hat sie Unterricht gehabt. So.

Da habe ich dann ein paar Mal zu ihr gesagt: »Gisela, haste 'n schon geübt?«

»Nein!«

Sie hatte nicht so rechten Spaß.

Ich sage: »Los, hin! Üben!«

»Jawohl.«

Dann klimperte sie.

Schön. So ist die Zeit hingegangen, und eines guten Tages treffe ich Klages.

Ich sage: »Na, Herr Klages wie macht sich denn meine Tochter?«

»Herr Amme, ich wollte schon immer zu Ihnen kommen. Also hören Sie zu, ich bin ja dumm, wenn ich das sage, denn ich kriege ja das Geld, aber ich glaube, das ist zwecklos.«

Ich sage: »Ja, wieso zwecklos? Die ist doch nicht dumm.«
»Nee, dumm ist die nicht. Aber sie ist nicht musikalisch. Die hat kein Interesse. Musik, da muss man angezogen werden, wissen Sie, wie'n Magnet. Und das ist bei ihr nicht der Fall. Also da wird nie was Gescheutes draus. Nun, ich habe es Ihnen gesagt. Ich mache den Unterricht weiter, wenn Sie wollen, oder Sie geben's auf. Dann sparen Sie ihr Geld.«
Ich bin zu Gisela gegangen und habe gesagt: »Du, was ist denn das, hast du schon wieder...?«
(Weinerlich) »Nein, ich habe keine Lust, Papa.«
Ich sage: »Denn willst du nicht?«
(Niedergedrückt) »Nö. Ich muss ja aber.«
Ich sage: »Nein, du musst nicht, wenn du nicht willst...«
»Nee?«
Da hellte sich ihr Gesicht auf.
»Dann brauche ich nicht?«
Ich sage: »Nein, ich will dich nicht dazu zwingen, unbedingt. Nur ich dachte, du hättest…«
..Nein, Papa, nein. Denn will ich nicht.«
»Gut«, sage ich, »brauchst du nicht mehr hinzugehen.«
Das war's.

Das Klavier habe ich verkauft, wie ich die erste oder zweite Orgel baute. Da habe ich dann das Klavier verkauft.
Und heute bin ich soweit, dass ich selbst nicht mehr richtig in der Lage bin, diese 600,– Mark zu verdienen, für die Orgel. Siehst du, das ist so der Werdegang. (Er beschreibt mit der flachen Hand eine absteigende Kurve.)
Aber guck meine Fotografien an, wie ich da ausgesehen habe, und wie ich heute aussehe. Ich habe dahinten..., soll ich dir ein Bild holen? Stell mal ab. (Er steht auf)
Da habe ich anders ausgesehen. Da kann man sehen, wie der Zahn der Zeit... sagte mal ein Freund von mir...
(Er geht das Foto holen. Eine Tür schlägt zu)

NACHWORT

Mit dem Tod meines Großvaters, am 11. November 1990, starb eine Ära – zumindest, was mich betraf. Es war das unwürdige Ende eines überzeugten Patriarchen und kleinen Haustyrannen, den Nachbarn – so hieß es – in seinen eigenen Exkrementen fanden. Das weckte unschöne Erinnerungen.

Der Versuch, ihn für unzurechnungsfähig zu erklären und unter Vormundschaft zu stellen, führte dazu, dass er alle Beteiligten notariell enterbte.

Noch kurz vor seinem Tod hatte er sich in seiner Wut und bei winterlichen Temperaturen aufs Fahrrad geschwungen, war mit viel zu leichtem Hemd unterwegs zur Bank gewesen, um all seine Guthaben auf mich zu übertragen. Nicht einmal ihr Pflichtteil gönnte er dem Rest der Familie.

Doch infolge der tödlichen Grippe, die er sich bei dieser Aktion zuzog – durch die Operationen eh schon geschwächt –, verstarb er früher, als seine Schenkung rechtlich bindend werden konnte. Dass ich als Alleinerbe trotzdem nicht leer ausging, versteht sich von selbst. Aber das wichtigste Vermächtnis besaß ich längst in Form von drei Video-Cassetten – Geschichten aus seinem Leben.

Das letzte Mal, dass ich ihn sah, stand er mit heruntergelassener Hose, hängender Windel und schlotternden Gliedern im Hausflur. Seine letzten Worte klingen mir noch immer im Ohr: »Ich bin nur noch 'ne Ruine.«

Nach dem Tod meines Vaters 1976 – er starb im Alter von 54 Jahren – mussten wegen der hohen Schulden, die er hinterließ, sämtliche Ländereien meines Großvaters verkauft werden, um die Gläubigerbanken zu befriedigen. Dabei waren sie noch human vorgegangen: Sie hatten meinem Vater präzise in dem Moment den Geldhahn zugedreht, als sie wussten, weitere Kredite würden meinen Großvater um Haus und Hof bringen. Vielleicht hatte er sich aber nur rechtzeitig gewehrt, mit deren Einsatz für die Schulden meines Vaters gerade zu stehen. Aber das glaube ich eigentlich nicht. Zu überrascht war er

Adolf Ammes Letzter Wille

über den wahren Schuldenstand seines Schwiegersohns, der bei über 300.000,– DM gelegen haben muss.

Als Alleinerbe lag es nun an mir, die gesetzlichen Ansprüche der Restfamilie zu erfüllen. Ohne in die Details gehen zu wollen, kann ich nur sagen, es erhob sich ein Streit, der nur deshalb nicht vor Gericht endete, weil ich nahezu alle sonstigen Ansprüche, ob berechtigt oder nicht, erfüllte. Da sich meine Mutter, als enterbte Tochter, in dieser Situation besonders benachteiligt fühlen musste, war sie auch diejenige, die sich in ihren Rachegelüsten am unnachgiebigsten aufführte. Der Höhepunkt ihrer Maßnahmen war für mich nicht der Verkauf ihres Elternhauses, das sie komplett für sich in Anspruch nahm, sondern die Vernichtung der Liebesbriefe meines Großvaters, die ich bis dato nicht zu Gesicht bekommen hatte.

Es handelte sich um die Briefe einer Geliebten, mit der er sich, nach dem Sieg der Deutschen über Polen dort niederlassen wollte, seinen ganzen Stolz – Haus und Hof – in einem Anfall von liebestoller Großzügigkeit seiner Ehefrau überlassend. Meine Großmutter konnte nur mit Mühe davon abgebracht werden, sich aus Verzweiflung und Liebeskummer das Leben zu nehmen. Mit vereinten Kräften redeten Freunde und Verwandte erfolgreich auf sie ein: »Das ist er doch gar nicht wert!«

Nachdem die Weltgeschichte nicht nur meinem Großvater einen Strich durch die Rechnung machte – vielleicht überwog auch die Liebe zu seinem Haus (nichts war ihm heiliger) –, raufte man sich wieder zusammen und überstand auch noch die nächsten, die wunderbaren fünfziger Jahre in trauter Heimeligkeit. Der Teppich war riesig, unter den all die kleinen und großen Schmutzigkeiten gekehrt wurden, um niemand, schon gar nicht die nachfolgende Generation, vor allzu genauen Einblicken in die Finsternisse eines geschönten Familienlebens zu verschonen. Spätestens seit jener Zeit war mein Leben weniger von Wissen, als von Ahnungen erfüllt.

Die entdeckten Briefe überließ meine Großmutter, anders als die heimlich aufgenommenen Nacktfotos aus dem 1. Weltkrieg, nicht dem Feuer, sondern schlimmer noch – ihrer Tochter, bei der sie so etwas wie einen fortwährenden Schwelbrand auslösten.

Nach dem für sie verpatzten Erbe knallte sie den durch einen seidenen Faden zusammengehaltenen Stapel Briefe triumphierend vor mir auf den Küchentisch – nach über 50 Jahren hatte sie es endlich geschafft, sich gemeinsam mit ihrem zweiten Ehemann einen eigenen Hausstand zu erwerben, wenn auch nur auf Lebenszeit – und entsetzte sich lautstark über die moralisch verwerflichen Launen ihres soeben verstorbenen Vaters.

Ich war so geschockt von ihrer seifenoperhaften Empörung, dass ich es versäumte, die Briefe, auf die ich als Alleinerbe ja einen gewissen Rechtsanspruch erheben durfte, sogleich an mich zu reißen. Dummerweise vertraute ich den Worten meiner Mutter, die versprach, sie mir am folgenden Tag – dem Tag meiner Abreise – auszuhändigen.

Da war dieser kostbare Schatz, dieses unersetzliche Familiendokument, ungeachtet seines literarischen Werts, bereits in den Müll geworfen oder sonst wohin entsorgt worden: der letzte Triumph einer zutiefst gekränkten Seele – der verzweifelte Versuch meiner Mutter, einem vorgeblich verpfuschten Leben durch diese einmalige Vernichtungsaktion einen Rest von Würde zu verleihen. Ähnliche Aktionen waren sonst nur von trauernden Witwen bekannt.

Egal, wo mein Großvater jetzt weilte, ob im Himmel (an den er nicht glaubte) oder in der Hölle (in die sie ihn wünschte): er sollte für seine Missetaten noch nach seinem Leben büßen! Vielleicht wollte meine Mutter mir aber auch nur vor Augen führen, dass sie, als einziges rechtmäßiges Kind meines Großvaters – obwohl enterbt –, immer noch die Macht hatte, über dessen Eigentum zu verfügen, wo und wann immer es ihr beliebte.

Das ist wohl auch der Grund, warum sie – gegen seinen zu Lebzeiten häufig ausgesprochenen Wunsch – das Haus verkaufte, in dem sie so viele Jahre der Schmach ertragen hatte, jener unseligen Schmach, nicht ihr eigenes Leben gelebt zu haben, sondern das ihres Vaters.

Auf den Besitz des mir testamentarisch Zustehenden mochte ich nicht pochen, so weiterführenden Streitigkeiten mit meiner Mutter aus dem Weg gehend. Von dem Erlös kaufte sie ein fremdes Haus, in dem sie ihren Lebensabend zu verbringen gedachte. Doch es kam zu Auseinandersetzungen mit den Personen ihres Vertrauens. Daraufhin änderte sie – ihrem Vater auch darin folgend – ihr Testament und setzte (wieder einmal!) mich zum Erben ein.

Nun war ich also zum zweiten Mal Alleinerbe – nur das Haus war ein anderes. Ich wusste kaum, wie mir geschah. Aber das ist eine andere Geschichte, die Herrn Ström, unseren alten Nachbarn, zu dem zwiespältigen Ausspruch veranlasste: »Wenn das Adolf wüsste...«

Ich werde nie erfahren, welchen er meinte.

Der Tod meines Großvaters fiel zeitlich zusammen mit dem Ende der alten Bundesrepublik Deutschland. So war er auch in dieser Hinsicht Vertreter einer Ordnung, die sich überlebt hatte. Damit einher ging der Zusammenbruch der Ostblockstaaten, was ihn nicht weiter verwunderte. Der Kommunismus war für meinen Großvater von vornherein zum Scheitern verurteilt. Warum? Ebenso wenig, wie er an einen persönlichen Gott glaubte, glaubte er daran, dass der Mensch von Natur aus gut sei.

Leider habe ich im Verlauf unserer Interviews versäumt, ihm eine spezielle Anekdote abzuverlangen, und so fehlt sie in dieser Sammlung. Sie endete regelmäßig mit dem Satz: »Rudi Willuhn war Kommunist. Wenn alle Kommunisten wie Rudi Willuhn wären, wäre ich auch Kommunist.«

Sehnsucht und Enttäuschung hielten sich bei meinem Großvater auf wundersame Weise die Waage – dem Sternzeichen, unter dem er geboren war.

Editorische Notiz:

Kapitel »Eine Torfgeschichte« zuerst erschienen in »Das Moor in Mythen, Märchen und Erzählungen«, Hrsg. Timur Schlender, Knaur Verlag, München, 1987.

Kapitel »Großvaters Großmutter« zuerst erschienen in »Geliebte Großmutter – Ein Lesebuch mit Gedichten, Liedern und Briefen zum Lobe aller Großmütter«, Hrsg. Nora u. Bertram Kircher, Lingen Verlag, Köln, 1989.